utb 4948

W0236207

Eine Arbeitsgemeinschaft der Verlage

Brill | Schöningh – Fink · Paderborn
Brill | Vandenhoeck & Ruprecht · Göttingen – Böhlau · Wien · Köln
Verlag Barbara Budrich · Opladen · Toronto
facultas · Wien
Haupt Verlag · Bern
Verlag Julius Klinkhardt · Bad Heilbrunn
Mohr Siebeck · Tübingen
Narr Francke Attempto Verlag – expert verlag · Tübingen
Psychiatrie Verlag · Köln
Ernst Reinhardt Verlag · München
transcript Verlag · Bielefeld
Verlag Eugen Ulmer · Stuttgart
UVK Verlag · München
Waxmann · Münster · New York
wbv Publikation · Bielefeld
Wochenschau Verlag · Frankfurt am Main

Soziale Arbeit studieren
Herausgegeben von Prof. Dr. Ulrike Urban-Stahl

Prof. Dr. *Philipp Sandermann* lehrt Sozialpädagogik an der Leuphana Universität Lüneburg.

Prof. Dr. *Sascha Neumann* lehrt Sozialpädagogik an der Eberhard Karls Universität Tübingen.

Philipp Sandermann • Sascha Neumann

Grundkurs Theorien der Sozialen Arbeit

Mit Online-Zusatzmaterial

2., aktualisierte Auflage

Ernst Reinhardt Verlag München

In der Reihe *Soziale Arbeit studieren* bereits erschienen:

Bräutigam, Barbara: Grundkurs Psychologie für die Soziale Arbeit.
2., aktual. Auflage (2021, ISBN: 978-3-8252-5789-7)

Mund, Petra: Grundkurs Organisation(en) in der Sozialen Arbeit
(2019, ISBN: 978-3-8252-5256-4)

Walter, Uta M.: Grundkurs methodisches Handeln in der Sozialen Arbeit
(2017, ISBN: 978-3-8252-4846-8)

Bibliografische Information der Deutschen Nationalbibliothek

Die Deutsche Nationalbibliothek verzeichnet diese Publikation in der Deutschen Nationalbibliografie; detaillierte bibliografische Daten sind im Internet über <http://dnb.d-nb.de> abrufbar.

UTB-Band-Nr.: 4948
ISBN 978-3-8252-5971-6 (Print)
ISBN 978-3-8385-5971-1 (PDF-E-Book)
ISBN 978-3-8463-5971-6 (EPUB)
2., aktualisierte Auflage

Printed in EU
Einbandgestaltung: siegel konzeption | gestaltung, Stuttgart
Cover unter Verwendung eines Fotos von © iStock.com/Steppeua
Satz: FELSBERG Satz & Layout, Göttingen

Ernst Reinhardt Verlag, Kemnatenstr. 46, D-80639 München
Net: www.reinhardt-verlag.de E-Mail: info@reinhardt-verlag.de

Inhalt

Hinweise zur Benutzung dieses Lehrbuches

Folgende Icons werden im Buch verwendet:

 Zusammenfassung

 Definition

 Übungsaufgabe

 Beispiel

 Literatur- und Websiteempfehlungen

In den einzelnen Kapiteln gibt es Übungsaufgaben und Reflexionsfragen. Beispiellösungen finden Sie auf der Homepage des Ernst Reinhardt Verlages und der UTB GmbH bei der Darstellung dieses Titels: www.reinhardt-verlag.de, www.utb.de

Einleitung zur 2. Auflage

Das vorliegende Buch dient dazu, Theorien der Sozialen Arbeit besser zu verstehen. Dieser Anspruch ist bei genauerer Betrachtung nicht so bescheiden wie er zunächst vielleicht anmutet. Er verlangt mehr als eine verdichtete Zusammenfassung möglichst vieler Theorien der Sozialen Arbeit. Das vorliegende Buch möchte Studierende und andere Interessierte stattdessen mit Wissen zu Theorien der Sozialen Arbeit ausstatten und zugleich dazu anregen, selbst Wissen zu diesem Gegenstandsbereich zu entwickeln.

Worin genau liegt der Unterschied? Vereinfachend lässt sich sagen, dass Wissenserwerb im Unterschied zu reiner Informationsverdichtung wesentlich auf der aktiven Erstellung eines Bildes derjenigen Informationen beruht, die man zusammenträgt. Damit ist Wissenserwerb zugleich ein *aktiver* Prozess des Theoretisierens: Man *macht* sich ein Bild von einem Gegenstand, er ist nicht einfach „gegeben".

Das heißt für eine Einführung in Theorien der Sozialen Arbeit, dass man, wenn man Wissen zu Theorien der Sozialen Arbeit entwickeln will, nicht umhinkommt, dafür zumindest in Grundzügen selbst eine Theorie zu erarbeiten. Bereits für eine Einführung in vorliegende Theorien der Sozialen Arbeit ist es also wichtig, für die LeserInnen aktiv ein Bild davon zu zeichnen, was Theorien der Sozialen Arbeit sind. Die Einführung erbringt damit notgedrungen selbst eine Theoretisierungsleistung. Diese beginnt bei der Auswahl der Theorien, die man vorstellt, offenbart sich in der Art und Weise ihrer Darstellung, zeigt sich darin, welche Kategorien man hierfür wiederum auswählt, und fußt damit letztlich vor allem auf der Perspektive, mithilfe derer man innerhalb der Einführung Theorien der Sozialen Arbeit greifbar macht.

Wem nun sofort der Schauder über den Rücken fährt angesichts derart zahlreicher Erwähnungen des Wortes „Theorie", dem sei vorab versichert, dass wir Theorien – und damit auch die hier vorgelegte Theorieperspektive auf Theorien – nicht als etwas verstehen, das sich irgendwo „fernab der Praxis" oder völlig jenseits von konkret beobachtbaren Phänomenen und Lebensäußerungen liegt. Wie wir zeigen werden, ist dafür die wechselseitige Verwobenheit von Vorstellungen zu Theorie und Praxis bei Weitem zu grundlegend. Darum, diese Verwobenheit zu verdeutlichen, wird es in diesem Buch oftmals gehen. Hieran zeigt sich zugleich: Gerade, *weil* dieses Buch ein Buch über Theorien der Sozialen Arbeit ist, ist es auch ein Buch über Praxis der Sozialen Arbeit.

Dass man, andersherum gewendet, nicht umhinkommt, sich in Forschung, Lehre und Studium der Sozialen Arbeit auch mit Theorie, und nicht „nur mit Praxis" der Sozialen Arbeit zu beschäftigen, darauf deutet allein schon hin, wie viel über den Zusammenhang von Sozialer Arbeit und Theorie gesprochen und geschrieben wird. Das gilt auch und gerade für den Bereich wissenschaftlicher Veröffentlichungen zur Sozialen Arbeit. Die häufige Beschäftigung mit Theorie in der wissenschaftlichen Bezugnahme auf Soziale Arbeit zeigt sich etwa daran, dass eine am 13.11.2017 durchgeführte, einfache Schlagwortsuche über Google Scholar bei Eingabe der Worte „Theorie" und „Soziale Arbeit" 674.000 Treffer ergab. Zum Vergleich: Dieser Wert lag oberhalb der Ergebniswerte von Schlagwortsuchen nach entsprechenden Kombinationen in angrenzenden wissenschaftlichen Fachgebieten. So kam man etwa, wenn man „Theorie" und „Psychologie" eingab, auf 515.000 Treffer, bei „Theorie" und „Soziologie" auf 325.000 Treffer, bei „Theorie" und „Pädagogik" auf 187.000, bei „Theorie" und „Rechtswissenschaft" auf 62.300 und bei „Theorie" und „Politikwissenschaft" auf 56.700 Treffer. Die Schlagwortsuche nach „Theorie" und „Betriebswirtschaftslehre" ergab 50.800 Treffer, und bei der Suche nach „Theorie" und „Erziehungswissenschaft" kam man gar „nur noch" auf 45.800 Treffer. Wer nun denkt, dies hätte weniger etwas mit der eingegebenen Kombination von Schlagworten zu tun als mit der generellen Fülle an Veröffentlichungen zur Sozialen Arbeit, wird schnell enttäuscht. Strich man das Wort „Theorie" nämlich aus den Schlagwortsuchen heraus, so veränderte sich die Rangfolge der Treffer deutlich, und die 1.090.000 Treffer der Schlagwortsuche nach der Kombination „Soziale Arbeit" rangierten deutlich weiter hinten als etwa die Treffer für die Schlagwortsuche „Psychologie" (1.630.000 Treffer). Und auch wenn man statt nach „Theorie" und „Soziale Arbeit" nach „Praxis" und „Soziale Arbeit" suchte, veränderte sich das Bild nicht grundlegend. Den 674.000 Treffern bei der Suche nach „Theorie" und „Soziale Arbeit" standen nun zwar

766.000 Treffer zu „Praxis der Sozialen Arbeit" gegenüber, also knapp 14 % mehr. Führte man das Gleiche aber bei den oben angeführten Vergleichsbeispielen durch, so zeigte sich dort Ähnliches.

Die genannten Suchergebnisse legen zusammengenommen den Gedanken nahe, dass die Soziale Arbeit eine ziemlich theoretische Angelegenheit sein könnte. Zumindest scheint sie nicht weniger mit Theorie und nicht mehr mit Praxis zu tun zu haben als all die anderen o. g. wissenschaftlichen Fachgebiete.

Dieser Befund mag auf den ersten Blick verwundern. Ist die Soziale Arbeit nicht ein sehr konkretes, „praktisches" Terrain? Und macht das nicht gerade ihre Faszination für viele StudienanfängerInnen aus, die sich für einen Studiengang der Sozialen Arbeit, Sozialpädagogik, Sozialarbeit oder auch der Erziehungswissenschaft mit einem sozialpädagogischen Schwerpunktprofil entschieden haben? Wir denken, dass diese Einschätzung sicherlich zutrifft. Aber wir behaupten zugleich, dass Soziale Arbeit gerade deswegen eine höchst theoretische Angelegenheit ist.

Hinter dieser zunächst paradox anmutenden Auffassung steckt die Vermutung, dass über Theorien der Sozialen Arbeit genau deswegen so viel gesprochen und geschrieben wird, weil Soziale Arbeit von den meisten Menschen als eine äußerst praktische, ja geradezu „handfeste" Angelegenheit betrachtet wird, und sie damit zugleich für viele Menschen zu einer *relevanten* Angelegenheit wird.

Was aber von genügend Leuten als relevant angesehen wird, verlangt nach Klärung. Und hier kommen Theorien ins Spiel. Denn Theorien kommen da auf, wo sich Menschen ein Bild von einer Sache machen wollen, sei es, um etwas besser in Hinsicht auf bestimmte Zusammenhänge zu verstehen, um etwas im Sinne von Kritik hinterfragen zu können, um aus dem Bild heraus ein Orientierungsschema für zukünftiges Handeln abzuleiten oder um zukünftige Entwicklungen besser abschätzen zu können.

Allein die Tatsache, dass sich viele Menschen für Soziale Arbeit interessieren, heißt aber andererseits noch nicht, dass sich alle für ein und dasselbe interessieren. Das gilt auch und gerade für Studierende von Studiengängen der Sozialen Arbeit und verwandter Studienprogramme. In der Regel lassen sich die Interessen dieser Studierenden durchaus differenzieren, und zwar nicht nur zwischen verschiedenen Studiengängen mit ihren zunehmend spezifischeren BA- und MA-Profilen, sondern auch studiengangsintern.

Hier fallen zum einen Interessensunterschiede hinsichtlich potenzieller Berufsfelder auf, die sich spätestens nach Studienabschluss eröffnen können (so etwa vorrangige Interessen im Bereich der Kinder- und Jugendhilfe, der Altenhilfe, der Hilfe für Menschen mit Behinderungen, der Migrations- und/oder Flüchtlingshilfe, der geschlechtsspezifischen Sozialarbeit, der sozialpädagogischen Aus-, Fort- und Weiterbildung etc.). Zum anderen kann man aber, ganz grob gesprochen, auch zwischen eher „praxisorientierten", am Handeln ausgerichteten Interessen, und eher „theorieorientierten", am Verstehen ausgerichteten Interessen Studierender unterscheiden.

Dass dieser Unterschied kein so einfacher Gegensatz, und schon gar nicht so selbstverständlich ist, wie es auf den ersten Blick vielleicht erscheinen mag, werden wir bereits zu Beginn dieses Buches herausarbeiten (Kap. 1). Denn dies zu verstehen erachten wir als äußerst wichtig. Das gilt nicht nur für das Folgeverständnis aller weiteren Kapitel des vorliegenden Buches, sondern auch für ein aus unserer Sicht angemessenes Gesamtverständnis davon, was es heißt, Soziale Arbeit zu studieren. Wie wir in Kap. 1 zunächst in logisch-systematischer Weise, und in Kap. 2 dann in historischem Zugriff auf die Vorgeschichte von Theorien der Sozialen Arbeit zeigen werden, handelt es sich bei Theorie und Praxis der Sozialen Arbeit nämlich um keinen einfachen Widerspruch, sondern eher um einen sich gegenseitig hervorbringenden, und damit füreinander notwendigen Gegensatz. Damit lässt sich bereits eine unserer Grundannahmen für das Zustandekommen von Theorien der Sozialen Arbeit als Gesamtzusammenhang verdeutlichen. Man könnte auch sagen, dass wir hier bereits einen ersten Baustein für unsere theoretische Perspektive auf Theorien der Sozialen Arbeit haben, die – wie wir eingangs hervorgehoben haben – notwendig wird, wenn Übersichtswissen zu Theorien der Sozialen Arbeit entstehen soll.

Wie wir in Kap. 3 zeigen werden, gehen nicht nur Studierende, sondern auch Theorien der Sozialen Arbeit in der Tat unterschiedlich vor, wenn es darum geht, Soziale Arbeit als solche zu identifizieren und zu verstehen. Das ist im Grunde genommen nicht weiter verwunderlich. Denn genauso wie individuelle Studierende der Sozialen Arbeit während ihres Studiums verschiedene Interessen in der Beschäftigung mit den Inhalten ihres Studiums entwickeln, und sich daher auch auf unterschiedliche Art und Weise mit dem beschäftigen, was sie unter Sozialer Arbeit verstehen, so behandeln auch Theorien der Sozialen Arbeit nur auf den ersten Blick immer dasselbe. Liest man genauer in sie hinein, so wird man leicht feststellen können: Theorien der Sozialen Arbeit thematisieren *nicht* immer dasselbe, sondern Unterschiedliches. Das gilt auch mit Blick darauf, was Theorien jeweils unter Praxis verstehen. Dafür werden unterschiedliche Begriffe genutzt, und es wird auf unterschiedliche Eindrücke fokussiert, die jeweils zum Kern der theoretischen Beobachtung gemacht werden. Soziale Arbeit wird also – je nach bemühter Theorie – zu etwas sehr Unterschiedlichem, und das Spektrum dieser Unterschiedlichkeiten wird das sein, was wir in Kap. 3 zunächst einmal vor allem demonstrieren wollen.

Die Einsicht in diese Unterschiedlichkeiten mag zunächst etwas beunruhigen. Das gilt gerade dann, wenn man bisher dachte, sich bei der Sozialen Arbeit mit etwas „Handfestem" zu beschäftigen. Letztlich ist es aber plausibel, dass man mit verschiedenen Theorien der Sozialen Arbeit zu unterschiedlichen Ergebnissen kommt, was die jeweilige Beantwortung der Frage: „Was ist Soziale Arbeit?" angeht. Denn würden alle vorhandenen Theorien der Sozialen Arbeit immer zu den gleichen Ergebnissen kommen, würde es im Grunde wenig Sinn machen, überhaupt von Theori*en* der Sozialen Arbeit im Plural zu sprechen.

Dieser Umstand muss daher auch keineswegs Orientierungslosigkeit oder gar Enttäuschung auslösen. Ebenso wenig begreifen wir ihn als generellen Hinweis auf ein umfassendes Theoriedefizit der Sozialen Arbeit, wie das zuweilen getan wird (Wilhelm 2006; Rauschenbach/Züchner 2012). Wir werden dementgegen im Laufe dieses Buches immer wieder herausarbeiten, dass die Vielfalt bisher vorliegender Theorien der Sozialen Arbeit unserer Einschätzung nach ein Hinweis auf eine gewisse Lebendigkeit der wissenschaftlichen Diskussion zur Sozialen Arbeit ist.

Die Unterschiedlichkeit von Theorien der Sozialen Arbeit in Hinsicht auf ihre jeweiligen Ergebnisse bedeutet nun im Umkehrschluss aber auch nicht, dass Theorien der Sozialen Arbeit nur Unterschiede und keinerlei Gemeinsamkeiten aufweisen würden. Zwar wird diese Einschätzung zuweilen vertreten und dann gewöhnlich mit dem Hinweis versehen, „der" Gegenstand der Sozialen Arbeit sei so vielfältig und komplex, dass nur eine divers zusammengesetzte Vielzahl von Theorien ihm hinreichend gerecht werden könne (Füssenhäuser/Thiersch 2015). Ein solches

Verständnis von Theorien der Sozialen Arbeit und ihren Möglichkeiten ersetzt aber unseres Erachtens die gerade genannte Defizitdiagnose lediglich durch eine Art Überforderungsdiagnose, die an die bisher vorzufindenden Theorien der Sozialen Arbeit vergeben wird. Denn hier wird davon ausgegangen, dass der Gegenstand der Sozialen Arbeit *an und für sich* so unüberschaubar und vielfältig sei, dass es vielerlei, und vor allem mehr Theorien als bisher brauche, um Soziale Arbeit *in der Summe* dann (zumindest annähernd) ganz zu erfassen.

Wir werden demgegenüber in Kap. 3 unserer Einführung verdeutlichen, dass jede der vorgestellten Theorien die Soziale Arbeit *in ihrer eigenen Art und Weise* durchaus „ganz" erfasst. Die vorliegenden Theorien der Sozialen Arbeit sind also weder defizitär noch überfordert, sondern liegen in ihren jeweiligen Auffassungen von Sozialer Arbeit unvereinbar quer zueinander (und dies ist aus unserer Sicht völlig erwartbar, wenn man sich verschiedene Theori*en* im Vergleich anschaut).

Nimmt man dies ernst, so zeigt sich damit zugleich, dass man nicht nur verschiedene Theorien der Sozialen Arbeit unterscheiden kann, sondern eben auch viele Gegenstände der Sozialen Arbeit. Es „gibt" also gar nicht „die" Soziale Arbeit, sondern – je nach Theorie – eine ganze Menge, was man sich sinnvollerweise unter Sozialer Arbeit vorstellen kann. Und genau hierin liegt auch die Funktion unterschiedlicher, miteinander um ein angemessenes Verständnis von Sozialer Arbeit ringender Theorien.

Das heißt dann aber zugleich, dass man die Gegenstandsauffassungen einzelner Theorien nicht einfach additiv nebeneinander stellen kann, um hieraus dann automatisch auch Gemeinsamkeiten der Theorien zu erkennen. Will man Studierenden Wissen zu Theorien der Sozialen Arbeit vermitteln, das auch Gemeinsamkeiten der vorliegenden Theorien deutlich werden lässt, ist es sinnvoller, die Theorien gezielt auf einige ihrer Kernaussagen und deren Zustandekommen hin zu befragen. Wir werden dementsprechend unsere Darstellung einzelner Theorien in Kap. 3 entlang dreier ausgewählter Fragen strukturieren. Diese lauten:

1. Welches Erkenntnisziel formuliert die Theorie?
2. Wo und wie beobachtet die Theorie Soziale Arbeit, und auf welchen Vorannahmen werden diese Beobachtungen aufgebaut?
3. Was identifiziert die Theorie als Praxis der Sozialen Arbeit?

Durch dieses Vorgehen lassen sich bis zum Abschluss des dritten Kapitels bereits zahlreiche Unterschiede von Theorien der Sozialen Arbeit skizzieren, die wir in Kap. 4 zusammenfassen werden. Es lassen sich aber auch bereits Gemeinsamkeiten von Theorien der Sozialen Arbeit erahnen. Dies gilt in Hinsicht auf das, *was* die Theorien im Ergebnis als Soziale Arbeit präsentieren. Vor allem aber gilt es in Hinsicht darauf, *wie* Soziale Arbeit durch Theorien der Sozialen Arbeit als Gegenstand hergestellt wird. Diese Gemeinsamkeiten des „Wie" innerhalb der durch Theorien der Sozialen Arbeit durchschrittenen *Theoretisierungsprozesse* werden wir entsprechend in Kap. 5 darstellen. Wir hoffen, damit den LeserInnen dieses Buches ein systematisches Orientierungswissen zur Debatte um Theorien der Sozialen Arbeit an die Hand zu geben.

Die in den 2010er Jahren vorgelegten Lehr- und Einführungsbücher zum Thema (May 2010; Lambers 2013; Borrmann 2016; Hammerschmidt et al. 2017) haben aus unserer Sicht wichtige erste Schritte in Richtung einer systematisierenden Perspektive auf Theorien der Sozialen Arbeit unternommen, ebenso wie die regelmäßig überarbeiteten Handbucharktikel zu Theorie(n) der Sozialen Arbeit (Rauschenbach/Züchner 2012; Thole 2012a; Füssenhäuser/Thiersch 2015). In Hinsicht auf eine von Vornherein systematisch angelegte Erörterung von Theorien der Sozialen Arbeit besteht unseres Erachtens noch Ausbaubedarf. Auf diesen Ausbaubedarf wollen wir mit der vorgelegten Einführung reagieren.

Zugleich bedarf es dafür aus unserer Sicht einer gewissen kritischen Distanz gegenüber bestimmten Selbstverständlichkeiten, die im Aufbau von Theorien der Sozialen Arbeit und der Diskussion über sie bisher gepflegt und nur selten hinterfragt worden sind (Dollinger 2013; Sandermann/Neumann 2014). Diese kritische Distanz werden wir durchweg, und besonders in Kap. 5 einnehmen.

In Kap. 6 werden wir abschließend den jüngsten Stand der Diskussion um Theorien der Sozialen Arbeit skizzieren. Hier werden wir die These aufstellen, dass Theorien der Sozialen Arbeit, wie sie sich vor allem in ihrer „großen Zeit" der 1980er und 1990er Jahre entwickelt haben, wenig zeitgemäß sind. Dies hat verschiedene Gründe, die wir kurz illustrieren werden. Wie wir aber auch zeigen werden, gibt es genauso gute Gründe davon auszugehen, dass Theorien der Sozialen Arbeit in Zukunft eine wieder höhere Relevanz gewinnen könnten. Inwiefern diese Theorien dann allerdings noch so werden aussehen können, wie diejenigen, die im Mittelpunkt des vorliegenden Einführungsbuches stehen, wollen wir abschließend problematisieren.

Das vorliegende Buch baut auf einer langjährigen Beschäftigung mit Theorien der Sozialen Arbeit auf. Während dieser Beschäftigung war es nie unser Anspruch, selbst eine Theorie der Sozialen Arbeit zu entwerfen. Es war aber immer ein Anspruch, Theorien der Sozialen Arbeit – jede für sich genommen und im Vergleich zueinander – durch die Beschäftigung mit ihnen besser zu verstehen und dadurch besser vermittelbar zu machen. Was dabei in hohem Maße zur Entwicklung unserer eigenen Perspektive beigetragen hat, waren Gespräche zum Thema mit zahlreichen Menschen. Gedankt sei in diesem Zusammenhang insbesondere Petra Bauer, Georg Cleppien, Kai Dierkes, Bernd Dollinger, Gabriel Eichsteller, Nicole Hekel, Reinhard Hörster, Michael-Sebastian Honig, Bettina Hünersdorf, Onno Husen, Kerstin Jergus, Magdalena Joos, Fabian Kessl, Stefan Köngeter, Randolf Körzel, Martina Lütke-Harmann, Veronika Magyar-Haas, Sebastian Manhart, Marcel Meier Kressig, Johanna Mierendorff, Richard Münchmeier, Christian Niemeyer, Klara-Marie Niermann, Mareike Patschke, Mary Sandermann, Holger Schoneville, Hans Thiersch, Christiane Thompson, Melanie Werner, Maren Zeller sowie Ulrike Urban-Stahl, die zugleich Herausgeberin dieser Einführungsreihe ist und in diesem Zuge eine besonders unterstützende Rolle für das Zustandekommen des vorliegenden Buches gespielt hat. Darüber hinaus möchten wir den vielen Studierenden und denjenigen Promovierenden danken, mit denen wir im Laufe der letzten Jahre immer wieder zum Thema diskutieren konnten.

Neben Gesprächen und Diskussionen haben gerade auch die Handlungserfahrungen, die wir selbst als „Praktiker" gemacht haben, zur schrittweisen Erarbeitung unserer Verständnisperspektive beigetragen. Wie bei vielen Kolleginnen und Kollegen war „die Praxis der Sozialen Arbeit" in unserem Fall vornehmlich die Kinder- und Jugendhilfe. Gerade hier drängte sich uns beiden unabhängig voneinander immer wieder der Eindruck auf, dass eine Perspektive produktiver Distanz zu vorfindbaren Theorien der Sozialen Arbeit dabei helfen kann, die Art und Weise, in der Theorien der Sozialen Arbeit „ihre" Praxis konstruieren, besser begreifen zu können.

Wir wünschen den LeserInnen der vorliegenden Einführung, dass die hier eröffnete Verstehensperspektive sie darin unterstützt, einen wissensbasierten Überblick zu Theorien der Sozialen Arbeit zu entwickeln oder auch zu vertiefen.

Zur 2018 erschienenen, ersten Auflage dieses Buches hat uns eine Vielzahl konstruktiver Rückmeldungen erreicht, aus denen wir bei der Überarbeitung für die zweite Auflage schöpfen konnten. In diesem Sinne gilt auch für die nun vorliegende Version unseres Buches: Wo sich bei der Lektüre Kritik an unserem Blick regt, sind wir dankbar für Rückmeldungen. Denn – so unsere Überzeugung – Theorien lassen sich am besten im Dialog entwickeln. Theorien über Theorien bilden hiervon keine Ausnahme.

1 Was sind Theorien der Sozialen Arbeit?

Das Ziel dieses Kapitels ist es zu klären, was Theorien der Sozialen Arbeit sind. Dafür ist es zunächst wichtig zu verdeutlichen, inwieweit Theorie und Praxis der Sozialen Arbeit logisch eng miteinander zusammenhängen. Im ersten Unterkapitel 1.1 werden wir der Ausgangsthese folgen, dass sich Theorien immer auf etwas beziehen, was sie als „real" ansehen. Umgekehrt gilt damit zugleich, dass die Beschäftigung mit Theorie immer auch eine Auseinandersetzung darüber einschließt, *worauf* sich Theorie bezieht. Im Falle der Sozialen Arbeit ist dieser Bezugspunkt üblicherweise „die Praxis". Welchen Auftrag Theorien mit Blick auf ihre Bezugspunkte haben, darüber gibt es allerdings – gerade in den Sozial- und Geisteswissenschaften – nicht nur Konsens, sondern auch Kontroversen und Differenzen. Dies gilt auch im Bereich von Theorien, welche das Ziel haben, Wissen über die Soziale Arbeit zu generieren. Strittig ist dabei vor allem, was als „wertvolles" Theoriewissen zur Sozialen Arbeit anzusehen ist. Eine entscheidende Dissenslinie verläuft z. B. zwischen Positionen, die Theorien in der Pflicht sehen, normatives Handlungswissen bereitzustellen, und Positionen, die diese Möglichkeit bestreiten oder sie zumindest der Aufgabe von Theorien unterordnen, reflexives, analytisches Wissen zu produzieren. Weitgehende Einigkeit besteht jedoch darin, dass sich theoretische Erkenntnisse über die Praxis, die durch Theorien der Sozialen Arbeit generiert werden, nicht einfach „in die Praxis" übertragen oder für eine Veränderung von Praxis „benutzen" lassen. Warum das so ist, werden wir in Kapitel 1.2 erläutern. In Kapitel 1.3 werden wir noch einmal zusammenfassen, warum es wertvoll ist, sich innerhalb des Studiums mit Theorie *und* Praxis der Sozialen Arbeit zu beschäftigen – zumal man sich reflektierterweise gar nicht für nur eines von beidem entscheiden kann. Abschließend werden wir noch einmal verdeutlichen, welchen theoretischen Blick dieses Buch auf Theorien der Sozialen Arbeit richtet.

1.1 Zum konstitutiven Zusammenhang von Theorie und Praxis der Sozialen Arbeit

„Theorie interessiert mich nicht, denn ich will ja in die Praxis!" Diesen Satz hört man von Studierenden der Sozialen Arbeit immer wieder. Nachfolgend verdeutlichen wir, warum es Sinn macht, diesem Satz mit äußerstem Misstrauen zu begegnen.

Aus dem Alltagsverständnis, dass es sich bei Theorie und Praxis um zwei unterschiedliche Dinge handelt, wird gelegentlich geschlussfolgert, dass Theorie und Praxis eigentlich nichts oder jedenfalls nicht unmittelbar etwas miteinander zu tun haben (können). Wir werden im Folgenden zeigen, dass sich zwar die erste Annahme („Theorie und Praxis sind etwas Unterschiedliches") durchaus gut begründen lässt. Das heißt jedoch gerade *nicht*, dass Theorie und Praxis zwei völlig unterschiedliche oder gar unvereinbare Sachverhalte sind.

Aber der Reihe nach: Zunächst einmal macht es tatsächlich einen Unterschied, ob man über Theorie spricht oder über Praxis. Auch deswegen gibt es z.B. unterschiedliche Bände innerhalb der vorliegenden Reihe „Soziale Arbeit studieren", von denen nur einer explizit das Thema „Theorien der Sozialen Arbeit" behandelt. Man kann also durchaus davon ausgehen, dass sich die Unterscheidung von Theorie und Praxis in der Sozialen Arbeit eingebürgert hat und ihr damit auch eine gewisse Sinnhaftigkeit zukommt.

Diese Sinnhaftigkeit ist bereits daran zu erkennen, dass wohl kaum jemand spontan bestreiten würde, dass beides existiert: Es gibt einerseits „Theorie der Sozialen Arbeit" und andererseits „Praxis der Sozialen Arbeit", sonst würde man nicht ständig über beides sprechen. Die Aussage, dass es Praxis der Sozialen Arbeit gibt, ist jedoch keineswegs so selbstverständlich, wie sie auf den ersten Blick erscheint. Sie hat bereits mit einer Besonderheit zu tun, auf die wir im Verlauf dieses Buches verschiedentlich zu sprechen kommen werden.

Um ein erstes Verständnis für diese Besonderheit zu entwickeln, kann ein Blick auf andere Fachdisziplinen hilfreich sein. Hierzu ein Gedankenexperiment:

Stellen Sie sich vor, Sie studierten ein **anderes Fach** als „Soziale Arbeit", z.B. Philosophie, Soziologie oder auch Physik. Was eine „Praxis der Philosophie" sein könnte, leuchtet Ihnen vielleicht noch relativ spontan ein. Wie sieht es aber mit Ihren spontanen Assoziationen zu so etwas wie einer „Praxis der Soziologie" oder einer „Praxis der Physik" aus? Eine Vorstellung davon ist zwar möglich. Sich ein konkretes Bild davon zu machen, erscheint aber auf den ersten Blick voraussetzungsreicher zu sein als eine Vorstellung von der „Praxis der Sozialen Arbeit". Eine solche Vorstellung wird jede/r LeserIn dieses Bandes spontan entwickeln können – wenngleich sie sich, wie wir später zeigen werden, auf den zweiten Blick nicht notwendigerweise als tragfähig herausstellen muss. Trotzdem gehen die meisten Menschen davon aus: „Natürlich, eine Praxis der Sozialen Arbeit, das gibt es!" Aber eine Praxis der Physik?

Während es in der Physik meist schwerer fällt, ein spontanes Bild von Praxis zu entwerfen, ist es hier im Umkehrschluss leichter, sich vorzustellen, was Physik mit Theorie(n) zu tun hat. Ähnlich könnte es im Fall der oben angesprochenen Disziplinen Soziologie und Philosophie, aber auch vielleicht bei der Literaturwissenschaft oder der Mathematik sein.

Wir bleiben der Anschaulichkeit halber noch für einen Moment beim **Beispiel der Physik**. Eine physikalische Theorie wäre bspw. die Gravitationstheorie der klassischen Physik. Diese erklärt überzeugend, warum der Bleistift, den Sie im Vorlesungsraum fallen lassen, auf dem Boden landet und nicht an die Decke fliegt. Weil dies theoretisch schlüssig ist, muss man diesen Vorgang auch nicht stetig in Experimenten wiederholen, um weiterhin daran glauben zu können, dass es sich hierbei um ein Gesetz handelt. Die Theorie ist stattdessen in der Lage, jeden einzelnen neuen Vorgang dieser Art im Lichte einer generellen Regel darzustellen. Die Regel lässt sich sogar in der Sprache der Mathematik reformulieren. Gerade ihre hohe Erklärungskraft bei gleichzeitiger mathematischer Klarheit haben Theorien der klassischen Physik über lange Zeit hinweg so überzeugend gemacht, dass man sie als Vorbild für alle anderen Wissenschaften angesehen hat. Entscheidend ist hier aber noch etwas Anderes: Bevor die Gravitationstheorie irgendetwas *erklärt*, hält sie zunächst einmal eine Beobachtung fest. Sie *beschreibt* konkrete Phänomene in einem bestimmten Zusammenhang (hier: ein Bleistift fällt auf den Boden), findet Parallelen zu anderen konkreten Phänomenen in einem für sie ähnlich wirkenden Zusammenhang und richtet damit einen Blick auf die Welt, der es ihr erst ermöglicht, eine generelle Regel (man könnte auch sagen: ein Muster) zu bestimmen. Erst nachfolgend geht es dann darum, diese Regel logisch widerspruchsfrei mit Erklärungen zu verbinden. Am Beispiel gesprochen: Es wird zunächst die generalisierte Beobachtung festgehalten, dass alle Dinge auf dem Planeten Erde, die schwerer als die sie umgebende Luft, aber ausschließlich von Luft umgeben sind, auf den Boden fallen, wenn sie nicht daran gehindert werden. Erst danach geht es ans Erklären und Schlussfolgern.

Vergegenwärtigt man sich diesen Erkenntnisprozess, so wird deutlich, dass die erwähnte Gravitationstheorie durchaus auch etwas mit „Praxis" und lebenspraktischen Erfahrungen zu tun hat. Denn die Gravitationstheorie wird erst greifbar, wenn man sie auf konkrete, „praktische" Phänomene bezieht (hier die „praktische" Situation mit Ihrem Bleistift im Vorlesungssaal).

Im Umkehrschluss hat die Theorie damit auch einen unmittelbar praktischen Wert. Sie erleichtert es Ihnen, das Phänomen des nach unten fallenden Bleistifts einzuordnen und hierauf bezogen ein hohes Maß an Erwartungssicherheit aufzubauen, welches über Ihre reine Erfahrung mit ständig nach unten fallenden Gegenständen hinausgeht. Weder der nach unten fallende Bleistift noch der nach oben steigende Helium-Luftballon, der Ihnen aus der Hand gleitet, wird Sie dann noch überraschen. Auf eine prägnante Formel gebracht könnte man also sagen: Gute Theorie hilft Ihnen dabei, Ihr Leben erwartungssicherer zu machen.

Aus diesem von der Physik entlehnten Beispiel lässt sich nun etwas Allgemeines zum konstitutiven Verhältnis von Theorie und Praxis festhalten: Theorie fängt nicht bei der Erklärung eines Phänomens oder gar bei Vorschlägen zu seiner Veränderung an, sondern bereits im Moment der Beschreibung. Theorie ist damit nichts, das nur irgendwo fernab der praktischen Welt eine Rolle spielt. Im Gegenteil: Jede Theorie braucht einen Gegenstand, auf den sie sich bezieht, um sich überhaupt als Theorie „in Stellung bringen" zu können. Ein solcher Gegenstand muss nicht unbedingt ein greifbares und alltäglich vertrautes Phänomen sein. Vielmehr kann dieser Gegenstand auch etwas sehr Abstraktes oder zumindest schwer Beobachtbares sein, denkt man etwa an Gegenstände wie „Gesellschaft", „Hirnströme", „Gravitationswellen", „Klimakatastrophe" oder „Familie". Aber eine Theorie kann nicht einfach eine Theorie sein, sondern immer nur eine Theorie *von etwas*.

Das heißt im Umkehrschluss aber zugleich, dass auch für jede *Beschreibung* eines „praktischen" Phänomens Theorie nötig ist. Dies gilt auch und gerade dann, wenn man nichts weiter im Sinn hat als „einfach nur über die Praxis zu sprechen", man also gerade *nicht* über Theorie nachdenken will. Das Paradoxe in diesem Moment ist: Gerade hier nutzt man permanent Theorie(n)!

Wir hoffen, man erkennt spätestens an dieser Stelle, wie lohnend die Reflexion von Theorie(n) für Studierende und Fachkräfte der Sozialen Arbeit ist. Denn erst, indem man bei der Beschreibung einer (praktischen) Situation zugleich auf ein (theoretisches) Bild dessen, womit man es zu tun hat, zurückgreift, kann man überhaupt etwas über diese Situation sagen. Damit beginnt man – geradezu zwangsläufig und unabhängig davon, ob man es will oder nicht – in jedem Moment, in dem man „über Praxis redet", zugleich auch, Theorie zu (re)produzieren.

Der amerikanische Philosoph und Logiker Charles Sanders Peirce hat diesen Zusammenhang von Theorie und jeglichem von der Theorie beschriebenen Gegenstand Ende des 19. Jahrhunderts scharf analysiert und in diesem Zuge festgehalten, dass wir

> „nicht den kleinsten Schritt [...] in unserer Wissenserweiterung über das Stadium des leeren Starrens hinaus tun [können], ohne dabei bei jedem Schritt eine Abduktion zu vollziehen" (Peirce 1901; dt. Übersetzung zit. nach Reichertz 1993, 266).

Was Peirce hier als „Abduktion" bezeichnet, ist genau die notwendige Zusammenfügung einer einzelnen konkreten Sinneswahrnehmung, *die* man beschreiben will, mit einer generelleren Kategorie, *durch die* man beschreiben muss, sobald man irgendetwas beschreibt. Vereinfacht ausgedrückt: Um einen Baum zu beschreiben, muss man bei sich selbst und seinem Gegenüber zugleich auf eine allgemeine theoretische Vorstellung davon zurückgreifen, was ein Baum „eigentlich" – also jenseits des konkreten Gebildes, auf das man da „starrt" – ist.

Der von Peirce beschriebene Zusammenhang, dass man für alles, was man beschreiben möchte, zugleich notwendigerweise Theorie verwenden *muss*, dass also theoriefreie Aussagen überhaupt nicht möglich sind, gilt heutzutage weitgehend unbestritten in allen wissenschaftlichen Disziplinen. Die Annahme von der *Theoriebeladenheit* aller Beobachtung gehört zu den zentralen Einsichten der sog. „postpositivistischen" – das heißt eine „Unmittelbarkeit der Dinge" anzweifelnden – Wissenschaftstheorie, wie sie sich seit den 1930er Jahren sukzessive durchgesetzt hat (Feyerabend 1978, 40 ff.; Hanson 1969; Popper 1935).

Der Gegenstandsbereich Sozialer Arbeit bildet dabei keine Ausnahme. Insofern könnte man das oben skizzierte Beispiel mit dem Bleistift und der Rolle der Theorie darin ebenso auf alle möglichen

Gedanken und Beobachtungen zur Praxis der Sozialen Arbeit übertragen.

Wenn man z. B. die Auffassung vertritt, dass es für den Aufbau einer sog. „helfenden Beziehung" zu einer Klientin, die man in einer **Beratungssituation** adressieren will, wichtig ist, sich Zeit zu nehmen, eine ruhige Atmosphäre zu schaffen sowie konzentriert und zugewandt zu sein, so ist diese Auffassung nicht ganz so bedingungslos „praktisch" wie sich das vielleicht zunächst anfühlt. Und zwar nicht nur deshalb, weil damit bereits tiefgreifende theoretische Vorstellungen von entscheidenden Kriterien eines „sozialpädagogischen Beziehungsaufbaus" verbunden sind, sondern auch schon auf einer viel banaleren Ebene. Denn um z. B. überhaupt so etwas wie eine „ruhige Atmosphäre" schaffen zu können, braucht man eine theoretische Vorstellung davon, was das sein könnte. Nur so kann man sich bei der Herstellung einer entsprechenden Situation zumindest grob orientieren. Man hat dann bspw. die konkrete Vorstellung im Kopf, dass es für die Herstellung von „ruhiger Atmosphäre" förderlich ist, der Adressatin zunächst einen Tee oder Kaffee anzubieten, sie dabei „in Ruhe ankommen" zu lassen und nicht direkt mit Fragen, Angeboten oder Problembeschreibungen, die einem in Bezug auf den „Fall" wichtig erscheinen, zu konfrontieren. Die Aspekte des Kaffeeanbietens und Nicht-viel-Sprechens sind somit nicht einfach Tatsachen, sondern eben theoretische Vorstellungen einer „ruhigen Atmosphäre", die eine Person zu ihren Zwecken nutzen will. Erst vor dem Hintergrund dieser Vorstellungen nimmt man die Tätigkeit des Kaffeetrinkens oder Zunächst-nichts-Sagens also im Moment des Geschehens als „ruhige Atmosphäre" wahr.

Auf den zweiten Blick dürfte beim gerade genannten Beispiel aber auch ein Unterschied auffallen zwischen dem, worum es in der Physik, und dem, worum es in der Sozialen Arbeit geht. Dieser Unterschied wird bereits anhand der unterschiedlichen Begriffe deutlich, die üblicherweise in Physik und Sozialer Arbeit benutzt werden.

PhysikerInnen würden bei der o. g. Beispielsituation mit dem Bleistift im Vorlesungssaal normalerweise wohl eher von einem „empirischen" als von einem „praktischen" Beispiel sprechen.

Als **empirisch** bezeichnet man Formen wissenschaftlicher Erkenntnis, die auf der Grundlage methodisch kontrollierter Erfahrungen gewonnen wurden. Entscheidend ist also, dass diese Erkenntnisse auf einem äußeren Weltkontakt beruhen und den Status eines erfahrungsbezogenen Wissens haben, das wiederum von anderen Formen wissenschaftlichen Wissens abgegrenzt wird, welches allein der Gedankenwelt entspringt. Der Empirismus ist damit zugleich logisch mit bestimmten Axiomen (Definition in Kap. 5.2), also Vorannahmen verbunden, welche jedoch bewusst so konkret wie möglich gehalten werden, was zugleich wissenschaftshistorisch mit einer bestimmten Entstehungsepoche verbunden ist (Gawlick 2000). Dass empirische Erkenntnisse auf methodisch kontrollierte Erfahrungen aufbauen, bedeutet, dass es sich um Erkenntnisse und Informationen handelt, die z. B. auf der Grundlage von Experimenten, Beobachtungen oder Befragungen ermittelt worden sind. Gemeinhin wird dabei zwischen „quantitativen/quantifizierenden" (also auf die Verteilung und Häufigkeit interessierender Phänomene fokussierten) und „qualitativen" (also auch die Tiefenstruktur und Einzelfalllogik von Phänomenen gerichteten) Methoden empirischer Sozialforschung unterschieden, wobei heutzutage in Studien vermehrt auch methodische Mischformen oder Methodenkombinationen verwendet werden (mixed methods designs).

Die Physik ist als Wissenschaft grundsätzlich an allen möglichen Erfahrungen (also: empirisch über die Sinne vermittelten Eindrücken) interessiert, die sie zugleich mit einer bestimmten Art wissenschaftlicher Theorien begreifen kann. Ob im Zuge der in der Physik theoretisch relevant gemachten Erfahrungen jemand auch „praktisch arbeitet", ist für PhysikerInnen nicht von primärem Interesse.

Anders sieht es in der Sozialen Arbeit aus. Wenn über Soziale Arbeit gesprochen wird, so bezieht man sich in der Regel auf Erfahrungen, die nicht nur empirisch über die Sinnestätigkeit irgendwie einfangbare Momente darstellen, sondern die *zugleich* auch regelmäßig als „Praxis" bestimmter AkteurInnen in den Blick genommen werden. Diese Momente werden – um einen in diesem Zusammenhang häufig zu findenden Ausdruck zu verwenden – dann oft auch direkt als „Praxiserfahrungen" bezeichnet.

Dass dies so ist, könnte im Umkehrschluss auch für die Rolle relevant sein, welche Theorien in der Sozialen Arbeit zukommt. Von ihnen wird erwartet, irgendwie „praxisrelevant" zu sein. An dieser Stelle ist es jedoch wichtig, noch einmal auf das zurückzukommen, was wir oben bereits erarbeitet haben: Für eine Vorstellung davon, was Praxis ist, braucht man Theorie. Jede Vorstellung von der „Praxisrelevanz" einer Theorie bemisst sich damit logisch zwangsläufig ebenfalls an einer *theoretischen* Ausgangsidee davon, was diese „Praxis", für welche die Theorie relevant sein soll, überhaupt ist.

Denn „Praxis", oder konkreter: „Praxiserfahrungen", sind – und hier ist es dann wieder nicht grundsätzlich anders als bei der Physik (!)– nur dann überhaupt *als Praxiserfahrung* wahrnehmbar, wenn man sie, bewusst oder unbewusst, in Zusammenhang mit Theorie bringt, die es ermöglicht ein Bild davon zu skizzieren, was denn Praxis eigentlich sein soll. Erst hierdurch wird es möglich, die konkrete Erfahrung überhaupt als „Praxiserfahrung" zu begreifen, oder spezifischer: als „eine Erfahrung, die etwas mit der Praxis zu tun hat".

Was man nun zusätzlich noch braucht, um von einer Praxiserfahrung sprechen zu können, die etwas mit „Sozialer Arbeit" zu tun hat, ist – noch mehr Theorie. Es reicht nämlich nicht, eine ganz abstrakte Vorstellung davon zu haben, was Praxis im Allgemeinen ist. Man braucht darüber hinaus auch noch eine Ausgangsidee davon, was eigentlich „Soziale Arbeit" ist, um eine dann konkretere Vorstellung von der „Praxis der Sozialen Arbeit" zu entwickeln. Erst mit dieser wiederum *theoretischen* Vorstellung kann man dann in einer sinnvollen Art und Weise von Praxis Sozialer Arbeit sprechen.

Mit anderen Worten: Man braucht an jeder Stelle, an der man von einer „Praxiserfahrung", die für die Soziale Arbeit relevant ist, spricht, an jeder Stelle also, an der von einer „Praxiserfahrung in der Sozialen Arbeit" ausgegangen wird, sowohl eine theoretische Vorstellung von „Praxis", als auch eine – bewusste oder unbewusste – „Theorie der Sozialen Arbeit"; ein generelles Bild davon also, was Soziale Arbeit ist.

Erst im Zusammenspiel zwischen einer konkreten Wahrnehmung und einer *theoretischen* Idee davon, was „Praxis der Sozialen Arbeit" sein könnte, kann es also gelingen, auch eine „Praxiserfahrung in der Sozialen Arbeit" zu machen, die als solche verbalisierbar ist. Hierdurch erst hat man das zustande gebracht, was Peirce eine „Abduktion" nennt, und kann damit anfangen, mehr als ein „leeres Starren" auf die Welt zustande zu bringen.

Wie Theorie und Erfahrung bei der Benennung dessen, was „Praxiserfahrungen in der Sozialen Arbeit" sind, zusammengebracht werden, unterscheidet sich im Einzelfall sehr. Denn grundsätzlich ist es möglich, in jedem einzelnen Moment einer Erfahrung wieder eine neue Theorie zur Beschreibung dieser Erfahrung heranzuziehen. Auch dies ist den meisten Menschen aus ihrem Alltag bekannt. Ein Beispiel:

Lernt man **neue Freunde** kennen, so hat man oft noch ein ziemlich anderes Bild von einem Menschen als im fortgeschrittenen Stadium der Freundschaft. Bezogen auf das Verhältnis von Theorie und Erfahrung heißt das, dass sich durch unterschiedliche Erfahrungen mit der befreundeten Person auch die eigene Theorie dazu, wer diese Person eigentlich ist, verändert. Konkret gesprochen verändern Menschen also ihre Theorie zur gegenüberstehenden Person allmählich und versuchen damit ihren (neuen) Erfahrungen gerecht zu werden, obwohl es doch vermeintlich stets um „dieselbe" Person geht. Die gängige Rede vom „sich besser Kennenlernen" kann dabei allerdings irreführend sein, denn sie verleitet zu der Annahme, dass man eine immer bessere Theorie zum Gegenüber entwickeln könnte, bis man diese Person schließlich „ganz und gar" kennt – und zwar so, wie sie „eigentlich" ist. Ein solch „kumulatives" Verständnis von Wissensgenerierung durch Theorien gilt heutzutage als überholt (Bachelard 1978; Kuhn 1962). Eher dürfte es so sein, dass man durch den laufenden Abgleich zwischen Erfahrung und Theorie dazu neigt, verschiedene Theorien zum jeweiligen Gegenstand (in diesem Fall: der befreundeten Person) zu entwickeln, die man dann je nach Situation parat hat, um eine Handlung oder eine Äußerung des befreundeten Gegenübers sinnvoll zu interpretieren. Und das scheint durchaus sinnvoll zu sein, denn über je mehr verschiedene Theorien zu einer Person man verfügt, umso handlungsfähiger bleibt man im Umgang mit ihr, weil es mit höherer Wahrscheinlichkeit gelingt, Sinn in den Äußerungen und Handlungen des/der Anderen zu sehen. In paradoxer Weise wird man jedoch zugleich die Erfahrung machen, dass immer mehr verschiedene Bilder zu der befreundeten Person dazu führen, dass man immer weniger darüber weiß, wer dieser Mensch „eigentlich" ist.

So kann man allgemein auch sagen, dass Wissenszuwachs immer zugleich auch zu mehr Unsicherheit in Bezug auf die Selbstverständlichkeit dieses Wissens führt (Weingart 2003). Das Gleiche gilt im Prinzip für die Soziale Arbeit und hier spezifisch für jedes

Bild von „Praxis der Sozialen Arbeit", das man sich machen kann. Auch hierzu wird man im Laufe des Studiums, während der Ableistung von Praktika, in der ehrenamtlichen, nebenberuflichen und hauptberuflichen Tätigkeit immer wieder einzelne Erfahrungen machen, die zunächst höchst unterschiedlich sind, aber in denen man (auf der Basis von Theorien und theoretischen Schlüssen) immer wieder Muster entdecken kann. Da sich jedoch die Erfahrungen, die man macht, immer wieder unterscheiden werden, wird es gewinnbringend sein, auch hierzu immer wieder unterschiedliche Theorien zu entwickeln, die sich durchaus auch gegenseitig widersprechen dürfen, solange sie jeweils in sich schlüssig aufgebaut sind und daher etwas begreiflich machen können. Je mehr solcher Theorien man kennenlernt, umso komplizierter wird es aber auch, begründet zu entscheiden, welche Theorie nun die „beste", „überzeugendste" oder gar „wahrste" ist. Denn „in sich" machen sehr viele Theorien Sinn.

Wenn man sich näher mit Theorien der Sozialen Arbeit beschäftigt, macht man daher bald die Erfahrung, dass viele von ihnen jeweils spezifisch verstehbar machen, was Praxis Sozialer Arbeit und was „gute Praxis" Sozialer Arbeit sein könnte, sich dabei aber gegenseitig durchaus widersprechen. Man bezeichnet diese Einsicht in die „Inkommensurabilität" verschiedener Theorien in der Wissenschaftssoziologie auch als sog. Duhem-Quine-These, unter Bezugnahme auf ihre beiden Referenzautoren Pierre Duhem und Willard V. O. Quine (Weingart 2003, 58).

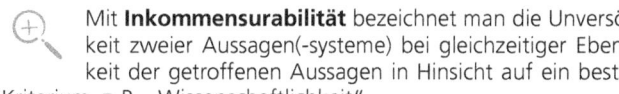

Mit **Inkommensurabilität** bezeichnet man die Unversöhnbarkeit zweier Aussagen(-systeme) bei gleichzeitiger Ebenbürtigkeit der getroffenen Aussagen in Hinsicht auf ein bestimmtes Kriterium, z. B. „Wissenschaftlichkeit".

Diese widersprüchliche Vielfalt von in sich jeweils stringent erscheinenden Theorien begegnet einem logischerweise nicht nur dort, wo es um ausgewiesene „Theorien der Sozialen Arbeit" geht, sondern auch in anderen Wissenschaftsbereichen, so etwa bei psychologischen, soziologischen, philosophischen, erziehungs- oder politikwissenschaftlichen Theorien. Überall macht man die Erfahrung, dass eine bestimmte Theorie in überzeugender Weise die Welt beschreibt, während eine andere Theorie in ebenso überzeugender Weise die Welt gänzlich anders beschreibt. Das anfangs oft irritierende Ergebnis dieser Beobachtung ist, dass man auf einmal nicht mehr eine, sondern zwei und mehr Welten vor sich sehen kann – wenngleich es unmöglich ist, in exakt demselben Moment mehrere dieser Welten zugleich zu sehen. Letzteres hängt mit der oben erwähnten Inkommensurabilität der Weltsichten zusammen, die durch unterschiedliche Theorien hervorgebracht werden.

> Wenn man sich auf dieses Ergebnis einlässt, wird es nach und nach möglich, verschiedene **„theoretische Brillen"**, durch die man die Welt betrachten kann, aktiv auf- und auch wieder absetzen. Theorien werden dann als „Werkzeuge" handhabbar – eben genauso, wie Brillen Werkzeuge sind.

Dass man je nach „Theorie-Brille", die man benutzt, Unterschiedliches sehen kann, obwohl man damit auf den ersten Blick doch vermeintlich immer auf ein und dasselbe schaut, gilt für alle Aspekte im Studium der Sozialen Arbeit: z.B. für die Betrachtung von „Kindern", „Jugendlichen" oder „Menschen mit Behinderung" (also spezifische sog. „AdressatInnengruppen" der Sozialen Arbeit), aber auch für die Betrachtung von „Professionalität", für die Frage danach, was eigentlich eine „Fachkraft" in der Sozialen Arbeit ausmacht oder was das Typische am Habitus von „SozialpädagogInnen" ist.

> Als **Habitus** bezeichnet man durch Sozialisation erworbene, vorbewusste „Wahrnehmungs-, Denk- und Handlungsschemata" (Bourdieu 1987, 101), die z.B. in Lebensstil, Geschmack, Kleidung oder Sprache einer Person zum Ausdruck kommen. Der Habitus hängt laut Bourdieu mit der sozialen Stellung in der Gesellschaft oder einem bestimmten sozialen Feld zusammen und bildet ein System von Dispositionen, das als Erzeugungsmodus menschlicher Praxisformen erklärbar sowie letztlich auch voraussehbar machen soll, warum Menschen in einer bestimmten Weise in ihrer sozialen Umwelt agieren.

Und auch bei der Betrachtung von so unterschiedlichen, und auf den ersten Blick so eindeutig wirkenden Dingen wie „psychischen Störungen", „sozialen Dienstleistungsorganisationen" oder „rechtlichen Regelungen" lässt sich feststellen: Letztlich entscheidet die „Theorie-Brille", die man gerade aufgesetzt hat, darüber, was man darunter verstehen bzw. nicht verstehen kann. Zur nochmaligen Verdeutlichung dieses Umstands wählen wir ein Beispiel aus der auf Studierende oftmals klar und eindeutig wirkenden Nachbardisziplin der Psychologie.

Wenn es in der **klinischen Psychologie** bspw. um „psychische Störungen" geht, so macht es nicht einfach „in der Sache", sondern *qua Theorie* einen Unterschied, ob man dabei bspw. an eine „Angststörung" oder an eine „Inkongruenz" denkt. Denn diese beiden Label verbinden sich nicht notwendigerweise mit unterschiedlichen empirischen Phänomenen, sondern ergeben sich aus theoretisch inkommensurablen Theorieverständnissen. Das wird besonders deutlich, wenn man beide Zuschreibungen – „Angststörung" und „Inkongruenz" – einmal probehalber auf dasselbe empirische Phänomen bezieht. Nimmt man dafür eine Person an, die regelmäßig große Ängstlichkeit verspürt, so kann man bei dieser Person den – theoriegestützten! – Anfangsverdacht einer „Angststörung" äußern. Dann geht man davon aus, dass die Ängstlichkeit der Person als ein erlerntes Verhaltensmuster zu begreifen ist, das in bestimmten Situationen (die man dann zunächst noch genauer einzugrenzen versucht) auftaucht, und das dann – bspw. durch Unterstützung von PsychotherapeutInnen – auch wieder verlernbar ist. Man könnte allerdings bei derselben Person mit demselben Gefühl von Ängstlichkeit auch zunächst eine „Inkongruenz" feststellen, und damit – anders theoriegestützt! – davon ausgehen, dass hier ein dauerhafter Widerspruch zwischen der Art und Weise, wie die Person empfindet und der Art und Weise, wie die Person gerne empfinden *würde*, vorliegt, was dann wiederum zu einem subjektiven Gefühl von Ängstlichkeit führt. Auch als „Inkongruenz" könnte diese Ängstlichkeit wiederum angegangen werden mithilfe von therapeutischen Unterstützungsmethoden und einer dahinterstehenden Theorie. Jedoch eben in anderer Weise und auf Grundlage der – theoriebasierten! – Annahme eines letztlich anderen Leidens. Das hängt vor allem mit unterschiedlichen Vorstellungen davon zusammen, wie Personen „funktionieren". Es gibt also sehr unterschiedliche Behandlungs-, aber auch Persönlichkeitstheorien innerhalb der Psychologie, von denen hier nur einmal zwei, nämlich eine kognitiv-behaviourale und eine humanistisch-personzentrierte, angerissen wurden.

Ebenso wie es *mehrere in sich schlüssige* theoretische Vorstellungen „psychischer Störungen" gibt, gibt es *mehrere in sich schlüssige* theoretische Vorstellungen davon, was als „Praxis der Sozialen Arbeit" zu verstehen ist. Diese Vorstellungen gehen zu großen Teilen auf solche Theorien zurück, in die wir in diesem Buch einführen, und die dezidiert versuchen zu beschreiben, was Soziale Arbeit im Kern ist.

Diese Theorien lassen sich als „Theorien der Sozialen Arbeit im engeren Sinn" bezeichnen (Füssenhäuser/Thiersch 2015, 1743; Hammerschmidt et al. 2017, 11). Ab Kap. 3 des vorliegenden Bandes geben wir einen strukturierenden Einblick in die Vielfalt und die Gemeinsamkeiten dieser Theorien. Zunächst erscheint es uns jedoch vorrangig, noch auf eine weitere Unterscheidung hinzuweisen, die systematisch auf einer anderen Ebene liegt und die wir bis zu diesem Punkt bewusst außer Acht gelassen haben: die Unterscheidung zwischen „wissenschaftlichen Theorien" und sog. „Alltagstheorien" (Hamburger 2003, 102; Joas/Knöbl 2004, 14).

Theorie und Erfahrung überlagern sich – wie wir schon gesehen haben – nicht nur dort, wo man versucht im strengsten Sinne „wissenschaftliche" Aussagen zu treffen, sondern ständig und überall, wo man überhaupt Aussagen über etwas trifft. Damit wird Theorie auch nicht an jeder Stelle nach streng wissenschaftlichen Prinzipien genutzt (weshalb Theoriebildung andersherum auch nicht notwendigerweise etwas mit dem so oft belächelten „Elfenbeinturm" der Wissenschaft zu tun hat).

Das besondere an *wissenschaftlichen* Theorien ist jedoch, dass sie für sich in Anspruch nehmen, in einem höheren Maß als nichtwissenschaftliche Theorien an bestimmten Gütekriterien orientiert zu sein. Zu diesen Gütekriterien gehören etwa Eigenschaften wie hohe argumentative Konsistenz und Transparenz, Erklärungskraft und logische Widerspruchsfreiheit bzw. -reflexivität. Erst, wenn Theorien sich diesen Kriterien unterwerfen, haben sie überhaupt eine Chance, sich als *wissenschaftliche* Theorien legitimieren zu können. Alltagstheorien dagegen sind vereinfacht gesprochen solche Theorien, die relativ unabhängig von einem Rückbezug auf diese Kriterien entworfen und auch wieder verworfen werden können – und genau genommen auch noch einmal vielfältig danach unterscheidbar sind, welche Prinzipien den Alltag derjenigen Person, welche die jeweilige Alltagstheorie entwirft, bestimmen

(Weingart 2003). Denn im Horizont dieser Prinzipien – wie bspw. des Prinzips: einfache Handhabbarkeit – müssen Alltagstheorien gut funktionieren. Sie rücken damit zugleich oftmals in die Nähe von *Bewältigungstechniken*.

Allgemein und in Abgrenzung zu wissenschaftlichen Theorien gesprochen lässt sich sagen, dass Alltagstheorien lebenspraktisch notwendig sind, aber sich dort auch ständig in ihrer Nützlichkeit bewähren müssen. Alltagstheorien helfen Menschen also dabei, sich einen Reim auf die eigenen Erlebnisse in der Welt zu machen, und dann auch noch in dieser Welt zu handeln.

Warum, so könnte man nun fragen, sollte man sich angesichts dieser hohen Funktionalität von Alltagstheorien dann überhaupt mit *wissenschaftlichen* Theorien der Sozialen Arbeit auseinandersetzen? Reicht es zum praktischen Handeln nicht eben doch aus, sich auf diejenigen „Praxiserfahrungen" zu verlassen, welche man mithilfe der eigenen Alltagstheorien entwickelt hat, und diese Praxiserfahrungen dann vielleicht noch zusätzlich – da wo es geht – möglichst reflektiert mit Kolleginnen und Kollegen „aus der Praxis" zu teilen?

Unsere Antwort auf diese Frage lautet, dass sich Fachkräfte der Sozialen Arbeit durchaus nicht ihr gesamtes, an das Studium anschließendes Berufsleben über intensiv mit wissenschaftlich hergestellten Theorien der Sozialen Arbeit beschäftigen müssen. Sie werden dies wahrscheinlich aus Zeit- und Kraftmangel gar nicht leisten können. Die Beschäftigung mit wissenschaftlichen Theorien *im Studium* wird sich jedoch auch für diejenigen StudienabsolventInnen als außerordentlich nützlich erweisen, die im Anschluss an ihr Studium nicht den Weg in die Wissenschaft, sondern in andere Berufsfelder wählen. Und zwar, weil sie hierdurch erste Schritte in Richtung eines „reflektierten Umgangs mit der Praxis" gehen können.

Genau hierin – in einem vergleichsweise höheren Maß an Reflexivität und argumentativer Sorgfalt – unterscheiden sich wissenschaftliche Theorien in der Regel von sog. Alltagstheorien. Das liegt vor allem an den unterschiedlichen Umständen ihrer jeweiligen Entstehung. Wie der Begriff andeutet, entstehen Alltagstheorien geradezu „nebenbei" im Alltag, sie werden von situativ handelnden Menschen im Kontext dauernden Handlungsdrucks immer wieder entworfen, zur Entscheidungsgrundlage gemacht und z.T. auch schnell wieder verworfen. Dies ist situativ äußerst sinnvoll, um überhaupt handlungsfähig zu bleiben. Es zeigt sich jedoch auch, dass sich die meisten Alltagstheorien gerade aufgrund des Drucks, unter dem sie in der Regel entstehen, als wenig konkurrenzfähig mit wissenschaftlichen Theorien erweisen.

Wie wir noch zeigen werden (Kap. 5), ist zwar auch wissenschaftliche Theoriebildung Handlungsdruck ausgesetzt. Im Gegensatz zu Alltagstheorien bezieht sich dieser Handlungsdruck aber in der Regel nicht auf diejenigen Situationen, die durch die Theorie wissenschaftlich analysiert werden sollen. Das dient der sorgfältigeren Analyse ebendieser Situationen, wie u. a. Hans Thiersch in seinen Überlegungen zu einer alltags- und lebensweltorientierten Sozialen Arbeit für die Theoriebildung zur Sozialen Arbeit ausgeführt hat (Kap. 3.2).

Eine wesentliche Aufgabe des Studiums der Sozialen Arbeit als einer wissenschaftlich fundierten Ausbildung ist es also, über die Formulierung von Praxiserfahrungen mithilfe von Alltagstheorien hinauszugehen und damit den Blick dafür zu schulen, wie gerade Erzählungen über „Praxiserfahrungen" in der Sozialen Arbeit theoretisch zustande kommen.

Die auf den ersten Blick vielleicht bequemer erscheinende Alternative zur Beschäftigung mit wissenschaftlichen Theorien liegt darin, von anderen berichtete „Praxiserfahrungen" entweder unhinterfragt für „objektiv" zu halten und bedingungslos zu akzeptieren, oder diese – wo sie nicht zu den eigenen Alltagstheorien passen – ohne nähere Begründung abzulehnen und sich auf die eigenen „Praxiserfahrungen" zu verlassen.

Langfristig würde eine solche Strategie jedoch einem Trugschluss gleichkommen. Denn mit diesem Vorgehen wäre es nicht möglich zu benennen, was zur Praxis dazu gehört, warum dies so ist und was darüber hinaus – spätestens hier zeigt sich die Wichtigkeit des Ganzen für die Soziale Arbeit als Beruf – eigentlich mit welcher Begründung „gute Praxis" sein könnte. Fachkräfte, die hier nur spontan äußern können, dass sie das „irgendwie richtig" finden und ebenfalls andere kennen, die das aus ihnen nicht weiter bekannten Gründen ebenfalls denken, werden – auch „in der Praxis" – keine sonderlich gute Figur machen.

Auch bereits **im Studium** wäre eine solche Strategie nicht hilfreich. Mit ihr wäre es deutlich schwerer für Sie, zu erschließen:

- worin eigentlich der Sinn eines Hochschulstudiums gegenüber einer Berufsausbildung liegen sollte, wenn Sie doch eigentlich „nur" praktisch arbeiten wollen,
- was von Ihnen in einer Hausarbeit erwartet wird,
- was damit gemeint ist, wenn von Ihnen in einer mündlichen oder schriftlichen Prüfung im Studium „Eigenständigkeit" in der Argumentation, aber trotzdem keine „reine Meinung" erwartet wird und nicht zuletzt
- was als relevantes Wissen für einen Abschluss in einem Studiengang der Sozialen Arbeit gelten könnte.

Die angedeuteten Unzulänglichkeiten von Alltagstheorien werden gerade dort relevant, wo es darum geht, mit einer gewissen Expertise über Praxis sprechen zu können und begründet in dieser zu handeln – also bei einer der zentralen Herausforderungen, vor denen angehende Fachkräfte der Sozialen Arbeit stehen. In ihrer Nützlichkeit hierfür stechen wissenschaftliche Theorien Alltagstheorien in aller Regel aus. Zur Verdeutlichung der Begrenztheit von Alltagstheorien in der Erschließung von Praxis Sozialer Arbeit wählen wir abschließend noch eine Alltagstheorie, die Laien auf den ersten Blick selbstverständlich erscheinen mag.

 Die **Alltagstheorie** „Praxis Sozialer Arbeit ist überall dort, wo SozialarbeiterInnen versuchen, Menschen zu helfen", erscheint auf den ersten Blick sehr plausibel. Was aber, wenn Sie ein Team von drei Fachkräften in einem offenen Jugendclub haben, von denen nur eine Fachkraft ausgebildete Sozialarbeiterin ist, die anderen beiden sind Erzieherinnen? Betreiben die Erzieherinnen dann keine Praxis Sozialer Arbeit, sondern „Erziehung"? Oder machen diese dann notwendigerweise etwas anderes, ja gar weniger Anspruchsvolles? Was passiert, wenn ein Jugendlicher das heutige Gespräch mit einer der Fachkräfte gar nicht als hilfreich empfunden hat? Entsprach das Gespräch dann trotzdem Ihrem Verständnis von „Praxis Sozialer Arbeit"? Und was passiert, wenn die Sozialarbeiterin des Jugendclubs nach Dienstende nach Hause geht, um später am Abend zuhause mit ihrer Tochter ein einfühlsames Gespräch über deren derzeitige Ängste in der Schule zu führen? Betreibt sie dann dort immer noch praktische Soziale Arbeit, oder versucht sie einfach nur, ihrer Tochter als Mutter beizustehen? Oder würden Sie sagen: „Das kommt darauf an?" Aber worauf? Und was macht eigentlich die eine der beiden Erzieherinnen, falls sie ein ähnliches Abenderlebnis mit ihrer Tochter haben sollte und sich dabei bewusst einer Gesprächsführung bedient, die sie auch tagsüber im Jugendclub oft anwendet? Ist das dann doch wieder Praxis Sozialer Arbeit, obwohl sie sich weder im Jugendclub aufhält noch überhaupt formal als Sozialarbeiterin ausgebildet oder angestellt ist?

Diese Fragen „aus der Praxis" verdeutlichen, welche engen Grenzen sog. Alltagstheorien haben. Zugleich wird am gegebenen Beispiel aber auch nochmals deutlicher, inwiefern es nicht sinnvoll ist, von einer scharfen Trennung zwischen Theorie und Praxis der Sozialen Arbeit auszugehen. Die verbreitete Annahme, Theorie und Praxis seien zwei Dinge, die an sich nichts miteinander zu tun hätten, ist zwar eine wesentliche Quelle für den Argwohn vieler Studierender gegenüber der Beschäftigung mit Theorie in ihrem Studium. Wir hoffen jedoch, mit unseren Ausführungen deutlich gemacht zu haben, dass diese Annahme bei genauerer Betrachtung nicht haltbar ist. Im Studium der Sozialen Arbeit *scheint* es zwar auf den ersten Blick die Möglichkeit zu geben, sich „nur mit Praxis" zu beschäftigen. Wählt man diese Option, so sollte man allerdings nicht davon ausgehen, dass diese Beschäftigung sich jenseits von Theorie vollzieht, da man von Praxis nicht anders als theoretisch sprechen kann.

Je früher man diesen Gedanken im Laufe der eigenen Beschäftigung mit Sozialer Arbeit akzeptiert, desto leichter fällt es, sich darauf einzulassen, was von Studierenden der Sozialen Arbeit oft als Zumutung empfunden wird – obgleich es unseres Erachtens den zentralen Gewinn einer akademischen Ausbildung ausmacht: Sich auf die theoretische Auseinandersetzung mit dem einzulassen, was einen meist zunächst als Praxis interessiert.

1. Warum kommen Sie sowohl im Zuge wissenschaftlichen als auch nichtwissenschaftlichen Sprechens über eine Beobachtung niemals ohne Theorie(n) aus?
2. Was versteht Peirce unter einer „Abduktion"?

3. Was brauchen Sie konkret an theoretischen Vorstellungen, um überhaupt von einer „Praxiserfahrung in der Sozialen Arbeit" sprechen zu können?
4. Welche Vor- und Nachteile sog. „Alltagstheorien" lassen sich gegenüber wissenschaftlichen Theorien ausmachen?

 Joas, H., Knöbl, W. (2004): Was ist Theorie? In: Joas, H., Knöbl, W. (Hrsg.): Sozialtheorie. Zwanzig einführende Vorlesungen. Suhrkamp, Frankfurt/M., 13–38

1.2   Zum Unterschied zwischen Rezepten und Theorien der Sozialen Arbeit

Theorien der Sozialen Arbeit haben das Ziel, Wissen zu Sozialer Arbeit zu generieren. Was dabei als „wertvolles" Wissen gilt, ist durchaus umstritten. Weitgehende Einigkeit besteht jedoch darin, dass sich dieses Wissen nicht einfach wie ein Rezept „in der Praxis anwenden" lässt. Das hängt einerseits damit zusammen, dass es insgesamt fraglich ist, ob rezeptartige Theorien überhaupt existieren. Diese grundsätzliche Diskussion werden wir im folgenden Kapitel aber nur streifen. Stattdessen werden wir uns auf einen zweiten Zusammenhang konzentrieren: Dass Theorien der Sozialen Arbeit keine einfach anwendbaren Rezepte sind, hängt ganz maßgeblich damit zusammen, dass sie auf einer zu abstrakten Ebene ansetzen, um eine solche Art von technologischen Ableitungen auch nur potenziell zu ermöglichen. Das wiederum entspricht ihrem Programm, wie wir im Folgenden zeigen werden.

Ebenso wie bei manchen Studierenden der Sozialen Arbeit pauschale Abwehrreflexe gegen Theorie zu finden sind, stößt man zuweilen auch auf eine buchstäblich umgekehrte Haltung, nämlich diejenige, dass mit Theorie gerade die große Hoffnung verbunden wird, sie könne die (spätere) Berufspraxis direkt anleiten. Die Vorstellung lautet dann in etwa: „Wenn ich die Theorie lerne, weiß ich, was ich in der Praxis zu tun habe!"

Die „Sprachspiele des theoretischen Wissens" werden im Falle solcher Vorstellungen immer nur dort für relevant gehalten, wo sich „in ihnen der Gang der Handlung spiegelt" (Dewe 2008, 168).

Mit anderen Worten: Nur dort, wo in einer Theorie Auskünfte darüber erteilt werden, was in einer konkreten Handlungssituation zu tun ist, wird sie für voll genommen.

Die Idee, dass Theorien das praktische Handeln sozusagen rezeptartig anleiten können, ist zugegebenermaßen faszinierend. Denn wäre dies so, und wäre es auch im Falle von Theorien der Sozialen Arbeit so, dann würde eine ausführliche Beschäftigung mit Theorien im Studium reichen, um zu wissen, was man später in der Praxis zu tun hat. Eine Theorie der Sozialen Arbeit wäre dann als eine Art *Technologie* der Sozialen Arbeit zu verstehen. Damit wäre garantiert, dass bestimmte Ziele mit bestimmten Handlungen erreicht werden können, wenn man sich nur 1:1 an diejenigen Handlungen hält, welche die Theorie beschreibt.

> Ein Beispiel für eine **rezeptartige Technologie** der Sozialen Arbeit wäre bspw. eine Theorie, die eine Antwort auf die Frage zu bieten hätte: Wie bringe ich den vor mir in der Schulstation sitzenden Schulverweigerer dazu, ab der kommenden Woche wieder dauerhaft am Unterricht teilzunehmen?

Aus gutem Grund sind solche Theorien im vorliegenden Buch nicht zu finden. Zwar wird innerhalb der wissenschaftlichen Debatte zur Sozialen Arbeit viel über Praxis gesprochen und geschrieben. Dabei wird auch über das sog. „Theorie-Praxis-Verhältnis" gestritten (May 2010, 17 ff.; Winkler 2017). Strittig ist in der wissenschaftlichen Debatte zur Sozialen Arbeit z.B., ob Theorien in der Pflicht sind, ethische und/oder (fach)politische Leitlinien für das Handeln in der Sozialen Arbeit bereitzustellen, oder ob sie dies zugunsten einer analytischen Wissensproduktion zu unterlassen bzw. hintanzustellen haben (Rauschenbach/Züchner 2012). Unstrittig ist jedoch, dass die Benennung ethischer und/oder fachpolitischer Leitlinien für das Handeln von PraktikerInnen nicht das Gleiche ist wie eine Erarbeitung von rezeptartigen Technologien (Kessl/Otto 2012).

In der Sozialen Arbeit hat es wie auch in ihren Nachbardisziplinen, immer wieder Versuche gegeben, solche „Technologien" zu entwickeln oder Theorien mit einem technologischen Anspruch zu versehen.

So findet man **Beispiele für Theorien mit technologischem Anspruch** etwa im Kontext von Schule und LehrerInnenbildung. Hier gibt es eine Vielzahl von allgemein- und fachdidaktischen Ansätzen der Schulpädagogik, in denen es ausdrücklich darum geht, Technologien des Lehrens und Lernens zu konzipieren, die ganz auf die Rationalisierung der Wissensvermittlung im Unterricht ausgerichtet sind. Und auch in der Sozialen Arbeit wird man fündig, wenn es um technologische Modelle geht. Ein geläufiges Beispiel hierfür ist etwa die Diskussion um Methoden der Sozialen Arbeit. Die Grenze zwischen strukturierten, das heißt zunächst einmal auf eine Strukturierung des Handelns von Professionellen ausgerichteten Vorgehensweisen, und technisierten Vorgehensweisen, die mit der Vorstellung verbunden sind, man könnte durch bestimmte Handlungsabläufe gewünschte Effekte bei AdressatInnen des professionellen Handelns erreichen, sind hier fließend (Galuske 2013). Ein weiteres Beispiel bieten Ansätze einer sog. „evidenzbasierten Sozialen Arbeit" (Otto et al. 2009; 2010a). Sie operieren mit dem Versprechen, auf der Grundlage wissenschaftlicher Erkenntnisse das praktische Handeln in der Sozialen Arbeit zumindest mittelbar wirkungsvoller zu machen, indem sie es mit Manualen und festgelegten Organisationsabläufen flankieren, die sich als angeblich „erfolgreich" in Bezug auf vorher (wissenschaftlich) festgelegte Kriterien herausgestellt haben. Und zuletzt gibt es jenseits der Diskussion um Methoden sogar technologisch-empiristische Theorieprogramme der Sozialen Arbeit, die sich als praxisanleitende Theorien sozialarbeiterischen Handelns verstehen (Rössner 1975). Diese haben sich aber im engeren Diskurs um Theorien der Sozialen Arbeit bisher kaum durchgesetzt.

Die Vorstellung, wissenschaftliches Wissen – und demzufolge auch Theoriewissen – könnte Handlungsanleitungen für die Soziale Arbeit bieten, ist also durchaus verbreitet. Allerdings ist diese Vorstellung dort, wo es um „Theorien der Sozialen Arbeit im engeren Sinn" (Füssenhäuser/Thiersch 2015, 1743) geht, in der Regel nicht zu finden. Diese zielen stattdessen auf etwas Anderes, und zwar

> „auf die Klärung des Status der Sozialen Arbeit, ihres Gegenstands- und Aufgabenbereichs und ihrer gesellschaftlichen Funktion, ihrer geschichtlichen Selbstvergewisserung und ihrer Positionierung im Kontext anderer Disziplinen und der Anforderungen der Praxis" (Füssenhäuser/Thiersch 2015, 1743).

Es wird deutlich: Der Abstraktionsgrad, mit dem Theorien der Sozialen Arbeit ansetzen, ist ziemlich hoch. Zu klären sind hier offenbar eher Fragen von recht allgemeinem Interesse, wo es um ein angemessenes Verständnis von Sozialer Arbeit geht. Somit wäre es zugleich ein Missverständnis davon auszugehen, man könnte in Theorien der Sozialen Arbeit Anweisungen finden, die sich in ganz konkreten, und damit hoch besonderen Situationen der Praxis wie Rezepte anwenden ließen. Auch wäre es ein Missverständnis, wenn man davon ausginge, dass Theorien der Sozialen Arbeit die konkrete, besondere Praxis in all ihren Facetten und spezifisch lokalen Bedingungen ganz exakt widerspiegeln oder gar vorhersagen könnten. Stattdessen geht es in Theorien der Sozialen Arbeit darum, das Allgemeingültige (und nicht das Besondere) an „*der* Sozialen Arbeit" begreifbar zu machen. Es geht ihnen – anders gesagt – darum, die Komplexität und Vielfältigkeit möglicher Beobachtungen zu Sozialer Arbeit weitestgehend zu reduzieren. Im Ergebnis zielen die Theorien damit auf weniger genaue, dafür aber breiter verallgemeinerbare Aussagen zur Sozialen Arbeit. Damit entfernen sie sich zugleich systematisch von möglichst exakten Technologien für Einzelfallprobleme, und interessieren sich stattdessen für „Soziale Arbeit als Ganzes" (Borrmann 2016). In Anlehnung an den von C. Wright Mills (1959) geprägten Begriff der „Grand Theories" haben wir Theorien der Sozialen Arbeit daher an anderer Stelle auch als „Großtheorien" bezeichnet (Sandermann/Neumann 2019; kritisch auch schon Winkler 2005, 19).

Wir wollen das noch einmal auf unser anfängliches **Beispiel aus der Schulstation** übertragen. Sucht man in einer Theorie der Sozialen Arbeit nach Rezepten oder eindeutigen Hinweisen dazu, wie die Schulsozialarbeiterin X mit dem Schulverweigerer Y in der Schulstation Z verfahren soll, findet man hier höchstwahrscheinlich: Nichts. Stattdessen ist es schon wahrscheinlicher, dass man hier auf Antworten zur Frage stößt, ob Schulstationen eigentlich als Teil der Sozialen Arbeit zu verstehen sind, und falls ja oder nein, inwiefern und warum das so gesehen werden kann. Was die konkrete Rolle von SchulsozialarbeiterInnen im Umgang mit schuldevianten jungen Menschen angeht, könnte es indes schon wieder schwieriger werden. Denn es ist wahrscheinlich, dass die Theorie der Sozialen Arbeit, in die man hineinliest, nur an äußerst wenigen oder sogar gar keinen Stellen Beispiele aus dem Bereich der Schulsozialarbeit nutzt, weil Schulsozialarbeit im Lichte dieser Theorie eben nur ein Teilgebiet dessen ist, wozu allgemeine Aussagen getroffen werden: Soziale Arbeit.

Heißt das nun aber im Umkehrschluss nicht doch, dass Theorien der Sozialen Arbeit letztlich völlig wertlos sind für jemanden, der sich für praktisches Handeln in der Sozialen Arbeit interessiert? Handlungssituationen kommen doch *immer* als konkrete und nicht als abstrakte Probleme daher. Was bringen dann Theorien, die sich scheinbar nicht für konkrete Lösungen, sondern nur für Abstraktes interessieren?

Diese Fragen sind durchaus berechtigt und interessanterweise werden sie auch von WissenschaftlerInnen immer wieder gestellt. Das Gegenmodell, das gegen solche „Großtheorien" ins Spiel gebracht wird, sind sog. „Middle Range Theories", welche in ihrem Begriff auf den amerikanischen Soziologen Robert K. Merton (1968) zurückgehen.

Unter **Middle Range Theories**, im Deutschen meistens benannt als Theorien mittlerer Reichweite, versteht man Theorien, die bewusst ein nur mittleres Maß an Abstraktion anstreben und somit relativ nah an einer Beschreibung von empirischen Beobachtungen bleiben. Die Vorteile dieser Theorien mittlerer Reichweite bilden zugleich ihre Nachteile. Durch ihr höheres Maß an Konkretheit taugen sie einerseits für eine detailliertere Abbildung der beobachteten Zustände sowie für weitergehende Ableitungen von Prognosen und Technologien für den erforschten Bereich. Andererseits macht sie das weniger übertragbar auf andere als die konkret von ihnen erklärten Zustände.

Wir werden uns mit diesem Gegenmodell der Middle Range Theories und der Frage, ob Großtheorien für die Produktion von Wissen zur Sozialen Arbeit nicht letztlich überflüssig sind, im letzten Kapitel dieses Buches noch ausführlicher beschäftigen (Kap. 6). Um so viel bereits vorwegzunehmen: Großtheorien der Sozialen Arbeit sind wichtig, und zwar sowohl für die wissenschaftliche Forschung als auch für das Handeln von Studierenden und PraktikerInnen der Sozialen Arbeit. Es kommt aber darauf an, bei der Lektüre und Diskussion von Großtheorien das Richtige von ihnen zu erwarten.

Hierfür ist eine Differenzierung nötig. Zutreffend ist: Theorien der Sozialen Arbeit dienen als solche nicht dazu, *direkte Lösungen* für konkrete Handlungsprobleme in der Praxis anzubieten. Das heißt jedoch im Umkehrschluss nicht, dass sie für eine Aufklärung konkreter Handlungsprobleme und Lösungen der Praxis nicht taugen würden. Theorien der Sozialen Arbeit lassen sich durchaus auf diese konkreten Momente beziehen. Allerdings nicht, um dann konkrete Lösungen aus der Theorie einfach abzuleiten, sondern um aus der Beobachtung konkreter Momente Sozialer Arbeit *allgemeine Schlussfolgerungen* ziehen zu können. Wie wir noch zeigen werden, wenn wir im Folgenden einige der einschlägigsten Theorien der Sozialen Arbeit genauer unter die Lupe nehmen werden (Kap. 3), sehen diese Schlussfolgerungen durchaus unterschiedlich aus. Entscheidend für den Moment aber ist: In allen Theorien der Sozialen Arbeit werden Schlussfolgerungen zum Allgemeingültigen gezogen, und damit letztlich zum aus Sicht der Theorie *Entscheidenden* der Sozialen Arbeit. Damit Theorien der Sozialen Arbeit dies leisten können, muss dort, wo in ihnen überhaupt direkte Hinweise auf so etwas wie „richtiges Handeln in der Sozialen Arbeit" auftauchen, notwendigerweise auf einer allgemeinen Ebene argumentiert werden.

Aus der Perspektive von PraktikerInnen, die an einem besonderen Problem und dessen Lösung interessiert sind, könnte der zentrale Wert von Theorien der Sozialen Arbeit somit darin liegen, mithilfe dieser Theorien danach fragen zu können, was das Entscheidende an einer praktischen Situation ist. Mit anderen Worten hilft ihnen die Kenntnis einer – bzw. am besten: mehrerer! – Theorie(n) der Sozialen Arbeit dabei herauszufinden, was an der vorliegenden Situation diese eigentlich als eine Situation der Sozialen Arbeit ausweist. Hieraus wiederum lassen sich durchaus ganz konkrete Schlussfolgerungen für das dann in der jeweiligen Situation benötigte Wissen ziehen. So z. B. Wissen dazu, welche Handlungen, welches Rollenverständnis und welche Organisationsprozesse angemessen wären, wenn man erstens die Situation *im Sinne der jeweiligen Theorie verstehen* möchte und sich zweitens infolge dessen auch dazu entscheidet, *im Sinne der jeweiligen Theorie zu handeln*. Ob man das jedoch (beides) möchte, und wie sich im Falle dessen die allgemein in der Theorie formulierten Kriterien „wahrer Sozialer Arbeit" auf die im Einzelfall wahrgenommene „Praxissituation" übertragen und dort konkret umsetzen lassen, kann keiner Theorie der Sozialen Arbeit anheimgestellt werden, sondern bleibt eine Aufgabe der Praxis.

1. Inwieweit unterscheiden sich ethische und/oder fachpolitische Leitlinien für das Handeln von PraktikerInnen innerhalb von Theorien der Sozialen Arbeit von Rezepten für richtiges Handeln in der Sozialen Arbeit?
2. Woran sind Theorien, die im engeren Sinn als Theorien der Sozialen Arbeit bezeichnet werden, maßgeblich interessiert?
3. Inwiefern lassen sich Theorien der Sozialen Arbeit auch als Großtheorien bezeichnen?
4. Wo liegen Nutzen und Grenzen von Theorien der Sozialen Arbeit, wenn es darum geht, Antworten auf eine konkrete praktische Handlungsfrage zu finden?

1.3 Zusammenfassung: Zum Theorieverständnis des vorliegenden Bandes

Das folgende Teilkapitel dient dazu, unsere bisherigen Überlegungen zum Wert einer Beschäftigung mit Theorie innerhalb des Studiums der Sozialen Arbeit zusammenzufassen. Dabei werden wir verdeutlichen, welche Besonderheiten von Theorien der Sozialen Arbeit in einer ersten Annäherung erkennbar sind, und darauf aufbauend herausarbeiten, welchen theoretischen Blick das vorliegende Buch auf Theorien der Sozialen Arbeit richtet. Auch dies erachten wir als notwendig, um unsere Argumentation transparent zu halten und damit zugleich verständlich zu machen, warum die folgenden Kapitel dieses Buches so aufgebaut sind, wie sie aufgebaut sind.

Wir haben im Kap. 1.1 dargestellt, dass Theorie und Praxis zwar als logische Gegensätze begriffen werden können, es aber gerade deshalb durchaus einen Zusammenhang zwischen Theorie und Praxis gibt. Denn Theorie braucht, um überhaupt als Theorie auftreten zu können, immer auch ein Gegenüber, auf das sie beziehbar ist. Während das in vielen anderen Wissenschaften Momente sind, welche als „Empirie" bezeichnet werden, dienen im Bereich der Sozialen Arbeit oft Momente der „Praxis" als ein solcher Gegenpol. Für Theorien der Sozialen Arbeit im engeren Sinne gilt das in besonderem Maße.

Das gilt logischerweise auch umgekehrt, also auch für die Rede von der Praxis. Denn – so haben wir ebenfalls in Kap 1.1 herausgearbeitet – ohne Theorie wäre es keiner/m PraktikerIn möglich, sich überhaupt selbst als SozialarbeiterIn oder SozialpädagogIn zu bezeichnen, oder auch nur einfach von einer „Praxiserfahrung in der Sozialen Arbeit" berichten zu können. An jeder Stelle, an der man das tut, braucht man sowohl eine theoretische Vorstellung von „Praxis", als auch noch eine – bewusste oder unbewusste – „Theorie der Sozialen Arbeit", die ein generelles Bild davon liefert, was Soziale Arbeit ist. Denn erst so kann man die konkret gemachte Erfahrung überhaupt als „Soziale Arbeit" fassen.

Dieser Theoretisierungsprozess ist (wir erinnern noch einmal an die Erkenntnisse des in Kap. 1.1 zitierten Philosophen Charles S. Peirce) notwendig für jedwede Art der Thematisierung einer bestimmten Beobachtung. Theoretisierungsprozesse geschehen also ständig und überall, und zwar gerade auch da, wo von „Praxis" die Rede ist. Am ausführlichsten, geduldigsten und damit in der Regel auch am gründlichsten werden solche Theoretisierungsprozesse jedoch in *wissenschaftlichen* Theorien vollzogen.

Es lohnt sich daher aus unserer Sicht gerade auch für praktisch interessierte Studierende und engagierte PraktikerInnen, sich mit wissenschaftlichen Theorien auseinanderzusetzen. Für Theorien der Sozialen Arbeit gilt das in besonderem Maße, da mit ihnen explizit darauf gezielt wird, ein Bild von der Praxis der Sozialen Arbeit zu entwerfen.

Wie wir in Kap. 1.2 deutlich gemacht haben, sollte man daraus jedoch nicht die Hoffnung ableiten, mithilfe von Theorien der Sozialen Arbeit auf konkrete Handlungsrezepte für einzelne Situationen zu stoßen. Denn diejenigen Theorien, die in der Regel als Theorien der Sozialen Arbeit im engeren Sinne verhandelt werden und somit auch im Rahmen unseres Buches Berücksichtigung finden (Kap. 3), werden zwar durchaus auf konkrete Phänomene hin ausgerichtet, die als „Praxis Sozialer Arbeit" beschrieben werden. Dies geschieht jedoch nicht, um mithilfe der Theorien dann selbst Lösungen für die beschriebenen Situationen anzubieten, sondern um aus der Beobachtung konkreter Momente Sozialer Arbeit allgemeine Schlussfolgerungen für „den Zusammenhang des Ganzen, seine[r] Beschreibung, Begründung und Aufklärung" ziehen zu können (Füssenhäuser/Thiersch 2015, 1743). Das gilt selbst für diejenigen Theorien, deren Interessensfokus auf ein im Großen und Ganzen „richtiges" Handeln in der Sozialen Arbeit gelegt wird: Auch hier geschieht das in der Regel in Form von Aussagen zu „fachlichem" oder „professionellem" Handeln. Auch diese Art von Theorien der Sozialen Arbeit trifft damit nicht systematisch Aussagen zu konkret richtigem Handeln in allen möglichen Situationen, die einem „in der Praxis" begegnen können. Eher finden sich hier etwa Umschreibungen von grundsätzlichen Haltungen, die dann an seltenen Stellen auch einmal beispielhaft illustriert werden.

Damit liefern Theorien der Sozialen Arbeit bewusst allgemein gehaltene Analysen der Sozialen Arbeit. Will man sie nutzen für konkrete Situationsanalysen in der eigenen Praxis, muss man sie gewissermaßen in Gebrauch nehmen, und dabei konkrete Ableitungen für die eigene Praxisreflexion mehr oder minder selbst vornehmen. Eine solche Eigentätigkeit beim Gebrauch von Theorien bietet dann zugleich die Möglichkeit, sich die Frage zu stellen, ob man die Annahmen der Theorie auf der allgemeinen Ebene überhaupt teilt und als nachvollziehbar empfindet.

Die Annahmen unterschiedlicher Theorien der Sozialen Arbeit zu ihrem Gegenstand ähneln sich teilweise. Sie unterscheiden sich jedoch teilweise auch deutlich voneinander. Denn – um dies noch einmal ins Gedächtnis zu rufen – Theorien der Sozialen Arbeit stehen zu ihrem zentralen Gegenstand, der Sozialen Arbeit, im Grunde in einem ähnlichen Verhältnis wie Studierende der Sozialen Arbeit.

Auf den ersten Blick liegt das Erkenntnisinteresse aller Theorien der Sozialen Arbeit, **ähnlich wie bei Studierenden der Sozialen Arbeit**, auf ein und demselben – nämlich Sozialer Arbeit. Erst ein differenzierterer Blick lässt deutlich werden, dass dieses Interesse jenseits des gemeinsam genutzten Begriffs auf etwas sehr Unterschiedliches zielen kann. Für einen Nachvollzug von Studierendeninteressen im Studium ist es somit nicht allein entscheidend, dass alle Studierenden denselben Begriff der Sozialen Arbeit benutzen, wenn sie ihr übergreifendes Interesse betiteln. Es kommt vielmehr darauf an nachzuvollziehen, welche konkreten Vorstellungen sich bei unterschiedlichen Studierenden jeweils mit der Nutzung des Begriffs „Soziale Arbeit" verbinden, und wofür der Begriff somit in ihren Augen jeweils steht. Ähnliches gilt, wenn man ein genaueres Verständnis von Theorien der Sozialen Arbeit erlangen möchte. Auch hier kommt es zunächst auf eine Rekonstruktion des jeweiligen Verständnisses von Sozialer Arbeit an, welches sich in einzelnen Theorien der Sozialen Arbeit findet. Dass sie dabei alle denselben Begriff der Sozialen Arbeit nutzen, ist erst im zweiten Schritt entscheidend, nämlich dann, wenn man vergleichen möchte, wo sich Unterschiede und Gemeinsamkeiten der verschiedenen Theorien erkennen lassen, um hierüber das Gesamtbild der Diskussion um Theorien der Sozialen Arbeit besser zu verstehen.

Ein solches Vorgehen ist unseres Erachtens gewinnbringend, da sich Theorien der Sozialen Arbeit noch in einem weiteren Punkt nicht sonderlich von den Perspektiven Studierender der Sozialen Arbeit unterscheiden: So wie jede/r Studierende von Beginn des Studiums an bestimmte Vorannahmen, Ideale, besondere Aufmerksamkeiten und Sozialisationserfahrungen mitbringt und kein „unbeschriebenes Blatt" ist, was die eigenen Wahrnehmungen angeht, startet auch keine Theorie in ihren Annahmen über Soziale Arbeit bei null. Auch hier wird auf je besonderen Vorannahmen und Idealen aufgebaut, es werden jeweils besondere Aufmerksamkeitsschwerpunkte gesetzt und damit spezifische Perspektiven auf Soziale Arbeit entwickelt.

Theorien der Sozialen Arbeit sind so gesehen alle ähnlich, aber eben auch alle sehr verschieden. Welche Ähnlichkeiten und welche Unterschiede auffallen, liegt vor allem auch daran, auf welche Weise man sich ein Bild von ihnen macht. Und das heißt genauer: Es kommt darauf an, welche Theorie man in Gebrauch nimmt oder entwirft, um sich ein Bild von Theorien der Sozialen Arbeit zu machen. Damit sind wir an einem Punkt angelangt, an dem wir in eine kurze Gedankenschleife zum theoretischen Blick, den das vorliegende Buch entwirft, einsteigen wollen.

Wir möchten m.a.W. die Gelegenheit nutzen, unseren eigenen Blick auf Theorien der Sozialen Arbeit noch einmal etwas systematischer auszuweisen. Die Begründung dafür lautet, dass die LeserInnen dieser Einführung nicht nur implizit – durch den Gang unserer Argumentation – sondern auch explizit – durch eine Reflexion unserer Argumentation – darauf aufmerksam gemacht werden sollen, welcher Perspektive auf Theorien der Sozialen Arbeit sie sich anvertrauen, wenn sie dieses Buch lesen. Das scheint uns für das weitere Verständnis des vorliegenden Buches hilfreich zu sein, soll die LeserInnen aber zugleich auch offen dazu anregen, die in diesem Buch aufgemachte Perspektive auf Theorien der Sozialen Arbeit als nicht einfach selbstverständlich zu begreifen, sondern kritisch zu hinterfragen.

Damit übertragen wir das, was wir bisher allgemein zum Wechselverhältnis von Theorien und ihren Gegenständen dargestellt haben, auf den Gegenstand des vorliegenden Buches – Theorien der Sozialen Arbeit. Und hier wird etwas deutlich, was auf den ersten Blick verwirrend, auf den zweiten aber nachvollziehbar ist. Es wird deutlich, dass man *Theorie* benötigt, um sich mit Theorien der Sozialen Arbeit beschäftigen zu können. Denn auf welche Weise man Theorien der Sozialen Arbeit rekonstruiert, entscheidet sich im Wechselspiel zwischen dem Material (hier also den Theorie-Texten, die in die Übersicht einbezogen werden) und der Art und Weise, wie man dieses Material in der Übersicht zugänglich macht.

Im vorliegenden Buch stellt sich dieses Wechselspiel her, indem wir die oben angestellten Überlegungen auf unsere eigene Perspektive hin reflektieren. Damit schließen wir an das breite Programm einer sog. „reflexiven Sozialwissenschaft" an, das inzwischen in den meisten Geistes-, Sozial- und Kulturwissenschaften etabliert ist.

⊕ **Reflexive Sozialwissenschaft** kann als ein Label für im Einzelnen unterschiedlich vorgehende wissenschaftliche Ansätze gesehen werden (Langenohl 2009), deren Gemeinsamkeiten jedoch darin liegen, wie sie ihre eigene Wissenschaftlichkeit gegenüber ihrem Publikum legitimieren. Als bedeutender Wegbereiter reflexiver Sozialwissenschaft kann zum einen der französische Soziologe Pierre Bourdieu gesehen werden (Schultheis 2007), zum anderen sind hier auch WissenschaftsforscherInnen wie z. B. Steve Woolgar (1988) zu nennen. Das Wort „reflexiv" verweist dabei auf ein zusätzlich gesteigertes Maß an Reflexion, was das Zustandekommen der eigenen Beobachtung und Argumentation angeht. Dies drückt sich z. B. dadurch aus, dass diese Ansätze oftmals Reflexionsschleifen einbauen zu dem, was gerade im Akt des wissenschaftlichen Beobachtens und Aufschreibens passiert, und wie damit einerseits der Blick derjenigen LeserInnen geleitet wird, welche die wissenschaftliche Studie am Ende rezipieren, und wie sich damit andererseits das verändert, was wissenschaftlich beobachtet wird. Anhand des letztgenannten Punktes wird deutlich, dass Ansätze reflexiver Sozialwissenschaft zu guten Teilen auf Erkenntnissen des **Konstruktivismus** aufbauen.

Konstruktivistische Perspektiven rücken die „Gemachtheit" von Beobachtungen in den Mittelpunkt. Das heißt, dass mit ihnen davon ausgegangen wird, dass Tatsachen nicht einfach da sind und dann besser oder schlechter, vollständiger oder weniger vollständig beobachtet werden können, sondern dass sich Tatsachen erst im Zuge ihrer Beobachtung

konstituieren. Diese Annahme bezieht der Konstruktivismus ausdrücklich auch auf solche Beobachtungen, die als wissenschaftliche Beobachtungen gelten. Wie stark einzelne Ansätze reflexiver Sozialwissenschaft
sich zugleich explizit als konstruktivistisch verstehen, variiert allerdings.
Das hängt damit zusammen, dass einige dieser Ansätze nach wie vor
von einem objektiven Kern derjenigen Dinge, die beobachtet werden,
ausgehen, während andere Ansätze auch diesen Kern als gänzlich
„durch Beobachtung hergestellt" betrachten, und zwar zumindest im
Sinne einer Mehrdimensionalität des „Kerns der Dinge", welcher dann
je nach Beobachtungsperspektive unterschiedlich aussieht. Die gesamte
Auseinandersetzung um diese Fragen von „Existenz" vs. „Gemachtheit"
von wissenschaftlich beobachteten Sachverhalten bezeichnet die Philosophie als „Universalienstreit".

Ganz konkret gehen wir in diesem Buch von folgenden, schon in
Kap. 1.1 und Kap. 1.2 skizzierten Vorannahmen aus, um eine Über-
blicksperspektive auf Theorien der Sozialen Arbeit erarbeiten zu
können:

1. Nicht jede Theorie, der man im Studium der Sozialen Arbeit
   begegnet, ist eine Theorie der Sozialen Arbeit. Theorien der
   Sozialen Arbeit zielen im Gegensatz zu anderen Theorien wesentlich auf die Darstellung von etwas Allgemeinverbindlichem
   der Sozialen Arbeit.
2. In ihren jeweiligen Antworten auf die Frage, *was* Soziale Arbeit ist, kommen unterschiedliche Theorien der Sozialen Arbeit
   zu recht unterschiedlichen Ergebnissen. Das gilt auch für die
   Vorstellung von Praxis der Sozialen Arbeit, denn Theorie- und
   Praxisvorstellungen zur Sozialen Arbeit stellen sich in einer
   Theorie der Sozialen Arbeit wechselseitig her. Das heißt, jede
   Theorie entwickelt zugleich ihre jeweils eigene Vorstellung von
   Praxis der Sozialen Arbeit.
3. Eine Übersicht zu Theorien der Sozialen Arbeit, die sich an den
   Ergebnissen der einzelnen Theorien orientiert, bleibt darauf
   begrenzt, die Unterschiedlichkeit dieser Ergebnisse zusammen-
   fassend zu reproduzieren. Damit kann eine solche Übersicht
   Informationsverdichtung, aber noch keine systematische Wis-
   sensproduktion leisten.
4. Es ist lohnend, in den Blick zu nehmen, *wie* unterschiedliche
   Theorien der Sozialen Arbeit zu Antworten auf die Frage da-

nach gelangen, was Soziale Arbeit ist. Ein solcher Ansatz erlaubt es, an alle Theorien der Sozialen Arbeit dieselben Fragen zu richten und damit hinreichend fokussiert Wissen zu Theorien der Sozialen Arbeit aufzubereiten.

Aus den oben benannten Punkten ergibt sich bereits eine Argumentationslinie für den weiteren Aufbau dieses Buches. Man kann daran auch noch einmal erkennen, inwiefern wir im Folgenden nicht „völlig objektiv" vorgehen. Zugleich ist unser Vorgehen aber eben auch nicht „völlig willkürlich" oder zufällig. Stattdessen ist es theoriegeleitet – bzw. genauer: reflexiv-theoriegeleitet – und damit zugleich notwendigerweise von Vorannahmen, man könnte sogar sagen: von „Vor-Urteilen" geprägt (Gadamer 1990). Diese Vor-Urteile ermöglichen es, eine Perspektive zu entwerfen, die im Ergebnis zu Wissen über Theorien der Sozialen Arbeit führt, also ein systematischeres Verständnis von Theorien der Sozialen Arbeit ermöglicht.

Kommen wir damit zu den weiteren Argumentationsschritten dieses Einführungsbandes. Den ersten oben aufgelisteten Punkt („Nicht jede Theorie, der man im Studium der Sozialen Arbeit begegnet, ist eine Theorie der Sozialen Arbeit") haben wir bereits mehrfach verdeutlicht, indem wir im Einklang mit Füssenhäuser und Thiersch (2015) sowie Hammerschmidt et al. (2017) das Erkenntnisinteresse von „Theorien der Sozialen Arbeit im engeren Sinn" vom Erkenntnisinteresse anderer Theorien, denen man im Studium der Sozialen Arbeit begegnet, unterschieden haben. Wir wollen diese Unterscheidung jedoch nicht allein qua Definition treffen, sondern glauben, dass es gute Gründe gibt, mit denen man sie auch historisch rechtfertigen kann. In Kap. 2 wollen wir genau das tun, indem wir die Vorgeschichte der Auseinandersetzung um Theorien der Sozialen Arbeit im engeren Sinn skizzieren.

Danach wird es darum gehen, ausgewählte Theorien der Sozialen Arbeit besser verständlich zu machen. Dafür werden wir einen Überblick zu Theorien der Sozialen Arbeit erstellen, der die von uns ausgewählten Theorien anhand von je drei Fragen auf deren Unterschiede, aber auch auf deren Gemeinsamkeiten hin begreifbar macht. In Kap. 3 findet sich ein Panorama verschiedener, regelmäßig als relevant markierter Theorien der Sozialen Arbeit. Durch die Gegenüberstellung dieser Theorien anhand von drei ausgesuchten Fragen, die wir jeder der präsentierten Theorien stellen, können zunächst einige Differenzen und Besonderheiten vorhandener Theorien der Sozialen Arbeit verdeutlicht werden. Gleichzeitig erlaubt uns die Konzentration auf diese drei immer gleichen Fragen, die Theorien insbesondere auf die oben angesprochene Frage danach, wie sie Soziale Arbeit theoretisieren, zu vergleichen. In Kap. 4 werden wir das in einer systematischeren Art und Weise tun, um zunächst relevante Unterschiede verschiedener Theorien der Sozialen Arbeit zusammenzufassen, was die durch sie in den Mittelpunkt gerückten *Erkenntnisinteressen, Gegenstandsauffassungen und Praxisverständnisse* anbelangt. Wir möchten aber auch auf weitreichende Gemeinsamkeiten unterschiedlicher Theorien der Sozialen Arbeit hinweisen. Dies werden wir in Kap. 5 tun, bevor es abschließend in Kap. 6 um eine skizzenhafte Darstellung aktueller Brüche mit den herausgearbeiteten Gemeinsamkeiten von Theorien der Sozialen Arbeit gehen wird, verbunden mit einem Ausblick auf die von uns vermutete Zukunft dieser sog. Großtheorien.

1. Wodurch unterscheidet sich der Anspruch „reflexiver Sozialwissenschaft" von anderen Arten des wissenschaftlichen Erkennens?
2. Inwiefern nutzt das vorliegende Buch selbst Theorie, und inwieweit ist die Nutzung von Theorie(n) notwendig, um einen Überblick zu Theorien der Sozialen Arbeit entwerfen zu können?

2 Historische Stationen auf dem Weg zu Theorien der Sozialen Arbeit

Warum nicht jede Theorie, der man im Studium der Sozialen Arbeit begegnet, eine Theorie der Sozialen Arbeit im engeren Sinne ist, haben wir in Kap. 1 ausführlich erläutert. Diese Unterscheidung lässt sich allerdings nicht nur systematisch, sondern auch historisch begründen. In Kap. 2 wollen wir dementsprechend verdeutlichen, wie sich das, was wir unter Theorien der Sozialen Arbeit im engeren Sinne verstehen, geschichtlich entwickelt hat. Dazu werden wir auf die historischen Voraussetzungen eingehen, die erst dazu geführt haben, dass bestimmte Ideen den Status des Theoretischen in einem darauf spezialisierten Diskussionszusammenhang erlangt haben. Im Zentrum steht also nicht, das wollen wir hier ausdrücklich unterstreichen, die Geschichte sozialpädagogischen oder sozialarbeiterischen Denkens generell, sondern es geht uns hier lediglich um eine Darstellung entscheidender historischer Stationen, über die hinweg sich Theorien der Sozialen Arbeit als ein eigenständiger Diskussionszusammenhang entfaltet haben.

Ähnlich wie das für die Sozialgeschichte einzelner Berufs- und Praxisfelder Sozialer Arbeit immer wieder getan wird (z.B. Kuhlmann 2013; Hering/Münchmeier 2014), kann man auch im Kontext der Theoriegeschichte Sozialer Arbeit auf vorauslaufende Denkentwicklungen verweisen (Dollinger 2008). Diese Denkentwicklungen können auch heute noch als relevant für Theoriebildungsprozesse Sozialer Arbeit und ihre disziplinäre Selbstvergewisserung angesehen werden (Neumann/Sandermann 2022). In diesem Sinne werden ihre Urheber auch oftmals als „Klassiker" (Niemeyer 2010) bzw. „KlassikerInnen" (Thole et al. 1998) der Disziplingeschichte verstanden.

 Als **Klassikerin oder Klassiker** gilt gemeinhin eine Person dann, wenn sie „Ideen hinterließ, denen der Rang des Zeitlosen zukommt" (Niemeyer 2010, 16).

Die historische Beschäftigung mit dem theoretischen Denken und Nachdenken über das, was heute in der Regel als „Sozialpädagogik" bzw. „Soziale Arbeit" bezeichnet wird, reicht daher weiter in die Vergangenheit zurück, als eine enger anzulegende Perspektive auf Theorien der Sozialen Arbeit.

Viele „KlassikerInnen" der Sozialpädagogik und/oder Sozialen Arbeit (wie etwa Johann Heinrich Pestalozzi, Johann Hinrich Wichern oder Jean-Jacques Rousseau) verwendeten weder die Begriffe Soziale Arbeit, Sozialpädagogik oder Sozialarbeit, noch konnten sie diese kennen. Sie sind aber dennoch im Nachgang zu bedeutenden Figuren der Theoriegeschichte Sozialer Arbeit erklärt worden. Voraussetzung dafür ist vor allem der Umstand, dass heute ein Diskursraum zu Theorien der Sozialen Arbeit existiert, in den die Ideen der KlassikerInnen als *aus heutiger Perspektive* relevant einsortiert werden können.

Vereinfachend könnte man also sagen: Es sind nicht die „TheoretikerInnen" und ihre Ideen selber, die etwas zu einer Theorie machen, sondern der heutige Diskurs um Theorien der Sozialen Arbeit. Genauer gesagt wird eine Theoriegeschichte nicht allein durch Personen und ihre Werke möglich, sondern erst im Wechselspiel zwischen Werken und deren Kontextbedingungen. Erkennbar wird daran zugleich, dass Geschichtsschreibung nicht lediglich Geschichte überliefert, konserviert oder einfach nur beschreibt, sondern vielmehr selbst Geschichte *macht*. Der Ausdruck „Geschichts*schreibung*" ist somit durchaus wörtlich zu nehmen. Sie ist gewissermaßen immer schon ein konstitutiver Teil von dem, worauf sie sich bezieht (Neumann 2010). Dies gilt nicht nur für eine Theoriegeschichtsschreibung Sozialer Arbeit, die in Gestalt einer Art Ahnengalerie von KlassikerInnen organisiert ist (Gredig/Wilhelm 2000), es gilt für Geschichtsschreibung insgesamt, und damit auch für *jede* Form von Theoriegeschichtsschreibung zur Sozialen Arbeit.

Nimmt man diesen Gedanken ernst, so scheint es auch wenig ertragreich, die diversen historischen Auslegungen der ohnehin in gewissem zeitlichen Abstand entstandenen Begriffe *Sozialpädagogik*, *Sozialarbeit* oder *Soziale Arbeit* (Merten 1998) zum Bezugspunkt einer großen Erzählung von den Anfängen der Theoriegeschichte zu machen. Denn *Theoriegeschichte* ist etwas Anderes als *Begriffsgeschichte*.

Von **Begriffsgeschichte** zu sprechen bedeutet, die unterschiedlichen Auslegungen, die ein Wort (also bspw. das Wort „Soziale Arbeit" und verwandte Termini wie etwa „Sozialpädagogik" und „Sozialarbeit") im Laufe der Zeit hinsichtlich des eigenen Bedeutungsgehaltes erfahren haben, in den Vordergrund einer historischen Betrachtung zu rücken.

Ob der Ausdruck „Sozialpädagogik" nun von Karl Mager oder Adolph Diesterweg, bzw. derjenige der „Sozialen Arbeit" von Lorenz von Stein oder Alice Salomon „erfunden" wurde, mag somit begriffsgeschichtlich interessant sein, ist aber für ein theoriegeschichtliches Erkenntnisinteresse kaum von Belang.

Denn bei genauerer Betrachtung handelt es sich bei erstmaligen Begriffsnutzungen gar nicht um Erfindungen im engeren Sinne. Die genannten AutorInnen mögen vielleicht die Worte „Sozialpädagogik" und „Soziale Arbeit" erstmals breitenwirksamer genutzt und damit evtl. auch prominenter gemacht haben. In diesem Sinne haben sie sie auch mit Bedeutung angereichert und/oder einer genaueren begrifflichen Bestimmung unterzogen. Aber sie hätten diese Begriffe nicht verwenden können, wenn sie in jener Zeit nicht bereits in ihrem Sinn erschließbar, also mindestens in ihren Teilbegriffen geläufig gewesen wären.

Andersherum betrachtet sind Begriffe noch keine Theorien. Dafür gibt es systematische Gründe. Begriffliche Bestimmungen sind zwar ein konstitutiver Teil von Theoriebildung. Auch ist der Theoriebegriff selbst immer schon Gegenstand verschiedener gedanklicher Bestimmungen gewesen. Jedoch ist nicht jede Bestimmung eines Begriffs schon gleichbedeutend mit der Entwicklung einer Theorie. Das hat damit zu tun, dass Theorien nicht allein durch die Bestimmung von Begriffen zustande kommen, sondern eine Theorie gerade einen *Zusammenhang* zwischen mehreren verschiedenen Begriffen und den durch sie bezeichneten Phänomenen herstellt (Merton 1968).

Ob eine Theorie der Sozialen Arbeit als Theorie der Sozialen Arbeit gilt, hat darüber hinaus auch mit den Kontextbedingungen zu tun, die dazu beitragen, dass eine Theorie der Sozialen Arbeit als solche rezipiert wird – oder eben nicht. Ob ein Gedankenkomplex als eine Theorie der Sozialen Arbeit gilt, ist damit an Voraussetzungen geknüpft, die nicht allein in der Qualität einzelner Ideen oder begrifflicher Auslegungen zu suchen sind.

Wir werden im vorliegenden Kapitel dementsprechend diese Kontextbedingungen in den Mittelpunkt rücken, und zwar im Unterschied zu Kap. 1 in einer historischen, genauer: diskurshistorischen Perspektive. Das schrittweise Entstehen dieser Kontextbedingungen begreifen wir als das, was wir im Titel des Kapitels als „historische Stationen auf dem Weg zu Theorien Sozialer Arbeit" bezeichnet haben.

Eine breitere Darstellung dieser Stationen (Neumann/Sandermann 2022) können wir im Laufe dieses Kapitels nicht leisten. Stattdessen werden wir beispielhaft die schrittweise Entfaltung eines Diskussionszusammenhangs zum Gedanken der „Sozialpädagogik" erläutern.

Wir wählen dieses Beispiel aus drei Gründen. Erstens ist der Sozialpädagogikdiskurs älter als diejenigen, aus heutiger Sicht mit ihm verwandten diskursiven Auseinandersetzungen um „Sozialarbeit" oder „Soziale Arbeit". Zweitens ist der Sozialpädagogikdiskurs derjenige, der noch vor den anderen beiden Auseinandersetzungen wissenschaftliche Züge annahm. Drittens ist seine historische Entwicklung als unmittelbare Folge dessen auch wesentlich besser dokumentiert.

Die Entstehung eines deutschsprachigen Diskussionszusammenhangs um den Gedanken der „Sozialpädagogik" beginnt in einer Phase, die mit dem Entstehen der modernen Industriegesellschaft in Deutschland und dem Aufkommen unterschiedlicher Thematisierungsformen des „Socialen" zusammenfällt (Reyer 2002, 13 ff.; Mollenhauer 1959). Erstmals historisch nachweisbar ist er Mitte des 19. Jahrhunderts bei Karl Mager (1810–1858) und Adolph Diesterweg (1790–1866). Dies fällt in eine Epoche, in der die moderne Gesellschaft ein Bewusstsein für die Bedeutung ihrer eigenen gesellschaftlichen Ordnung entwickelte. Sozialpädagogik lässt sich dabei verstehen als eine pädagogische

> „Antwort des liberalen, sozial interessierten wissenschaftlichen Establishments auf die Beunruhigungen, die der offensichtliche erzieherische Funktionsverlust der alten sozialen Verbände, insbesondere der Familie, im Zeichen tiefgehender gesellschaftlicher Umbrüche im Bürgertum (des 19. Jahrhunderts) hervorruft" (Konrad 1998, 43).

Das sog. „Sociale" wurde im Gedanken der Sozialpädagogik also nicht nur reflektiert. Es wurde zugleich auch unter bestimmten Gesichtspunkten *problematisiert*. Diese Problematisierung hatte mehrere Implikationen.

Erstens wurde das Soziale als Verhältnis von Individuum und Gesellschaft als zunehmend konflikthaft aufgefasst. In diesem Zusammenhang entstand die Rede von der weit über sozialpädagogische Kreise hinaus diskutierten „Sozialen Frage".

⊕ Als **Soziale Frage** wurde im ausgehenden 19. Jahrhundert die massenhafte Freisetzung, Landflucht und Verarmung von ehemals in der Landwirtschaft arbeitenden, und dort zudem oftmals in hoher Abhängigkeit lebenden Menschen verstanden. Diese Freisetzung und Massenverarmung wurde zunehmend als weder „gottgewollte Armut" (Mittelalter) noch „individuell zu verantwortende Armut" (frühneuzeitliche Aufklärung) verstanden, sondern als eine durch sozialen Wandel verursachte Massenarmut und -delinquenz, der man deswegen auch gesellschaftlich zu begegnen habe.

Zweitens stand das Soziale im positiven Sinne für so etwas wie die Utopie einer besseren Gesellschaft, von der aus dann die Gegenwart wiederum als veränderungsbedürftig erschien. Damit rückte schließlich – drittens – das Soziale als Gestaltungsaufgabe in den Blickpunkt. Dies wiederum schloss die pädagogische Aufforderung ein, kompensatorische Maßnahmen zu entwickeln, mit denen auf die als problematisch erachteten Lebens- und Entwicklungsbedingungen der nachwachsenden Generation reagiert werden sollte.

Wenn auch in dieser Problematisierung bereits bestimmte theoretische Vorstellungen über „das Soziale" mitschwingen, so war der Diskurs um den Begriff Sozialpädagogik doch nicht einfach das, was man heute als *Theorie der Sozialpädagogik* im Sinne einer wissenschaftlichen Auseinandersetzung mit bestimmten Formen einer gesellschaftlich institutionalisierten (Berufs-)Praxis bezeichnen würde. Allenfalls könnte man von einer *pädagogischen Theorie des Sozialen* sprechen. Das Soziale wurde dabei als epochales, pädagogisch zu bearbeitendes Problem sowie als Voraussetzung gelingender Erziehung thematisiert (Schröer 1999). Sozialpädagogik umfasste also einen Anspruch auf Personenveränderung, die schließlich in einer Gesellschaftsveränderung münden sollte. Was seinerzeit die pädagogischen Debatten unter dem Label „Sozialpädagogik" erneuerte, war damit nicht die Problematisierung des Sozialen als solches, sondern die Ambition, *soziale Probleme mit erzieherischen Mitteln zu bearbeiten* (Dollinger 2004, 126).

Die Sozialpädagogik betonte in diesem Sinne die „soziale Seite der Erziehung" sowohl unter Aspekten der Begründung von Erziehungszielen als auch unter dem Gesichtspunkt ihrer methodischen Gestaltung. Der Begriff Sozialpädagogik stand für reformorientierte Absichten, die sich gegen eine als überkommen wahrgenommene Individualpädagogik wendeten. Das heißt, es ging in den Debatten um Sozialpädagogik um die Kritik einer Pädagogik, die ihrerseits das Ziel der Bildung des Menschen nur vom einzelnen Individuum aus dachte. Die Sozialpädagogik dagegen sollte individuelle Bildung im Hinblick auf ihre gesellschaftliche Bedeutung und Einbettung reflektieren. Dementsprechend meinte „Sozialpädagogik" eine bestimmte Thematisierungsform des Sozialen, in der weniger ein Forschungsprogramm als ein sozialethisches Gestaltungsprinzip zum Ausdruck kam.

Im Mittelpunkt stand die Aufgabe, die sozialen Probleme der Zeit mit Fragen der Gestaltung einer auf die Sozialität des Menschen gerichteten Erziehung zu verknüpfen. Die Schlüsselfrage lautete dabei in etwa: Wie kann einerseits eine Gesellschaft entstehen und gefasst werden, die die Chancen auf individuelle Freiheit wahrt und gewährt, und wie können andererseits Individuen hervorgebracht werden, die eine solche Gesellschaft am Leben erhalten? Das „sozialpädagogische Problem der Moderne" (Reyer 2002, 4) bestand also darin, eine Antwort auf die Frage zu finden,

> „wie eine Erziehung möglich ist, die einerseits das nicht mehr hintergehbare freie und prinzipiell nicht festgelegte Individuum zur Voraussetzung hat, die aber andererseits von den Geltungsansprüchen der überindividuellen Sozialformen nicht absehen kann" (Reyer 2002, 7).

Dass diese Problematisierung bis heute nicht an Aktualität verloren hat, zeigen nicht zuletzt die Debatten im Kontext der Corona-Pandemie, die wiederholt den für die Moderne grundlegenden Konflikt zwischen individuellen Selbstbestimmungsansprüchen und solidarischem Sozialverhalten heraufbeschwörten (vgl. z.B. Masken- oder Impfpflicht). Angesichts der Breite und Offenheit dieser anfänglichen sozialpädagogischen Problemstellung wird aber auch offenkundig, dass der sich zur Mitte des 19. Jahrhunderts um den Begriff „Sozialpädagogik" rankende Diskurs keineswegs auf einen abgrenzbaren Gegenstandsbereich bezogen war, wie wir ihn heute etwa in Gestalt der Kinder- und Jugendhilfe vor Augen haben. Mehr noch: Der Sozialpädagogikbegriff bezog sich überhaupt nicht auf ein bestimmtes, noch dazu außerschulisches Praxisfeld. Sozialpädagogik war stattdessen zunächst einmal und vor allem eine praktische Sozialphilosophie. Dabei war sie jedoch weder an eine bestimmte akademische Disziplin (Philosophie, Psychologie, Pädagogik, Nationalökonomie etc.) gebunden, noch auf akademische Debatten allein beschränkt. Vielmehr stellte der Begriff auch außerhalb akademischer Zirkel eine Leitformel dar, mit der vor allem eine Reform des Unterrichtswesens vorangetrieben werden sollte. Im sozialpädagogischen Diskurs der damaligen Zeit kamen also Schul- und Gesellschaftskritik zusammen. Dabei stand der Ausdruck „Sozialpädagogik" bis in das erste Drittel des 20. Jahrhunderts hinein für einen „offenen Diskursbegriff" (Henseler 2000, 205). Offen war der Begriff in dem Sinne, dass er Bezüge zu ganz unterschiedlichen Arenen aufwies und auch in ganz verschiedenen Kontexten gebraucht wurde, und zwar diesseits und jenseits akademischer und im engeren Sinne pädagogischer Zusammenhänge. Entsprechend waren sozialpädagogische Fragestellungen

> „Bestandteil fast aller – sich erst um die Jahrhundertwende ausdifferenzierenden – Disziplinen. Medizin, Theologie, Biologie, Rechtswissenschaften, Politik, Philosophie, Sozial- und Kulturwissenschaften, Psychologie, Ökonomie und Pädagogik verhandelten sozialpädagogische Themen und arbeiteten mit, das zu beschreiben und zu bewältigen, was Thema dieser Epoche war: der soziokulturelle Durchbruch der Moderne" (Böhnisch et al. 1997, 11).

Diese Situation änderte sich erst, als sich der Gedankenkomplex der Sozialpädagogik zunehmend innerhalb einer sich selbst als wissenschaftlich begreifenden pädagogischen Disziplin zu verankern begann, und zwar konkret als deren „Teildisziplin".

Die damit einhergehenden Verschiebungen im Begriffsgebrauch und im Begriffsverständnis, die letztlich auch die Grundlage für das bilden, was wir im Rahmen dieses Bandes als Theorien der Sozialen Arbeit im engeren Sinne bezeichnen, lassen sich gut illustrieren anhand einer in der Geschichtsschreibung zur Theorie der Sozialpädagogik häufig bemühten Gegenüberstellung der Verwendungen des Sozialpädagogikbegriffs bei Paul Natorp einerseits und Gertrud Bäumer, Erich Weniger und Herman Nohl anderseits.

Paul Natorp (1854–1924) gilt als derjenige, der im ausgehenden 19. Jahrhundert den bereits zuvor von Karl Mager 1844 verwen-

deten Sozialpädagogikbegriff erstmals im Horizont einer um-
fassenderen Theorie systematisch expliziert hat. Natorp war von
Hause aus jedoch eher Philosoph als Pädagoge und entwickelte
eine an Platon (428–348), Immanuel Kant (1724–1804) und Johann
Heinrich Pestalozzi (1746–1827) orientierte Sozialphilosophie der
Erziehung. Er war Schüler des Marburger Philosophen Hermann
Cohen und vertrat dabei die seinerzeit einflussreiche logisch-
erkenntnistheoretische Richtung des Neukantianismus.

Pädagogik wurde von den Vertretern des Neukantianismus verstanden als konkrete Philosophie: Die Gesetzmäßigkeiten der
Erziehung galt es in Form einer strengen Deduktion mit überge-
schichtlichem Anspruch aus dem Einheitsgesetz der Erkenntnis
abzuleiten.

⊕ Als **Deduktion** bezeichnet man in wissenschaftlichen Erkennt-
nisprozessen die Übertragung von generellen Annahmen auf
einen besonderen Fall. In empirischen Studien bedeutet das
z. B., aus allgemeinen Theorien zu einem Sachverhalt Hypothesen für
den jeweils untersuchten Einzelfall abzuleiten, welche man dann überprüfen, das heißt für den vorliegenden Fall falsifizieren oder anhand
dessen untermauern kann. Als Gegenteil der Deduktion wird in der
Regel die **Induktion** gesehen. Diese zielt darauf, mithilfe der genaueren
Betrachtung mehrerer Einzelfälle zur Aufstellung allgemeiner Regeln
bzw. Theorien zu gelangen.

In kritischer Erweiterung von Immanuel Kants Auffassung, wonach der Mensch erst durch Erziehung zum Menschen werde, er-
klärte Natorp in seiner Theorie den Gemeinschaftsgedanken zum
universellen Prinzip menschlicher Individual- und Kulturentwicklung: „Der Mensch wird zum Menschen allein durch menschliche
Gemeinschaft" (Natorp 1968, 1). Wenn Gemeinschaft nicht nur
als durchgängiges Prinzip die Kulturentwicklung bestimmt, sondern auch als Gesetzlichkeit der Entwicklung des menschlichen
Bewusstseins und insbesondere des Willens erachtet wird, hat
sich dementsprechend alle Erziehung diesem Gesetz methodisch
unterzuordnen, muss jede Erziehung das Gemeinschaftsprinzip als
Gesetz der Bildung aller anerkennen.

Wie schon im vorauslaufenden Diskurs um den Sozialpädagogikbegriff, verwendete auch Natorp „Sozialpädagogik" nicht als

Bezeichnung für eine besondere Gruppe pädagogischer Handlungsfelder und verstand darunter auch keinen „abtrennbaren Teil der Erziehungslehre etwa neben der individuellen" (Natorp 1968, 8). Vielmehr markierte der Begriff für ihn nichts Anderes als „die konkrete Fassung der Aufgabe der Pädagogik überhaupt"(Natorp 1968, 8).

> „Der Begriff der Sozialpädagogik besagt also die grundsätzliche Anerkennung, daß ebenso die Erziehung des Individuums in jeder wesentlichen Richtung sozial bedingt sei, wie andrerseits eine menschliche Gestaltung sozialen Lebens fundamental bedingt ist durch eine ihm gemäße Erziehung der Individuen, die an ihm teilnehmen sollen. […] Die sozialen Bedingungen der Bildung also und die Bildungsbedingungen des sozialen Lebens, das ist das Thema dieser Wissenschaft" (Natorp 1968, 9).

Zwar richtete sich damit auch Natorp gegen die Verkürzungen einer Individualpädagogik auf das Erzieher-Zögling-Modell erzieherischer Einwirkung. Im Gegensatz zu den oben skizzierten Debatten um die Mitte des 19. Jahrhunderts verstand sich Natorps Konzeption von Sozialpädagogik jedoch gerade nicht als komplementäre Erziehungslehre zur Individualpädagogik, denn sie betrachtete Individuum und Gemeinschaft ja gerade als voneinander abhängige, aufeinander verweisende Größen, also sozusagen als eine wechselseitige Bedingung. Damit wurde der für die Sozialpädagogikdiskussion seit Karl Mager und Adolph Diesterweg charakteristische Dualismus von Sozial- und Individualpädagogik überwunden. Entsprechend ist Natorps theoretische Bestimmung bis heute die allgemeinste und breiteste Auslegung, die der Begriff Sozialpädagogik je erfahren hat.

Gerade mal ein Vierteljahrhundert später kam es dann allerdings zu einer weiteren bedeutsamen Verschiebung in der Verwendung des Ausdrucks Sozialpädagogik. Sie war letztlich die wegweisendste Bedeutungsverschiebung für die Entwicklung derjenigen Theorien, die als heutige Theorien der Sozialen Arbeit im engeren Sinne im Mittelpunkt dieser Einführung stehen.

Die Entwicklung hin zu dieser *dritten historischen Station* lässt sich an zwei entscheidenden Veränderungen festmachen. Sie stellten sich in etwa gleichzeitig ein und bedingten sich wechselseitig. Zum einen ist hier die Veränderung zu nennen, dass sich die Sozialpädagogik ab den 1920er Jahren unter dem Dach einer universitär eigenständigen Disziplin der Pädagogik einfand. Zum anderen ist entscheidend, dass der Begriff der Sozialpädagogik nunmehr nicht länger – wie noch bei Natorp – auf die Voraussetzungen und die Aufgabe der Erziehung als Ganzes, sondern auf konkrete Erscheinungen der sog. „Erziehungswirklichkeit" bezogen wurde – oder wie man heute sagen würde: auf ein institutionalisiertes Praxisfeld von erzieherischen Maßnahmen und Einrichtungen für Kinder und Jugendliche.

Die letztgenannte Veränderung wird besonders deutlich an einer bis heute einflussreichen Bestimmung des Sozialpädagogikbegriffs. Sie stammt von der preußischen Ministerialrätin und Aktivistin der bürgerlichen Frauenbewegung Gertrud Bäumer (1873–1954) und wurde von ihr in einem Artikel mit der vielsagenden Überschrift „Die historischen und sozialen Voraussetzungen der Sozialpädagogik und die Entwicklung ihrer Theorie" (Bäumer 1929) im fünften Band eines bis weit nach dem zweiten Weltkrieg als Standardwerk rezipierten und von Herman Nohl (1879–1960) und Ludwig Pallat (1867–1946) herausgegebenen Handbuchs, dem „Handbuch der Pädagogik", formuliert.

Gertrud Bäumer nimmt in ihrem Artikel einleitend darauf Bezug, was die Herausgeber des Handbuchs unter Sozialpädagogik verstanden wissen wollten, und liefert damit eine bis heute nicht nur gängige, sondern wohl auch eingängige Definition:

> „Im Aufbau dieses Buches ist der Begriff Sozialpädagogik in einem ganz besonderen Sinne gebraucht. Er bezeichnet nicht ein Prinzip, dem die gesamte Pädagogik, sowohl ihre Theorie wie ihre Methoden, wie ihre Anstalten und Werke – also vor allem die Schule – unterstellt ist, sondern einen Ausschnitt: alles was Erziehung, aber nicht Schule und nicht Familie ist. Sozialpädagogik bedeutet hier den Inbegriff der gesellschaftlichen und staatlichen Erziehungsfürsorge, sofern sie außerhalb der Schule liegt" (Bäumer 1929, 149).

Aufschlussreich an dieser Begriffsbestimmung ist erstens der Umstand, dass hier – wie auch bereits im Titel des Artikels von Bäumer – im Zusammenhang mit Sozialpädagogik explizit von Theorie die Rede ist. Zweitens fällt auf, dass diese Bestimmung von Sozialpädagogik bis in die Formulierung hinein genau gegen das gerichtet war, was zuvor von Natorp und anderen unter Sozialpädagogik verstanden wurde. Denn während Natorp mit dem Begriff der Sozialpädagogik gerade an kein bestimmtes

Praxisfeld, sondern an ein allgemeines Gesetz pädagogischen Wirkens gedacht hatte, wurde der Ausdruck nun von Bäumer dazu herangezogen, ein neues Feld von Einrichtungen innerhalb der „Erziehungsfürsorge" unter einem gemeinsamen Namen zusammenzuführen.

Diese neue Verwendung des Sozialpädagogikbegriffs markierte eine Zäsur und damit eine weitere, entscheidende historische Station bei der Entwicklung dessen, was man heute unter Theorien der Sozialen Arbeit im engeren Sinne versteht. Die Zäsur vollzog sich dabei nicht dadurch, dass der Begriff nun mit Theorie in Zusammenhang gebracht wurde, denn dass Sozialpädagogik als theoretischer Begriff funktionieren konnte, schien – wie bereits der Titel des Aufsatzes signalisiert – zu dieser Zeit bereits klar. Vielmehr wurde Sozialpädagogik nun von einer theoretischen Perspektive zu einem Wirklichkeitsbereich gemacht, der dann in der Folge auch als konkreter *Gegenstand* und als *Adresse* von Theoretisierungsbemühungen angesprochen werden konnte. Der Ausdruck Sozialpädagogik hatte sich also nach und nach von einem offenen Diskursbegriff zu einem sozialphilosophischen Theoriebegriff und dann schließlich zu einer Sammelbezeichnung für heterogene Arbeitsfelder der Wohlfahrtspflege unter besonderer Berücksichtigung der Kinder- und Jugendfürsorge gewandelt.

Die von Bäumer formulierte Definition löste diesen vorerst letzten Entwicklungsschritt jedoch nicht einfach aus, sondern brachte ihn lediglich auf den Punkt. Das heißt: Sie ratifizierte im Grunde eine begriffliche Entwicklung, die sich spätestens abzuzeichnen begonnen hatte, seit im Jahr 1922 das sog. Reichsgesetz für Jugendwohlfahrt (der historische Vorläufer des heutigen Sozialgesetzbuches VIII zur Kinder- und Jugendhilfe) verabschiedet worden war. Mit ihm war erstmals eine einheitliche rechtliche Regulierung auf dem Gebiet der heutigen Kinder- und Jugendhilfe geschaffen worden. Der Ausdruck „Sozialpädagogik" war dabei zu einem Synonym geworden für den mit diesem Gesetz kodifizierten, ordnungspolitischen Bereich der außerschulischen Kinder- und Jugendfürsorge. Diesen Bereich führte Bäumer geschickter Weise mit dem Begriff „Erziehungsfürsorge" ein, einem Begriff, der erst seit Kurzem gebräuchlich geworden war.

Nur ein Jahr nach Erscheinen des Aufsatzes von Bäumer rekapitulierte Erich Weniger die vorangegangene Entwicklung folgendermaßen:

„Seit etwa 1905 hat [der] Streit um den Begriff der Sozialpädagogik jede Bedeutung verloren, statt dessen gibt es heute eine ausgedehnte Praxis, die sich selbst als eine ‚sozialpädagogische' weiß, hervorgegangen seit der Jahrhundertwende aus hier und da isoliert auftauchenden konkreten Bemühungen, die sich an den verschiedensten Einzelproblemen, die man jeweils als die vordringlichsten empfindet, entzünden; aus solchen Einzelbemühungen etwa seit dem Weltkriege sich zusammenfinden zu dem großen Strom einer ‚sozialpädagogischen Bewegung', die nun auch nach theoretischer Begründung ihres Arbeitszusammenhanges verlangt und in der Deutung des von allen Seiten gebrauchten Begriffs der ‚Sozialpädagogik' sucht" (Weniger 1930, 750 f.).

Aufschlussreich an dieser Aussage Wenigers ist insbesondere, welche Funktion er dem Sozialpädagogikbegriff im Kontext des expandierenden Feldes der von Bäumer so bezeichneten Erziehungsfürsorge beimisst. Auch hier wird deutlich, dass der Sozialpädagogikbegriff bereits als Theoriebegriff wahrgenommen wurde und gerade deshalb als eine bereits theoretisch gehaltvolle Sammelbezeichnung für die Zusammenfassung der teilweise neu entstandenen Arbeitsfelder innerhalb der Wohlfahrtspflege ertragreich schien. Die damit verbundene Neuauslegung des Begriffs hatte allerdings – disziplingeschichtlich gesehen – noch einen anderen Effekt. Sie ermöglichte es, innerhalb der wissenschaftlichen Pädagogik eine neue Teildisziplin mit dem Namen Sozialpädagogik zu integrieren und damit insgesamt den Gegenstandsbereich der Pädagogik zu erweitern. Diese Entwicklung wurde maßgeblich von den VertreterInnen der seinerzeit dominanten geisteswissenschaftlichen Pädagogik und insbesondere von Herman Nohl vorangetrieben.

Die **geisteswissenschaftliche Pädagogik** bezeichnet eine bedeutende Strömung innerhalb der wissenschaftlichen Pädagogik, die sich zu Beginn des zwanzigsten Jahrhunderts entwickelte und bis in die späten 1960er Jahre hinein in der universitären deutschsprachigen Pädagogik vorherrschend blieb. Zu den wichtigsten Vertretern der geisteswissenschaftlichen Pädagogik gehörten – unter maßgeblicher Berufung auf das Werk von Wilhelm Dilthey (1833–1911) – Herman Nohl (1879–1960), Theodor Litt (1880–1962), Eduard Spranger (1882–1963), Wilhelm Flitner (1889–1990) und Erich Weniger (1894–1961). Nach dem zweiten Weltkrieg wurde das Erbe insbesondere der geisteswissenschaftlichen *Sozial*pädagogik maßgeblich von Klaus Mollenhauer (1928–1998) und Hans Thiersch (*1935) weiter- und dabei über den engeren Zusammenhang geisteswissenschaftlicher Pädagogik hinausentwickelt (Kap. 3.1 und 3.2). Kern der geisteswissenschaftlichen Pädagogik ist die Auffassung, dass alle Bemühungen um eine wissenschaftliche Erschließung wie auch Begründung der Pädagogik von der „Erziehungswirklichkeit" auszugehen haben. Ihren Ausgangspunkt setzt die geisteswissenschaftliche Pädagogik dabei mit der von Friedrich Daniel Ernst Schleiermacher (1768–1834) entlehnten Annahme, die Erziehungswirklichkeit sei ein relativ autonomes Kultursystem eigener Art, etwa vergleichbar mit Kunst, Wirtschaft oder Recht, das von einer „eigenen Idee" regiert werde (Nohl 1970, 119). Als oberste Aufgabe einer theoretischen Pädagogik wird mithin betrachtet, diese Idee in ihrer geschichtlichen Entfaltung zur Sprache zu bringen, das heißt die „Formulierungen von pädagogischen Grundhaltungen" herauszuarbeiten, die in verschiedenen Lebens- und Weltstellungen begründet sind" (Nohl 1970, 107). In diesem Sinne verstand sich die geisteswissenschaftliche Pädagogik als wissenschaftlicher Arm der sog. reformpädagogischen Bewegung, welche – ihrer eigenen Deutung der jüngeren Geschichte nach – letztlich erst zur Vervielfältigung und Ausdehnung pädagogischer Handlungsfelder geführt hatte.

Während die geisteswissenschaftliche Pädagogik und insbesondere in Person von Herman Nohl immerzu betonte, dass Wohlfahrtspflege und Erziehungsfürsorge „der einen autonomen sozialpädagogischen Idee" (Nohl 1965, 188) bedürften, um sich fachlich konsolidieren zu können, wurde mit Blick auf die wissenschaftliche Pädagogik argumentiert, dass eine „Theorie der Pädagogik, die bisher nur Schulpädagogik war" nicht umhinkomme, „eine riesige Ausdehnung ihres Arbeitsfeldes" (Nohl 1949, 27) zur Kenntnis zu nehmen.

Erkennbar wird daran, dass die Verschiebung im Bedeutungsgehalt des Sozialpädagogikbegriffs zugleich mit Bemühungen einherging, den Gegenstandsbereich der wissenschaftlichen Pädagogik über den Sektor der Schule hinaus zu erweitern. Dies wiederum führte dazu, dass sich die Sozialpädagogik schließlich als wissenschaftliches Fachgebiet der Pädagogik etablieren konnte. Zum einen, weil theoretische Ambitionen Bedingung für den Anspruch auf Wissenschaftlichkeit sind. Zum anderen wurde aber auch eine „Praxis" ausgemacht, deren autonome Fachlichkeit wesentlich über eine eigene Art der Theorie begründet werden sollte. Daher schien es offensichtlich, dass eine wissenschaftliche Sozialpädagogik sich im Kern auch und gerade mit Theoriebildung beschäftigen müsse.

Ein gewisses Dilemma bestand dabei darin, dass damit eine Art der Theoriebildung angestrebt wurde, die darauf verpflichtet war, zweierlei zugleich zu leisten: Sie musste zum einen von einer institutionalisierten Praxis ausgehen (im Sinne einer nachgängigen Theorie, die beschreibt, was ist), sich zum anderen aber auch mit dem Anspruch einer erst noch zu erreichenden Vereinheitlichung von Praxis auf diese beziehen (im Sinne einer vorgängigen Theorie, die beschreibt, was nicht ist, aber im Sinne „besserer Praxis" normativ wünschenswert wäre). Man könnte daher auch sagen: Der Preis, den die Sozialpädagogik für die wissenschaftliche Konsolidierung ihres theoretischen Anspruchs im disziplinären Kontext der wissenschaftlichen Pädagogik zu zahlen hatte, war die Engführung ihres Begriffs auf eine Theorie, die sich dem Anspruch stellen musste, eine Theorie der *und* für die Praxis zugleich zu sein. Wir werden auf diese Herausforderung sozialpädagogischer Theoriebildungsprozesse innerhalb des vorliegenden Buches noch mehrfach systematisch zu sprechen kommen (Kap. 5).

Klaus Mollenhauer (Kap. 3.1) rechtfertigte diesen Anspruch später mit dem Hinweis, dass aus Sicht der geisteswissenschaftlichen Pädagogik das Auftauchen neuer pädagogischer „Tatbestände", wie sie etwa im Reichsgesetz für Jugendwohlfahrt ihren Niederschlag fanden, als ein Moment der „Erziehungswirklichkeit" angesehen werden mussten (Mollenhauer 1968a, 223). Entsprechend lautete sein Vorschlag – zumindest vorläufig – Sozialpädagogik mit „Theorie der Jugendhilfe" zu übersetzen (Mollenhauer 1999, 15).

Folgerichtig wanderte denn auch das von Natorp entfaltete Programm einer theoretischen Sozialpädagogik weitgehend ins Archiv der Begriffsgeschichte, bevor es in den 1990er Jahren geradezu wiederentdeckt werden musste. Bezeichnend dafür ist eine Situationsbeschreibung von Klaus Mollenhauer, in der er darauf hinweist, dass man im Studium der Sozialpädagogik bis weit in die 1950er Jahre hinein

„mit einem relativ kleinen Korpus von Texten auskommen [konnte]: Pestalozzis Stanser Brief, Nohls Aufsatz-Sammlung zur ‚Jugendwohlfahrtspflege', der fünfte Band des von Nohl und Pallat herausgegebenen Handbuchs der Pädagogik und Paul Natorps ‚Sozialpädagogik',

deren Lektüre allerdings für am ehesten entbehrlich gehalten wurde"
(Mollenhauer 1999, 13).

Mit der Engführung des theoretischen Diskurses der Sozialpädagogik auf den Bereich der Jugendhilfe verband sich somit zugleich
eine zweite Engführung (Niemeyer 2009, 233). Diese bestand darin,
dass das Spektrum der als Theorie anerkannten Ansätze auf jene
beschränkt wurde, welche die geisteswissenschaftliche Pädagogik
als solche gelten ließ. Stellvertretend lässt sich hier wiederum auf
Erich Weniger verweisen, der in einem Aufsatz zur Würdigung von
Nohls Rolle im Kontext der sog. „sozialpädagogischen Bewegung"
gerade dessen Arbeiten zur Jugendwohlfahrt als „grundlegend"
und „zureichend" für eine Theorie der Sozialpädagogik qualifizierte
(Weniger 1959, 10 f.).
    Diese Engführungen des Theoriediskurses innerhalb der Sozial-
pädagogik auf einige wenige, für bedeutsam gehaltene Arbeiten
brachen erst im Laufe der 1960er Jahre auf. Zu jener Zeit ge-
riet die Vorherrschaft der geisteswissenschaftlichen Pädagogik im
Zuge einer Ausdifferenzierung des paradigmatischen Spektrums
innerhalb der Pädagogik bzw. Erziehungswissenschaft insgesamt
unter Druck. Im Kontext der Sozialpädagogik stand vor allem die
kritisch-emanzipatorische Erziehungswissenschaft (Kap. 3.1) für
diese Entwicklung. Im breiteren Feld der theoretischen Auseinandersetzungen um das, was heute als „Soziale Arbeit" bezeichnet
wird, hielten zudem neo-marxistisch-sozialwissenschaftliche Perspektiven Einzug (Neumann / Sandermann 2022).
    Der Prozess wurde ab dem Ende der 1960er Jahre auch instituti-
onell flankiert: Es erfolgte eine akademische Aufwertung der bislang fast ausschließlich an berufsbildenden Schulen angesiedelten
Ausbildungsgänge für Sozialpädagogik und Sozialarbeit. Mit der
Einführung des universitären Diplomstudienganges Pädagogik,
in dem die Sozialpädagogik als eine der möglichen Studienrich-
tungen verankert wurde, sowie der gleichzeitigen Errichtung der
Fachhochschulen in Deutschland, wurde auch das wissenschaftliche Personal für Forschung und Lehre zur Sozialen Arbeit an den
entsprechenden Institutionen erheblich aufgestockt.
    So konnte sich in der Folge auch die bisherige Beschäftigung
mit „Theorie" zur Sozialen Arbeit erheblich ausdifferenzieren.
Was entstand, war ein „Theoriediskurs" im engeren Sinne. In
diesem wurden – neben dem bereits etablierten Sozialpädagogik-

begriff – die zunächst in berufspraktischen Zusammenhängen gebräuchlichen Ausdrücke „Sozialarbeit" und „Soziale Arbeit" zu zusätzlichen Referenzpunkten wissenschaftlicher sowie im engeren Sinne theoretischer Auseinandersetzungen. Auch hatte diese Ausdifferenzierung zur Folge, dass sich innerhalb des sich nun entwickelnden Diskurses um „Theorien der Sozialen Arbeit" eine ganze Bandbreite an unterschiedlichen Ansätzen, Zugängen und Gegenstandsbezügen herausbildete.

Es ist diese nun fortgeschrittene Entwicklung, welche die vorliegende Einführung zu ihrem Hauptfokus macht, wenn sie sich für „Theorien der Sozialen Arbeit im engeren Sinne" interessiert. Wie deutlich geworden sein sollte, lässt sich die Eingrenzung auf diesen Gegenstand nicht nur in logisch-systematischer Perspektive begründen (Kap. 1), sondern auch im Sinne einer historischen Argumentation, wie wir sie nun innerhalb des zweiten Kapitels skizziert haben. Die Auseinandersetzung mit historischen Stationen auf dem Weg zur Bildung von Theorien der Sozialen Arbeit, wie wir sie hier am Beispiel der Sozialpädagogik nachvollzogen haben, kann noch einmal verdeutlichen, was wir im Rahmen dieses Buches unter Theorien der Sozialen Arbeit im engeren Sinne verstehen: Es sind Theorien, die sich einerseits auf einen akademisch institutionalisierten Diskussionszusammenhang zur Sozialen Arbeit beziehen, und andererseits auf einen über den Bezug auf diesen Diskussionszusammenhang hergestellten Wirklichkeitsbereich, der in der Theorie als ihr „Gegenüber" (Kap. 1.2) bzw. genauer: als ihr Gegenstand angesprochen und mehr oder minder explizit als Soziale Arbeit, Sozialarbeit oder Sozialpädagogik bezeichnet wird.

1. Worin besteht das „sozialpädagogische Problem der Moderne"?

2. Skizzieren Sie am Beispiel der Sozialpädagogik die wichtigsten Stationen auf dem Weg zur Entwicklung eines Diskurses um Theorien der Sozialen Arbeit!

3. Inwiefern stellt die Identifikation der Begriffe „Sozialpädagogik" bzw. „Soziale Arbeit" mit einem bestimmten Praxisfeld eine Verengung ihres Theorieverständnisses dar? Bitte diskutieren Sie!

Merten, R. (Hrsg.) (1996): Sozialarbeit – Sozialpädagogik – Soziale Arbeit. Begriffsbestimmungen in einem unübersichtlichen Feld. Lambertus, Freiburg

Niemeyer, C. (2010): Klassiker der Sozialpädagogik. Einführung in die Theoriegeschichte einer Wissenschaft. 5., aktual. Aufl. Juventa, Weinheim/München

Thole, W., Galuske, M., Gängler, H. (Hrsg.) (1998): KlassikerInnen der Sozialen Arbeit. Sozialpädagogische Texte aus zwei Jahrhunderten. Luchterhand, Neuwied

Reyer, J. (2002): Kleine Geschichte der Sozialpädagogik. Individuum und Gemeinschaft in der Pädagogik der Moderne. Schneider Verlag Hohengehren, Baltmannsweiler

3 Systematisierender Überblick: Beispiele etablierter Theorien der Sozialen Arbeit

Nachdem wir in Kap. 1 und Kap. 2 verdeutlicht haben, als was sich Theorien der Sozialen Arbeit im engeren Sinne erstens in logisch-systematischer und zweitens in theoriehistorischer Perspektive verstehen lassen, geht es uns in diesem Kapitel um eine gezielte und nachvollziehbare Darstellung ausgewählter Theorien der Sozialen Arbeit. Jedes der folgenden Unterkapitel widmet sich dabei der Rekonstruktion einer Theorie der Sozialen Arbeit. Die einzelnen Theorien werden jeweils im Hinblick auf drei Fragen gesichtet. Dies erleichtert den sich ab Kap. 4 anschließenden Vergleich der Theorien. Die Unterkapitel schließen jeweils mit Empfehlungen für eine vertiefende Lektüre zur behandelten Theorie ab.

In Kap. 1.3 haben wir ausführlicher dargestellt, warum es für ein besseres Verständnis von Theorien der Sozialen Arbeit aus unserer Sicht nicht ausreicht, ausgewählte oder sogar alle irgendwie vorzufindenden Theorien der Sozialen Arbeit zusammenzutragen und dann jeweils zusammenfassend nebeneinanderzustellen. Man würde auf diese Weise zwar Informationen zu Theorien der Sozialen Arbeit verdichten. Unklar bliebe bei einem solchen Vorgehen aber, erstens, warum welche Informationen als wichtig erachtet werden (und damit in der Zusammenfassung vorkommen) und warum andere als vernachlässigungswert empfunden werden (und deswegen in der Zusammenfassung fehlen). Und damit bliebe dann zweitens ebenso unklar, worin der genaue Mehrwert einer solchen Zusammenfassung gegenüber einem Studium der Originaltexte liegt.

Unserer Überzeugung nach besteht der Sinn einer Einführung zu Theorien der Sozialen Arbeit deshalb weniger in einer reinen Informationsverdichtung zu einzelnen Theorien der Sozialen Arbeit. Die Einführung sollte das Studium der Originaltexte nicht ersetzen, sondern ein weiterführendes Verständnis ermöglichen, um besser zu begreifen, warum all die gelesenen Theorien der Sozialen Arbeit nötig sind. Wir setzen zu diesem Zweck auf einen *fokussierten und systematischen* Vergleich *ausgewählter* Theorien der Sozialen Arbeit.

Dafür ist es wichtig, aktiv theoriegeleitet, zweierlei festzulegen: erstens die Auswahl der zu behandelnden Theorien, und zweitens die Fragen, anhand derer der Vergleich ermöglicht werden soll. Wir haben uns im Hinblick auf ersteres dafür entschieden, diejenigen Theorien auszuwählen, die in Übersichtsartikeln und Lehrbüchern zu Theorien der Sozialen Arbeit der letzten Jahre regelmäßig zu finden sind.

Wir gehen an dieser Stelle also relativ traditionell vor. Damit wollen wir es den LeserInnen dieses Buches ermöglichen, in einer ersten Annäherung an Theorien der Sozialen Arbeit gut mit verschiedenen Übersichtsformaten zum Thema arbeiten zu können und dabei mit hoher Wahrscheinlichkeit immer auf die mehr oder minder gleichen Beispiele für Theorien der Sozialen Arbeit zu stoßen. Zugleich halten wir es auch aus AutorInnensicht bzw. gegenüber den (mit) lesenden KollegInnen in Forschung und Lehre für angemessen, in dieser Weise vorzugehen, da wir so bei der Analyse der einzelnen Theorien davon ausgehen können, ähnliches Material als „Theorie der Sozialen Arbeit" in den Blick zu nehmen wie andere.

Damit verhalten wir uns, was die Materialgrundlage dieses Kapitels angeht, jedoch auch bewusst distanziert gegenüber der Idee einer evaluativen Auswertung von Theorien als „gute" oder „schlechte", „wahre" oder „falsche", „angemessene" oder „unangemessene" Theorie. Vielmehr wollen wir in diesem Überblick entsprechend unseres in Kap. 1 ausführlich dargestellten Theorieverständnisses rekonstruieren, wie die jeweiligen Theorien gerade dadurch zur Theorie werden, dass sie Soziale Arbeit in ihrer je spezifischen Art und Weise theoretisieren.

Was die Fragen, anhand derer die nachfolgende Theorienauswahl systematisiert wird, betrifft, unterscheidet sich unser Vorgehen von den meisten bisher vorliegenden Überblicksdarstellungen. Wo andere danach fragen, inwiefern die vorgestellten Theorien *dem* Gegenstand Sozialer Arbeit gerecht werden (Wilhelm 2006; Rauschenbach/Züchner 2012) oder versuchen, die einzelnen Theorien in ihren Grundaussagen zu summieren, um hierüber zu so etwas wie einem Gesamtertrag der Theorien zu *dem* Gegenstand Sozialer Arbeit zu kommen (May 2010; Lambers

2013; Füssenhäuser/Thiersch 2015; in Teilen auch Hammerschmidt et al. 2017), gehen wir anders vor.

Wie in Kap. 1.1 dargelegt, gehen wir davon aus, dass *ein* Gegenstand der Sozialen Arbeit „hinter" einer Vielzahl von Theorien gar nicht existiert. Viele Theorien bringen stattdessen logischerweise auch viele Gegenstände hervor. Daher werden wir uns in unserem Vergleich auf das konzentrieren, worum es diesem Buch bereits dem Titel nach geht: auf *Theoretisierungen* und *Vergegenständlichungen* von Sozialer Arbeit durch *Theorien* der Sozialen Arbeit. Auch für die AutorInnen(gruppen), die gleichsam *vor* den Theorien stehen, interessieren wir uns deshalb nur am Rande. Der Fokus dieses Buches liegt weder auf Personen noch auf Gegenständen, sondern auf Theorien der Sozialen Arbeit. Diese wollen wir entsprechend nicht mit AutorInnen verwechseln, oder mit einem von diesen AutorInnen geschaffenen „perspektivunabhängigen Wissen", sondern *als* Theorien der Sozialen Arbeit in den Blick nehmen.

Das impliziert zugleich, Theorien eine *relative Eigenständigkeit* jenseits der jeweiligen Intentionen ihrer AutorInnen zu unterstellen. Anlass für diese Unterstellung ist die sowohl in der Systemtheorie (Definition in Kap. 3.7) als auch in poststrukturalistischen Theorien (Definition in Kap. 3.9) zu findende Grundüberzeugung, dass Kommunikationsstrukturen oder Diskurse – also auch Theorien – eine relative Eigenständigkeit entfalten, wenn sie erst einmal „in der Welt" sind. Sie sind spätestens dann, wahrscheinlich aber auch schon im Zuge ihrer Entwicklung durch die an ihnen beteiligten AutorInnen, nicht (mehr) deren „geistiges Eigentum". Erkennbar ist das schon daran, dass die Kernaussagen einer Theorie auch für ihre maßgeblichen AutorInnen gewissermaßen bindend sind. Sie können auch durch diese nicht beliebig umgestellt werden, sondern *Theorien als solche* legen als Kommunikationsstruktur Schlüsse nahe und schließen andere Schlüsse aus. Eben in dieser Herstellung bestimmter Spielräume und Grenzen des gegenstandsbezogenen Kommunizierens besteht ihre Logik und spezifische Funktion als Theorie.

Um diese Grundannahme einer relativen Eigenständigkeit von Theorien der Sozialen Arbeit jenseits von AutorInnen und Gegenständen zu unterstreichen, formulieren wir an vielen Stellen dieses Buches in einer vielleicht für die eine oder den anderen etwas ungewöhnlichen Art und Weise, wenn wir Theorien grammatikalisch immer wieder als Subjekte behandeln. Wir tun dies, um sie im o.g.

Sinne konsequent in den Mittelpunkt unserer Beobachtung zu stellen.

Hiervon ausgehend werden wir sämtliche der von uns behandelten Theorien vorstellen, indem wir die folgenden drei Fragen beantworten:

1. Welches Erkenntnisziel formuliert die Theorie?
2. Wo und wie beobachtet die Theorie Soziale Arbeit, und auf welchen Vorannahmen werden diese Beobachtungen aufgebaut?
3. Was identifiziert die Theorie als Praxis der Sozialen Arbeit?

Dadurch, dass wir alle von uns vorgestellten Theorien auf die oben aufgeführten drei Fragen hin selbst nochmals *theoretisieren*, lässt sich ein Überblick erstellen, der ein kritisch-systematisches Verständnis von Theorien der Sozialen Arbeit im Sinne eines Übersichtswissens ermöglicht. Im Umkehrschluss bedeutet das aber auch, dass man bei der Lektüre der nachfolgenden Darstellung von Theorien der Sozialen Arbeit *nicht* damit rechnen darf, hier alles zu jeder einzelnen Theorie der Sozialen Arbeit zu erfahren.

Dies einzugestehen fällt uns leicht, denn wer uns bis hierhin aufmerksam durch das Buch gefolgt ist, wird nachvollziehen können, warum wir denken, dass es auch beim redlichsten Versuch gar nicht möglich wäre, alles zu jeder einzelnen Theorie der Sozialen Arbeit zu erfahren oder darzustellen.

Dies gilt in pragmatischer Hinsicht (denn wer hätte jemals so viel Zeit, alles denkbar Wesentliche in Theorien der Sozialen Arbeit zu erfragen und zu durchdenken?), aber auch in logischer Hinsicht: Je nachdem, wie man Theorien der Sozialen Arbeit theoretisiert (z.B. als Werke ihrer AutorInnen oder als relativ eigenständige Diskursformationen oder kommunikative Strukturen), sieht man Unterschiedliches, und somit lässt sich das, was man für „wesentlich" hält, nur perspektivgebunden und letztlich vorläufig beschreiben. Folgt man dieser Annahme, dann lässt sich daraus als Gütekriterium für adäquate Theoretisierungen vor allem eine hohe Transparenz und intersubjektive Nachvollziehbarkeit im Aufbau der jeweiligen Theoretisierung ableiten. Diesem Gütekriterium versuchen wir in diesem Buch bestmöglich zu entsprechen; von unserer Perspektivität der Darstellung erlöst das die LeserInnenschaft aber nicht.

Umso mehr möchten wir denjenigen LeserInnen, die sich für anderes oder mehr interessieren als die hier erstellte Übersicht zu

Theorien der Sozialen Arbeit, die Möglichkeit bieten, sich weiteres Wissen zu einzelnen Theorien der Sozialen Arbeit zu erschließen. Neben den schon erwähnten Übersichtstexten und Einführungen empfehlen wir dafür vor allem die Primärtexte zu den im Einzelnen dargestellten Theorien. Die meistrezipierten und/oder einschlägigsten davon haben wir jeweils zum Abschluss der folgenden Teilkapitel aufgelistet.

3.1 Theorie der industriegesellschaftlich gerahmten Erziehungswirklichkeit

Wir wollen den Überblick mit einem Theorieentwurf beginnen, der zunächst noch im unmittelbaren zeitlichen Umfeld der Dominanz der geisteswissenschaftlichen (Sozial)Pädagogik in der deutschsprachigen Erziehungswissenschaft entstanden ist. Dazu nehmen wir einschlägige Arbeiten Klaus Mollenhauers in den Blick, die seit den späten 1950er Jahren und bis in die 1990er Jahre hinein verfasst wurden, und in denen es darum ging, Impulse für eine Theorie zu liefern. Diese Impulse stehen im Kontext einer voranschreitenden Versozialwissenschaftlichung der Sozialpädagogik. Wir werden die Theorie der industriegesellschaftlich gerahmten Erziehungswirklichkeit im Horizont der drei Fragen nachzeichnen, die bei der Darstellung aller Theorien des Kap. 3 in den Mittelpunkt gerückt werden: Zunächst rekonstruieren wir das Erkenntnisziel der Theorie (Kap. 3.1.1). Danach behandeln wir die Frage, wo und wie die Theorie das, was sie als Soziale Arbeit versteht, beobachtet, und auf welche Vorannahmen sie bei diesen Beobachtungen zurückgreift (Kap. 3.1.2). Drittens resümieren wir, was im Ergebnis der Theorie als Praxis Sozialer Arbeit gilt (Kap. 3.1.3). Abgeschlossen wird das Kapitel mit Lernfragen sowie einer kurzen Liste einschlägiger Primärtexte zu dieser Theorie.

Die Person Klaus Mollenhauer wird – wie auch Hans Thiersch, der maßgebliche Vertreter der Theorie der Alltags- und Lebensweltorientierung (Kap. 3.2) – zu den sog. „Enkeln" der geisteswissenschaftlichen Pädagogik (Niemeyer 2010) gezählt, deren Grundüberlegungen wir in Kap. 2 skizziert haben. Die Arbeiten Mollenhauers werden zum anderen aber auch einer sozialwissenschaftlich modernisierten Pädagogik bzw. Sozialpädagogik zugerechnet. Spätestens seit dem Tod des Autors im Jahre 1998 werden die einschlägigen Arbeiten zur Theorie der industriegesellschaftlich gerahmten Erziehungswirklichkeit regelmäßig zu den „Klassikern" der Sozialen Arbeit wie auch der Erziehungswissenschaft gezählt.

Gleichzeitig spielen sie in der aktuellen Diskussion um Theorien der Sozialen Arbeit eine auffallend geringe Rolle. Das hat womöglich auch damit zu tun, dass diese Theorie nicht in Form eines in sich geschlossenen Werks vorgelegt wurde. Damit einhergehend ist sogar das Label einer „Theorie der industriegesellschaftlich gerahmten Erziehungswirklichkeit", welches wir als Titel des vorliegenden Unterkapitels gewählt haben, kein von Klaus Mollenhauer entworfenes Label, sondern von uns gesetzt worden in Anlehnung an wesentliche Argumente, welche durch die Theorie in Hinsicht auf ihren Gegenstand skizziert werden. Die Theorie steht damit zugleich erkennbar am Anfang der Entwicklung von Theorien der Sozialen Arbeit im engeren Sinne. In disziplinpolitischer Hinsicht ist ebenfalls vorweg zu schicken, dass Mollenhauer in seiner Theorie die Soziale Arbeit in Gestalt der Sozialpädagogik klar als Teilgebiet der Erziehungswissenschaft ausweist.

Für den Entwurf der Theorie der industriegesellschaftlich gerahmten Erziehungswirklichkeit wurden immer wieder neue Wendungen vollzogen. Diese können ihrem Pioniercharakter als Theorie der Sozialen Arbeit zugerechnet werden und lassen sich – mit Christian Niemeyer (2010, 194 f.) – auch als „Häutungen" beschreiben. Mit der Metapher der „Häutungen" soll angedeutet werden, dass sich die Theorie mehrmals entscheidend verändert hat. Darüber hinaus lässt sich in diesen „Turns" ein dialektischer Prozess erkennen, der einer Emanzipation von *und* einer Wiederaneignung des geisteswissenschaftlichen Erbes der damaligen universitären Sozialpädagogik entspricht.

⊕   **Dialektik** lässt sich vereinfachend als ein Prozess beschreiben, in dessen Zuge eine These aufgestellt wird, welcher in einem zweiten Schritt eine gegensätzliche These („Antithese") gegenübergestellt wird, woraus sich wiederum deutlicher als zuvor Probleme und Widersprüche zwischen zwei möglichen Thesen aufzeigen lassen, was sodann in einem dritten Schritt zur Bildung einer genauer gefassten These („Synthese") genutzt werden kann. Die bewusste wissenschaftliche Weiterentwicklung von Beobachtungen mithilfe des genannten Prozesses wird auch als dialektische Methode bezeichnet.

3.1.1 Welches Erkenntnisziel formuliert die Theorie?

Angesichts der auch zeitlichen Verstreutheit der Beiträge zur Theorie der industriegesellschaftlich gerahmten Erziehungswirklichkeit ist es nicht ganz einfach, ein bestimmtes Erkenntnisziel dieses Ansatzes auszumachen. Unumstritten dürfte jedoch sein, dass zunächst vor allem die sog. „Erziehungswirklichkeit" den Fluchtpunkt der Theoretisierungsbemühungen darstellt (Zirfas 2000, 201). Damit einher geht die Tatsache, dass in Beiträgen zur Theorie der industriegesellschaftlich gerahmten Erziehungswirklichkeit stets von Sozialer Arbeit als Sozial*pädagogik* gesprochen wird. Damit knüpft die Theorie recht unmittelbar an die Position der geisteswissenschaftlichen Pädagogik an (Kap. 2).

Allerdings wird deren Position auch nicht einfach übernommen. Vielmehr lassen sich die Beiträge zu dieser Theorie immer auch lesen als ein Versuch, das Konzept der „Erziehungswirklichkeit" selbst zu „versozialwissenschaftlichen", das heißt, den mit der „Erziehungswirklichkeit" assoziierten Gegenstandsbereich im Horizont von „gesellschaftlichen Bedingungen" zu betrachten. Diese gesellschaftlichen Bedingungen haben – so die Annahme innerhalb der Theorie – eine Praxis der Sozialen Arbeit erst möglich gemacht. Die Theorie nimmt damit zwar das Erkenntnisziel der geisteswissenschaftlichen Pädagogik auf. Durch die Art und Weise aber, in der das getan wird, lässt sie sich eher in der Nähe der Perspektiven von Theoretikern wie Aloys Fischer (1880–1937), Siegfried Bernfeld (1892–1953) oder Paul Natorp (1854–1924) verorten, von denen sich die geisteswissenschaftliche Pädagogik in der Zwischenkriegszeit gerade abgegrenzt hatte (Kap. 2; Niemeyer 2010, 194).

Deutlich wird dies vor allem in der 1959 publizierten und bis heute wiederholt neu aufgelegten Dissertationsschrift Mollenhauers mit dem Titel „Die Ursprünge der Sozialpädagogik in der industriellen Gesellschaft" (Mollenhauer 1959). Zwar knüpft diese an das klassisch geisteswissenschaftliche Verständnis von Sozialpädagogik an, wonach es sich bei Sozialpädagogik um eine „neue" und besondere „Gruppe von pädagogischen Einrichtungen" handele (Mollenhauer 1959, 17). Gleichzeitig aber wird das entstandene Feld an Einrichtungen nicht lediglich als Resultat einer rein geistesgeschichtlich interpretierbaren Entwicklung gesehen, sondern als eine Entwicklung, die eng mit der sozialstrukturellen

Transformation der modernen Gesellschaft zur Industriegesellschaft verbunden ist. Darin liegt der entscheidende Unterschied der Theorie zur geisteswissenschaftlichen (Sozial)Pädagogik: „Dieser Bereich", so Mollenhauer, „ist mit der Struktur dieser Gesellschaft untrennbar verknüpft" (Mollenhauer 1959, 122). Gerade der Zusammenhang zwischen sozialstruktureller Entwicklung und ihrer Thematisierung im Kontext zeitgenössischer Debatten um Sozialpädagogik sowie schließlich der Niederschlag dieser Debatte in einem Gefüge neu entstandener pädagogischer Institutionen ist demnach ein zentraler Bezugspunkt des Erkenntnisinteresses der Theorie.

Dieses Erkenntnisinteresse ist damit nicht primär pädagogisch motiviert, denn es zielt nicht zuallererst auf die Frage der Gestaltung einer angesichts der gesellschaftlichen Umstände zeitgemäßen Erziehung. Schon eher könnte man es als ein *wissenssoziologisches*, und noch genauer: *ideologiekritisches* Erkenntnisinteresse begreifen, weil es sich auf den Zusammenhang von Gesellschaft und ihrer jeweiligen Ordnung und Dynamik auf der einen und der Entstehung und Veränderung von sozialpädagogischen Denk- und Wissensformen auf der anderen Seite bezieht.

⊕   **Ideologiekritik** lässt sich als eine spezifische Traditionslinie wissenssoziologischer, also am Zustandekommen von Wissen interessierter Untersuchungen begreifen. Die klassische Ideologiekritik von Francis Bacon (1561–1626) über Thomas Hobbes (1588–1679) und Georg Wilhelm Friedrich Hegel (1770–1831) bis zu Karl Marx (1818–1883) hat stets am Glauben an die „Möglichkeit einer der Wahrheit mächtigen Vernunft festgehalten" (Lenk 1984, 59). Sie versuchte dementsprechend, den substanziellen Wahrheitsgehalt von Argumenten als solchen zu ergründen. Insbesondere seit den einflussreichen Studien Karl Mannheims (1952; 1964), der feststellte, dass jedes Argument in seiner Substanz als ideologisch beschrieben werden kann, fokussiert die Ideologiekritik dagegen auf die Inblicknahme von Argumentations*verfahren* (Zima 1992).

Vor diesem Hintergrund wird im Rahmen der Theorie der industriegesellschaftlich gerahmten Erziehungswirklichkeit eine Distanzierung gegenüber den aus ihrer Perspektive „ideologischen" Deutungsprozessen der geisteswissenschaftlichen (Sozial)Pädagogik eingeleitet. Zugleich fasst die Theorie die historisch-gesellschaftliche Entwicklung der „Ideologie der Sozialpädagogik" als etwas auf, das „historisch gegeben" und in diesem Sinne „unhintergehbar" sei (Mollenhauer 1959, 123). Entsprechend kann, folgt man dieser Theorieperspektive, eine Theorie der Sozialen Arbeit nicht davon absehen, dass es diesseits möglicher Idealisierungen von Sozialpädagogik einen industriegesellschaftlich hervorgebrachten Gegenstand der Sozialen Arbeit „gibt". Dies gilt auch mit Blick auf die pädagogischen Institutionen, weil die Theorie annimmt, dass diese als Reaktion auf die gesellschaftlichen Veränderungen selbst Teil der industriellen Gesellschaft geworden sind. Stellt man diesen Zusammenhang, den Mollenhauer in seiner Dissertationsschrift aufgewiesen hat, in Rechnung, so verändert sich damit auch die Aufgabe einer Theorie der Sozialen Arbeit. Es geht ihr nicht ausschließlich darum, den (sozial)pädagogischen Kern der neu entstandenen Gruppe von Einrichtungen als *Idee* zu explizieren – wie es den Theoretisierungsbemühungen der geisteswissenschaftlichen (Sozial)Pädagogik entsprach. Vielmehr kommt es mindestens auch darauf an, die gesellschaftlichen Bedingungen der Möglichkeit von Sozialpädagogik als *Ideologie, also als eine aus gesellschaftlichen Bedingungen heraus entstandene Idee* in den Mittelpunkt des Erkenntnisinteresses zu stellen. Die Theorie der industriegesellschaftlich gerahmten Erziehungswirklichkeit ist damit auch eine Theorie, die erklärt, welche gesellschaftlichen Umstände die Entstehung der Sozialen Arbeit notwendig machten. Die sozialpädagogische Theoriediskussion im Kontext der Erziehungswissenschaft erfährt damit letztlich jene konsequente Versozialwissenschaftlichung, die sie seither durchgängig beeinflusst.

Zugleich fragt die Theorie damit nach den in der Gesellschaft „enthaltenen Möglichkeiten" (Mollenhauer 1959, 124) für eine Praxis Sozialer Arbeit, die sich jenseits ideologischer Deutungen begründet und legitimiert. Damit zielt die Theorie nicht lediglich auf einen idealen pädagogischen Kern des neu entstandenen Feldes an Maßnahmen und Einrichtungen, sondern ihre Aufgabe besteht auch darin, so Mollenhauer wenige Jahre später, „Gesellschaftsanalyse in sozialpädagogischer Absicht" zu betreiben (Mollenhauer 1998, 318). Für das dazugehörige Theorieprogramm ergeben sich daraus zwei Anknüpfungspunkte: Einerseits geht es um eine Herausarbeitung der gesellschaftlichen Bedingungen, denen Soziale Arbeit unterliegt, andererseits um eine Beschreibung der Möglichkeiten zur Gestaltung dieser gesellschaftlichen Bedingungen von einem als Ideal entworfenen sozialpädagogischen Standpunkt aus. Beides zielt über eine rein geistesgeschichtliche Auseinandersetzung mit der von der geisteswissenschaftlichen (Sozial)Pädagogik beschriebenen „sozialpädagogischen Idee" (Nohl 1965, 188) hinaus. Entsprechend steht die Frage nach den Bedingungen der Möglichkeit, überhaupt von Sozialpädagogik zu sprechen, auch im Mittelpunkt der Gegenstandsbestimmung durch die Theorie, was wir im folgenden Unterkapitel darstellen wollen.

3.1.2   Wo und wie beobachtet die Theorie Soziale Arbeit?

Innerhalb der Arbeiten zu einer Theorie der industriegesellschaftlich gerahmten Erziehungswirklichkeit, welche in den 1960er und 1970er Jahren entstanden, wurde wiederholt die Frage aufgeworfen, was mit dem Begriff „Sozialpädagogik" eigentlich gemeint sei. Nur vordergründig ging es dabei um eine definitorische Frage; das Ausgangsproblem der Überlegungen war ein grundlegenderes. Es ging um die Frage, wie Sozialpädagogik überhaupt möglich ist. In diesem Zusammenhang machte Mollenhauer in einem einschlägigen Beitrag darauf aufmerksam, dass allein aus dem „Jonglieren" mit diversen Begriffsbestandteilen nichts über die mithilfe der Begriffe adressierte Realität in Erfahrung zu bringen sei (Mollenhauer 1998). Hintergrund dieser Kritik an den verbreiteten Versuchen, den Gegenstand „Sozialpädagogik" über die Auslegung seiner begrifflichen Bestandteile bestimmen zu wollen, war die Beobachtung, dass – wie schon Erich Weniger konstatierte – sich die „sozialpädagogische Idee" längst in pädagogischen Einrichtungen manifestiert habe und ein Versuch der Gegenstandsbestimmung darüber nicht mehr hinwegsehen könne.

Mit dieser Einschätzung schließt die Theorie zunächst an die geisteswissenschaftliche (Sozial)Pädagogik an. Übereinstimmend mit ihr wird in der Theorie der industriegesellschaftlich gerahmten Erziehungswirklichkeit der „glückliche Umstand" konstatiert, dass Einrichtungen der Jugendwohlfahrt den Ausdruck Sozialpädagogik inzwischen für sich reklamierten (Mollenhauer 1998, 312). So wurde es der Theorie möglich, den Ausdruck bereichsspezifisch zu verwenden, das heißt „Sozialpädagogik" mit „Theorie der Jugendhilfe" gleichzusetzen (Mollenhauer 2001, 13 f.). Sozialpädagogik wird damit als ein Teil dessen ausgewiesen „was als Erziehungswirklichkeit in dem pragmatischen Sinne dieses Ausdrucks bezeichnet" werden kann (Mollenhauer 1968a, 223).

Damit ist im Prinzip der Gegenstand der Theorie benannt. Vor dem Hintergrund ihres gesellschaftsanalytischen Anspruchs fasst die Theorie „Erziehungswirklichkeit" jedoch in einer „versozialwissenschaftlichten" Weise. Wichtige Anhaltspunkte für diese sozialwissenschaftliche Umdeutung der „Erziehungswirklichkeit" durch die Theorie liefert ein gleichnamiger Beitrag (Mollenhauer 1968b). Dieser Beitrag wurde – wie auch der eben bereits zitierte Text – in einer „Gedenkschrift" für Erich Weniger, einen führenden Vertreter der geisteswissenschaftlichen (Sozial)Pädagogik (Kap. 2), publiziert. Im Beitrag weist Mollenhauer auf einen grundlegenden Widerspruch im geisteswissenschaftlichen Denken hin: Insistiert die Figur der „Erziehungswirklichkeit" darauf, dass die pädagogische Theorie nicht von einer eigenständigen Wissenschaft hervorgebracht wurde, sondern aus der historischen Entfaltung des Objekts „Erziehungswirklichkeit" resultiert, dann könne kaum noch von der „Autonomie" der (Sozial)Pädagogik als Wissenschaft gesprochen werden.

Vor diesem Hintergrund müsse das Verhältnis von „Erziehungswirklichkeit" und ihrer Theorie neu bestimmt werden. Bei dieser Forderung handelt es sich offensichtlich noch nicht um eine ausgearbeitete Theorie des Gegenstandes Soziale Arbeit, sondern eher um eine erkenntniskritische und theorieprogrammatische Positionierung: Wenn die „Erziehungswirklichkeit" untrennbar mit den gesellschaftlichen Bedingungen verknüpft ist und die Theorie selbst als Teil der Erziehungswirklichkeit betrachtet werden muss, dann kommt sie nicht umhin, diese gesellschaftlichen Bedingungen selbst zum Thema zu machen – und zwar sowohl in analytischer wie gestaltender Absicht (Mollenhauer 1968b, 295). Die als Gegenmodell entworfene Theorie der industriegesellschaftlich gerahmten Erziehungswirklichkeit begnügt sich im Gegensatz zu vorhergehenden geisteswissenschaftlichen Verständnissen von Sozialpädagogik nicht mehr damit, „theoretische Idee" und „praktische Wirklichkeit" der (Sozial)Pädagogik als etwas zu rekonstruieren, das aus „geschichtlicher Notwendigkeit" heraus eine Einheit bildet. Stattdessen begreift die Theorie das idealistische Befreiungsinteresse der modernen (Sozial)Pädagogik gerade als Hinweis auf einen offenen und dynamischen Geschichtsbegriff:

> „Dieses Interesse macht aus Gründen der Praxis Theorie erforderlich
> [...]. Emanzipation stellt sich nicht von selbst als geschichtlicher Fort-
> schritt ein, sondern bedarf der theoretischen Besinnung auf ihre Mög-
> lichkeiten und Widerstände" (Mollenhauer 1968b, 292).

Diese Festlegung hat Konsequenzen für die Beobachtung von
Sozialer Arbeit als Sozialpädagogik, denn das Konstrukt „Erziehungswirklichkeit" ist nun nicht einfach mit „Erziehungstat-
sachen" identisch (Mollenhauer 1968b, 291), sondern kann von
ihnen unterschieden werden, weil auch schon die Theorie bzw.
die Wissenschaft als Teil der (durch gesellschaftliche Verhältnisse
korrumpierbaren) „Erziehungswirklichkeit" betrachtet werden
muss. Zugleich handelt es sich bei der „Erziehungswirklichkeit"
nicht nur um eine „Realität", sondern auch um einen Möglich-
keitsraum.

Damit aber hält die Theorie daran fest, „Erziehungswirklichkeit" immer noch im Sinne eines möglichen Idealzustandes zu
thematisieren. Innerhalb der Theorie der industriegesellschaftlich
gerahmten Erziehungswirklichkeit wird „Erziehungswirklichkeit"
somit als Synthese gedacht (Definition „Dialektik" in Kap. 3.1),
die darauf zielt, den gesellschaftlich bedingten, aber gesellschaftlich gleichwohl nicht ideal entwickelten Möglichkeitsspielraum
von Sozialer Arbeit zu entwerfen. Damit sei

> „ein eigentümliches Verhältnis der Theorie zu ihrem Objekt ange-
> deutet. Dieses Verhältnis ist seinerseits ermöglicht und gefordert von
> der Erziehungswirklichkeit her. [...] Das die pädagogische Erkenntnis
> leitende Interesse entstammt keiner ‚autonomen' Wissenschaft, son-
> dern entstammt der Erziehungswirklichkeit" (Mollenhauer 1968b,
> 292 f.).

So geht die Theorie der industriegesellschaftlich gerahmten Erziehungswirklichkeit davon aus, dass „sozialpädagogische Einrichtungen" zwar erst durch den historischen Übergang zur Industriegesellschaft hervorgebracht wurden, und sich parallel zu ihrer
Entstehung auch eine bestimmte *Deutung* dieses gesellschaftlichen Umbruchs etabliert habe (Mollenhauer 1968b). Gerade
diese „eigentümliche" Verbindung sozialgeschichtlicher und geis-
tesgeschichtlicher Momente rechtfertigt es in der Perspektive der
Theorie aber, von einer „Ideologie" zu sprechen (Mollenhauer
1968b, 292). Ideologisch ist die Vorstellung einer Erziehungswirk-

lichkeit, deren industriegesellschaftlicher Entstehungskontext nicht theoretisch reflektiert wird, in der Perspektive der Theorie vor allem deshalb, weil hierdurch das „eigentliche" Befreiungs-potenzial der sozialpädagogischen Idee nicht hinreichend heraus-gearbeitet werden könne. Zeitgenössische Aufgabe der Theorie ist es vor diesem Hintergrund, die Praxis immer wieder an der Idee der Emanzipation zu messen und damit zur Veränderung von Praxis und letztlich zur Veränderung von Gesellschaft beizutragen. Die institutionalisierte Erziehung in der Gestalt von sozialpädago-gischen Einrichtungen gerät damit zugleich als potenzielle Trieb-feder gesellschaftlicher Transformation in den Blick.

Nicht zuletzt aufgrund dieser Annahme werden die der Theorie zurechenbaren Schriften regelmäßig auch als „kritisch-emanzipa-torische" oder „kritische Erziehungswissenschaft" betitelt (Krüger 1999; Aßmann 2013). Dieses Label ist durchaus stimmig, denn hier drückt sich der zuweilen implizite, und häufig auch explizit ge-machte Einfluss der sog. Kritischen Theorie auf grundlegende Vorstellungen innerhalb der Theorie der industriegesellschaftlich gerahmten Erziehungswirklichkeit aus.

> ⊕ Die **Kritische Theorie** der sog. „Frankfurter Schule" um Max
> Horkheimer (1895–1973), Theodor W. Adorno (1903–1969),
> Walter Benjamin (1892–1940), Erich Fromm (1900–1980), Her-
> bert Marcuse (1898–1979) u. a. wurde seit Ende der 1920er Jahre
> zunächst am Frankfurter Institut für Sozialforschung und später maß-
> geblich in den USA entwickelt. Unter Bezugnahme auf marxistische
> und psychoanalytische Annahmen wurden von dieser Forschergruppe
> gesellschaftskritische Perspektiven entwickelt, die mithilfe empirischer
> Studien vertieft und erweitert wurden. Das Moment einer möglichen
> Befreiung des (proletarischen) Menschen aus den zumeist unbewussten
> Zwängen kapitalistischer Klassengesellschaften stand von Beginn der
> Theorieentwicklung an im Mittelpunkt des Erkenntnisinteresses. Nach
> einer skeptizistischen Phase der späten Horkheimerschen/Adornoschen
> kritischen Theorie (Horkheimer/Adorno 1969; Adorno 1966) reaktivierte
> die neuere kritische Theorie von Jürgen Habermas (*1929) das ursprüng-
> liche emphatische Engagement der Frankfurter Schule unter stärke-
> rer Konzentration auf die normative Idee einer vernunftorientierten,
> herrschaftsfreien Kommunikation (Habermas 1981). Die ursprüngliche
> Betonung der Klassenstruktur moderner Gesellschaften trat hier zu-
> gunsten einer stärkeren Ausrichtung auf allgemeingültige, menschliche
> Geltungsansprüche in den Hintergrund.

Die Theorie gibt also die Idee einer gelingenden Erziehung nicht preis. In diesem Sinne verhandelt sie auch nicht einfach das Wirklichsein von Erziehung, sondern die in der Verwirklichung von Erziehung immerzu eingeschlossene Möglichkeit einer besseren Pädagogik. Die besseren Möglichkeiten der Pädagogik liegen demnach in ihrem Potenzial eine Emanzipation des Menschen gegenüber dem (anonymen) Zwang gesellschaftlicher Verhältnisse zu bewerkstelligen und damit letztlich einen Beitrag zur Humanität zu leisten. Mit der Bezugnahme der Theorie der industriegesellschaftlich gerahmten Erziehungswirklichkeit insbesondere auf die spätere, schon Habermassche Phase der kritischen Theorie geht dabei auch eine bestimmte Vorstellung von Praxis einher.

3.1.3 Was identifiziert die Theorie als Praxis der Sozialen Arbeit?

Die Frage nach der Beobachtbarkeit einer Praxis Sozialer Arbeit wird durch die Theorie der industriegesellschaftlich gerahmten Erziehungswirklichkeit anders gestellt als noch von der geisteswissenschaftlichen (Sozial)Pädagogik. Das hängt mit der in Kap. 3.1.2 skizzierten, generellen Gegenstandsbestimmung Sozialer Arbeit durch die Theorie zusammen, welche an Vorstellungen der Kritischen Theorie anknüpft.

Das Verhältnis von Theorie und Praxis wird hier – wie bereits angedeutet – in einer spezifischen Weise gedacht. Während der geisteswissenschaftlichen (Sozial)Pädagogik attestiert wird, die Bedingungen der Möglichkeit einer Beobachtung von Erziehungswirklichkeit eher verdunkelt als erhellt zu haben, indem dort Theorie und Praxis im Moment ihrer Beschreibung stets zu einer einheitlichen, und damit per se idealen Vorstellung von Erziehungswirklichkeit verschmelzen würden, geht es der Theorie der *industriegesellschaftlich gerahmten* Erziehungswirklichkeit darum, Praxis als Zielpunkt einer stets weiterzuentwickelnden „Erziehungstatsache" zu beobachten. „Sozialpädagogische Praxis" wird mithin als etwas begriffen, das sich gerade aus der bestehenden Sozialen Arbeit heraus zu entwickeln hat. „Praxis Sozialer Arbeit" steht damit weniger für das, was die Theorie als Ist-Zustand Sozialer Arbeit definiert, sondern stattdessen als eine Art von Ideal für die „besseren Möglichkeiten" von etwas „im Prinzip Gegebenen". Wir werden dieser Vorstellung eines idealen Kerns real gegebener Praxis bei unserem Durchgang durch Theorien der Sozialen Arbeit noch des Öfteren in verschiedenen Varianten begegnen, weshalb wir sie in Kap. 5.3 noch genauer in den Blick nehmen werden.

1. Inwiefern schließt die Theorie der industriegesellschaftlich gerahmten Erziehungswirklichkeit an die geisteswissenschaftliche Pädagogik an und inwiefern unterscheidet sie sich zugleich von ihr?
2. Wie wird innerhalb der Theorie die Skepsis gegenüber Versuchen begründet, eine Theorie der Sozialpädagogik über die Auslegung des Begriffs und seiner einzelnen Bestandteile zu gewinnen?
3. Wie lässt sich mithilfe der Theorie das Verhältnis von Theorie und Praxis bestimmen?

Mollenhauer, K. (2001): Einführung in die Sozialpädagogik. Probleme und Begriffe der Jugendhilfe. 10. Aufl. Beltz, Weinheim

Mollenhauer, K. (1998): Was heißt „Sozialpädagogik"? In: Thole, W., Gängler, H., Galuske, M. (Hrsg.): KlassikerInnen der Sozialen Arbeit. Sozialpädagogische Texte aus zwei Jahrhunderten. Luchterhand, Neuwied, 307–322

Mollenhauer, K. (1968): Erziehungswirklichkeit. In: Dahmer, I., Klafki, W. (Hrsg.): Geisteswissenschaftliche Pädagogik am Ausgang ihrer Epoche. Erich Weniger. Beltz, Weinheim, S. 223–230

Mollenhauer, K. (1959): Die Ursprünge der Sozialpädagogik in der industriellen Gesellschaft. Eine Untersuchung zur Struktur pädagogischen Denkens und Handelns. Beltz, Weinheim

3.2   Theorie der Alltags- und Lebensweltorientierung

Die Theorie der Alltags- und Lebensweltorientierung gehört erkennbar zu den meist benannten und besprochenen, und damit zugleich zu den prominentesten Theorien der Sozialen Arbeit. Sie werden wir als nächstes darstellen. Ähnlich wie im vorangegangenen und allen nachfolgenden Teilen des dritten Kapitels werden wir nach ein paar einleitenden Sätzen zur allgemeinen Verortung der Theorie zunächst deren zentrales Erkenntnisziel rekonstruieren (Kap. 3.2.1).

Danach gehen wir der Frage nach, wo und wie mithilfe der Theorie das, was sie als Soziale Arbeit versteht, beobachtbar wird, und auf welchen Vorannahmen diese Beobachtung aufbaut (Kap. 3.2.2). Drittens resümieren wir, was im Ergebnis der Beobachtung als Praxis Sozialer Arbeit gilt (Kap. 3.2.3), bevor das Kapitel mit Lernfragen sowie einer kurzen Liste einschlägiger Primärtexte zur Theorie abgeschlossen wird.

Helmut Lambers etikettiert die Theorie der Alltags- und Lebensweltorientierung als „den am meisten bekannt gewordenen Beitrag zur Theoriebildung" seit den 1970er Jahren (Lambers 2013, 108). Die Theorie wurde dabei seit Ende der 1970er Jahre Stück für Stück über mehrere Jahrzehnte hinweg als Theorie der Sozialen Arbeit erarbeitet und weiterentwickelt.

Bot der Theorie zu Beginn ihrer Entwicklung noch die „Alltagsorientierung" das Stichwort, so wich dieser Titel mit der Zeit der Bezeichnung „Lebensweltorientierung". Im Achten Kinder- und Jugendbericht (BMJFFG 1990), der 1990 erschien, spielte die Theorie der alltags- und lebensweltorientierten Sozialen Arbeit eine entscheidende Rolle und nahm deutlichen Einfluss auf die Fachdiskussion und die Gesetzgebung. Im Sozialgesetzbuch (SGB) VIII – das 1990/91 im Rahmen des „Kinder- und Jugendhilfegesetzes (KJHG)" als neue rechtliche Rahmung der Kinder- und Jugendhilfe auf Bundesebene in Kraft trat, und seither zahlreiche Novellierungen erfahren hat – stößt man bis heute an vielen Stellen auf die Begriffe „Lebenswelt", „Alltag", sowie allgemein auf das Adjektiv „sozialpädagogisch".

Aufgrund ihrer stufenweisen Entwicklung findet man beim Recherchieren dieser Theorie eine äußerst hohe Anzahl an Einzelarbeiten zum Thema „Alltags- und Lebensweltorientierung". Von diesen Einzelarbeiten haben viele eher den Anspruch, einen Teil des größeren Theorieprojekts der alltags- und lebensweltorientierten Sozialen Arbeit zu repräsentieren, als dieses systematisch zu skizzieren.

Wer sich ein systematisches Verständnis der Theorie erarbeiten will, findet dafür dennoch geeignete Literatur. Insbesondere sind hier die frühen Schriften Hans Thierschs, der als maßgeblicher Begründer der Theorie zu sehen ist, zu nennen, aber auch jüngere Handbuchartikel zum Thema. Unsere Auflistung von Primärliteratur zur Theorie am Ende des Kapitels nennt einige davon.

3.2.1   Welches Erkenntnisziel formuliert die Theorie?

Die Theorie der Alltags- und Lebensweltorientierung hat sich von Beginn an in engem Zusammenhang mit dem Projekt einer Begründung der „disziplinären" und „professionellen Identität" der Sozialen Arbeit entwickelt (Thiersch 1978; 2011). Es ging dabei einerseits um ein Interesse an der Erkenntnis von etwas Allgemeingültigem der Sozialen Arbeit, etwa im Sinne eines Erkennens von Gemeinsamkeiten unterschiedlicher Praktiken, die regelmäßig als sozialpädagogische Praktiken betitelt werden. Andererseits verknüpfte sich das Erkenntnisinteresse der Theorie von Anfang an auch mit dem politischen Ziel der Herstellung einer „Einheit" der Sozialen Arbeit.

Die Theorie der Alltags- und Lebensweltorientierung zielt damit nicht nur auf ein theoretisches Verständnis der Sozialen Arbeit, wie sie ist, sondern auch auf eine Rekonstruktion dessen, was Soziale Arbeit in der Perspektive der Theorie (noch) nicht ist, aber wünschenswerterweise sein könnte.

Das sind genau betrachtet zwei verschiedene Erkenntnisziele. Es scheint daher auch kein Zufall zu sein, dass die Theorie die damit einhergehende Differenz in der eigenen Zielsetzung gelegentlich andeutet. So etwa wenn betont wird, die Theorie der Alltags- und Lebensweltorientierung verstehe sich als gleichermaßen „beschreibend" wie „normativ" (Thiersch et al. 2012). Ähnlich heißt es an anderer Stelle:

> „Lebensweltorientierung [ist] sowohl ein Rahmenkonzept sozialpädagogischer Theorieentwicklung als auch eine grundlegende Orientierung sozialpädagogischer Praxis" (Thiersch 2002, 128).

Das Zitat verdeutlicht, dass die Theorie der Alltags- und Lebensweltorientierung beansprucht, sowohl eine Theorie *der Praxis* als auch eine Theorie *für eine bessere Praxis* zu sein.

Wo es um die „disziplinäre Identität" der Sozialen Arbeit geht, wird dabei unter besonderer Bezugnahme auf die Tradition einer erziehungswissenschaftlichen (Teil)Disziplin argumentiert (Thiersch 2002, 105). Begonnen als kritisch-oppositionelles Projekt gegen eine etablierte Praxis, die im Verständnis der Theorie keine „wirkliche" oder zumindest doch überkommene Praxis der Sozialen Arbeit ist, stellt sich die Theorie so auch als ein Beispiel für eine Theorie der

Sozialen Arbeit dar, welche Soziale Arbeit als ein bisher nur stellenweise erreichtes Ideal pädagogischen Wirkens definiert.

3.2.2   Wo und wie beobachtet die Theorie Soziale Arbeit?

Die in Kap. 3.2.1 angedeutete Kombination zweier Erkenntnisziele taucht in den Begriffen und Vorstellungen der Theorie der Alltags- und Lebensweltorientierung selbst nur bedingt auf. Dies hängt damit zusammen, dass die Theorie im Unterschied zu unserer in diesem Einführungsband eingenommenen Perspektive nicht logisch-systematisch, sondern eher „historisch-idealistisch" argumentiert.

Was ist damit gemeint? In den Worten der Theorie selbst lässt sich das vielleicht am besten darstellen. Die Theorie der Alltags- und Lebensweltorientierung will „im Gegebenen das Mögliche suchen" (Bitzan et al. 2006). Für die Theorie einer alltags- und lebensweltorientierten Sozialen Arbeit „enthält" die gegebene Soziale Arbeit in diesem Sinne also immer schon zugleich ihre besseren Möglichkeiten. Diese müssen – so könnte man sagen – eben nur hinreichend erkannt werden. Und konkret erkennt die Theorie der Alltags- und Lebensweltorientierung diese „besseren Möglichkeiten" dort, wo Soziale Arbeit den durch die Theorie identifizierten Maximen der Alltags- und Lebensweltorientierung inzwischen – also im Zuge eines historischen Bewusstwerdungsprozesses – bereits entspricht.

Zu den Maximen der Alltags- und Lebensweltorientierung gehört vor allem, dass Fachkräfte der Sozialen Arbeit diejenigen Menschen, mit denen sie zusammenarbeiten möchten, in deren Sicht auf den eigenen Alltag und in ihrer je subjektiven Art und Weise, diesen Alltag zu gestalten, respektieren (Füssenhäuser 2006, 128). Nur so ist laut Theorie der Alltags- und Lebensweltorientierung „eigentliche" Soziale Arbeit möglich, weil nur hierüber ein Arbeitsbündnis und eine „sozialpädagogische Beziehung" zwischen Professionellen und AdressatInnen entstehen könne. Aus diesem Arbeitsbündnis heraus könnten dann auch Veränderungen im Alltagshandeln der AdressatInnen im Sinne eines sozialpädagogischen Auftrags vorgenommen werden. Damit dies möglich sei, bedürfe es auch auf organisationaler Ebene einer „Alltags- und Lebensweltorientierung", bspw. durch eine verstärkte Regionalisierung und niedrigschwellige Erreichbarkeit sozialer Dienste.

Die Theorie lässt sich somit recht klar als eine deduktive Theorie (Definition Kap. 2) begreifen, die Normen setzen und dann auch in der Praxis Sozialer Arbeit verankern will. Ein genauerer Blick auf das Selbstverständnis der Theorie zeigt aber, dass es sich dabei um kein rein deduktives Theorieverständnis handelt. Die Theorie geht stattdessen davon aus, dass die Maximen einer alltags- und lebensweltorientierten Sozialen Arbeit im Grunde schon historisch gegeben, also in der Praxis der Sozialen Arbeit selbst zu finden seien, dort aber nicht überall hinreichend eingelöst würden oder zur Entfaltung kämen.

Zur Entwicklung dieses Gedankengangs baut die Theorie auf verschiedenen Vorannahmen geisteswissenschaftlicher Pädagogik sowie unterschiedlichen kritisch-sozialwissenschaftlichen Theorieansätzen der 1960er Jahre auf (Thiersch et al. 2012, 180). Zu Beginn maßgeblich beeinflusst wurde die Theorie von der sogar namensgebenden kritischen Alltagstheorie Karel Kosíks (Füssenhäuser 2005).

Die kritische Alltagstheorie erlaubt es der Theorie der Alltags- und Lebensweltorientierung, Vorannahmen zur Funktionsweise des menschlichen Alltags zur Grundlage der eigenen normativen Annahmen für eine bessere Soziale Arbeit zu machen. In ihrer Ursprungsfassung hat die kritische Alltagstheorie jedoch nichts mit Sozialer Arbeit zu tun. Die Kosíksche Theorie zielt vielmehr auf eine allgemeine Beschreibung und Erklärung des Alltags, sowie auf eine Auslotung von Möglichkeiten vergesellschafteter Subjekte, ihr rein über Alltäglichkeit strukturiertes Handeln durch emanzipiertes, freiheitlicheres Handeln zu überwinden.

Alltag strukturiert menschliches Handeln nach Kosík dabei folgendermaßen:

> „In der Alltäglichkeit *verwandelt sich* die Tätigkeit und die Lebensweise in einen instinktiven, unter- und unbewußten, unreflektierten *Mechanismus* des Handelns und Lebens: Dinge, Menschen, Bewegungen, Verrichtungen, Milieu und Welt werden nicht in ihrer Ursprünglichkeit und Authentizität erfahren, werden nicht geprüft und offenbaren sich nicht, sondern *sind einfach da* und werden als Inventar, als Bestandteil der vertrauten Welt hingenommen" (Kosík 1967, 72; Hervorh. i. Orig.).

Menschliche Handlungen – so können wir paraphrasieren – werden im Zuge ihrer Veralltäglichung zu etwas, was nicht mehr als von den Menschen selbst bestimmbar erscheint. Zuletzt wird Handeln damit auch kaum mehr hinterfragbar.

Gerade in dieser Unhinterfragtheit liegt zunächst einmal durchaus eine Stärke des Alltagshandelns: Alltag wird so eingerichtet, dass er bewältigt werden kann, ohne permanent in Frage gestellt werden zu müssen. Andersherum erschwert der Alltag es Menschen jedoch, die Menschlichkeit des eigenen Handelns zu erkennen. Das Handeln bleibt als alltägliches Handeln unhinterfragt, und damit zugleich unveränderbar. Dies unterscheidet das alltägliche Handeln qua Definition der kritischen Alltagstheorie vom bewussten, und damit dann im engeren Sinne „geschichtlichen" Handeln (Kosík 1967, 74).

Der **Alltag** ist also im Verständnis der kritischen Alltagstheorie Kosíks – und daran anschließend auch im Verständnis der Theorie der Alltags- und Lebensweltorientierung – zugleich Freund und Feind des vergesellschafteten Menschen. Der Alltag bewahrt den Menschen z. B. davor, sich jeden Morgen aufs Neue Fragen zur idealen Reihenfolge morgendlicher Routineabläufe zu stellen. So hilft er dabei, die allmorgendliche Frage, ob man wohl am besten zuerst die Pantoffeln anziehen und dann den Teekessel aufsetzen sollte, oder das Ganze doch besser umgekehrt angeht, unreflektiert zu lassen. Stattdessen ergeben sich durch den Alltag tendenziell automatisierte Abläufe von Handlungen. Im Sinne von Routine hilft die Alltäglichkeit morgendlicher Handlungsabläufe dem Menschen also vor allem dabei, den Morgen als solchen zu bewältigen. Im Umkehrschluss bedeutet das aber auch, dass es schwieriger wird, das morgendliche Alltagshandeln zu reflektieren oder gar zu verändern, selbst wenn man das gerne möchte, weil man z. B. feststellt, dass man trotz frühen Aufstehens ständig zu spät in die Uni oder zur Arbeit kommt.

Die kritische Alltagstheorie versucht nun mithilfe eines dialektischen Dreischritts zu zeigen, dass der von der Theorie angenommene Gegensatz von Alltag und Geschichte grundsätzlich überwindbar ist. Hier verlässt die Theorie eine vornehmlich beschreibende Ebene und wechselt über in eine Perspektive, nach welcher „wahre" und „falsche" Phänomene der subjektiven (wir könnten auch sagen: lebensweltlichen) Realität, die sich dem Menschen bietet, unterscheidbar werden. Die „falschen" Phänomene sind dabei zugleich durch Reflexion überwindbare Phänomene

(Kosík 1967, 9). Damit dies in der Theorie denkbar wird, benötigt die kritische Alltagstheorie jedoch einen Wahrheitsgedanken, welcher sich aus keiner rein lebensweltlichen Perspektive mehr speisen kann, sondern eine Referenztheorie verlangt. Diese findet die kritische Alltagstheorie im Historischen Materialismus.

⊕ 🔍 Als **Historischen Materialismus** bezeichnet man eine Schule von Theorien, welche in Anknüpfung an die theoretischen Studien von Karl Marx (1818–1883) und Friedrich Engels (1820–1895) davon ausgehen, dass menschliche Gesellschaften sich maßgeblich historisch verstehen lassen, und zwar genauer mithilfe einer historischen Perspektive auf die Arten und Weisen der Produktion und des Austauschs von Produkten durch die jeweils in einer Gesellschaft lebenden Menschen. Im Historischen Materialismus wird bevorzugt mit der sog. **dialektischen Methode** gearbeitet (Definition in Kap. 3.1).

So kann die kritische Alltagstheorie im Sinne einer dialektischen Methode mit folgendem Dreischritt argumentieren:

1. „Die Alltäglichkeit ist eine *phänomenale* Welt, in der sich die Wirklichkeit auf eine bestimmte Weise *offenbart* und gleichzeitig *verbirgt.*" (Kosík 1967, 75; Hervorh. i. Orig.)
2. „Wenn aber die Alltäglichkeit die *phänomenale* ‚Schicht' der Wirklichkeit [und nicht das Gegenteil sozialer Wirklichkeit; Erg. d. V.] ist, kann sich die Überwindung der verdinglichten Alltäglichkeit nicht als Sprung in die Authentizität vollziehen, sondern nur als […] praktische Destruktion der verdinglichten Wirklichkeit, sowohl in ihrer phänomenalen Gestalt als auch in ihrem realen Wesen." (Kosík 1967, 76; Hervorh. i. Orig.)
3. Diese praktische Destruktion der verdinglichten Wirklichkeit kann der Mensch nur vollbringen, wenn er sich selbst – einem modernen Authentizitätsideal entsprechend – innerhalb seiner von Beginn an bereits vergesellschafteten Existenz „findet" – und zwar gerade durch Reflexion seiner Alltäglichkeit und durch eine damit einhergehende Überprüfung der Sinnhaftigkeit seiner Existenz (Kosík 1967, 78).

Es wird deutlich: Bereits in der kritischen Alltagstheorie geht es darum, „im Gegebenen das Mögliche" (Bitzan et al. 2006) zu identifizieren.

Zugleich sollte man aber die Eigenleistung der Theorie der Alltags- und Lebenswelt*orientierung* in ihrer Nutzung der kritischen Alltagstheorie nicht übersehen. Denn interessant ist, wie genau Soziale Arbeit hier ins Spiel gebracht wird: Die Theorie der Alltags- und Lebensweltorientierung theoretisiert Soziale Arbeit als etwas, was Menschen bei der praktischen Destruktion ihrer verdinglichten Wirklichkeit unterstützt. Soziale Arbeit *orientiert* sich also – wie der Name der Theorie schon sagt – an der Veralltäglichung des menschlichen Handelns, steht damit innerhalb der Theorie aber selbst fernab des Alltags. So fasst die Theorie der Alltags- und Lebensweltorientierung Soziale Arbeit zugleich als eine ganz bestimmte Art der Praxis.

3.2.3   Was identifiziert die Theorie als Praxis der Sozialen Arbeit?

Die Theorie der Alltags- und Lebensweltorientierung identifiziert Praxis der Sozialen Arbeit – so könnte man in einer ersten Annäherung sagen – überall dort, wo sie diese „realisiert" sieht. „Realisierung" meint in diesem Sinne, dass eine Art von Handlungen erkennbar ist, die zugleich als „gut", weil alltags- und lebensweltorientiert, und damit in der Perspektive der Theorie als unterstützend angesehen wird.

Dass die „reale Praxis" Sozialer Arbeit damit in der Perspektive der Theorie der Alltags- und Lebensweltorientierung nur noch als „ideale Praxis" beobachtbar ist, stellt gewissermaßen den Preis dar, den die Theorie für die Herausarbeitung des Prinzips der Alltags- und Lebensweltorientierung zu zahlen hat. So kann man letztlich auch sagen, dass die Theorie der Alltags- und Lebensweltorientierung ausschließlich eine Praxis, die an Alltag und Lebenswelt ihrer AdressatInnen orientiert ist, als Praxis Sozialer Arbeit (an)erkennen kann. Alles andere ist für sie, wenn überhaupt, so zumindest keine „wahre" Praxis Sozialer Arbeit (Neumann/Sandermann 2007, 19).

Dies birgt für die Theorie den Vorteil, dass mit ihr normative Leitlinien für „gute" – sprich: alltags- und lebensweltorientierte – Soziale Arbeit konkretisiert werden können. Praxis Sozialer Arbeit hat dann zu tun mit einer weitgehenden Aushandlung zwischen Professionellen und AdressatInnen statt einer einseitigen Diagnostik durch verberuflichte SozialarbeiterInnen. Charakteristisch für sie ist eine hohe Flexibilität in der Gestaltung von Hilfesettings und der gleichzeitige Anspruch, AdressatInnen Sozialer Arbeit menschlich für die Gestaltung von Hilfen zu gewinnen, indem man sie zunächst einmal in ihren Alltagsvollzügen und lebensweltlichen Sichten auf die Dinge zu verstehen versucht, um sie erst zuletzt geduldig und schrittweise in Veränderungsmöglichkeiten einzubeziehen, die für die AdressatInnen selbst erkennbar werden (Thiersch et al. 2012).

Was diese Art der Theoretisierung von Praxis indes verhindert, ist eine Reflexion sozialpädagogischer Praxis *als Teil* einer widersprüchlichen gesellschaftlichen Realität im Sinne der kritischen Alltagstheorie Kosíks (Neumann/Sandermann 2012). Diese Blindstelle kann die Theorie nicht bearbeiten, weil sie die Praxis Sozialer Arbeit immer bereits normativ als „Alltags- und Lebensweltorientierung", und damit als etwas im positiven Sinne „Mögliches" bestimmen möchte. Damit wird es für sie zugleich unmöglich, das „Gegebene", in dem sie das „Mögliche" ansiedelt, welches aber ja dem „Möglichen" gerade nicht entspricht, als Praxis in den Blick zu nehmen. So kann die Theorie der Alltags- und Lebensweltorientierung die Praxis der Sozialen Arbeit im Endeffekt immer nur dort systematisch identifizieren, wo sie

a. alltags- und lebensweltorientiert ist und
b. als solche gelingt.

Dort, wo Soziale Arbeit entweder

a. nicht alltags- und lebensweltorientiert funktioniert (etwa weil sie einseitig disziplinierend, kontrollierend oder verwaltend ausgerichtet ist) oder
b. *als Praxis*, und das heißt im Sinne der Theorie: als alltags- und lebensweltorientierte Soziale Arbeit, misslingt, bleibt sie für die Theorie irrelevant, weil sie der durch die Theorie gesetzten Norm nicht entspricht und damit nicht mehr beobachtungswert erscheint.

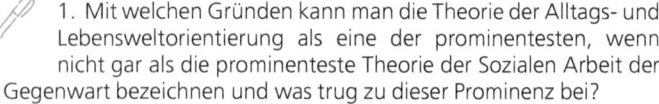

1. Mit welchen Gründen kann man die Theorie der Alltags- und Lebensweltorientierung als eine der prominentesten, wenn nicht gar als die prominenteste Theorie der Sozialen Arbeit der Gegenwart bezeichnen und was trug zu dieser Prominenz bei?

2. Inwiefern lässt sich die Theorie der Alltags- und Lebensweltorientierung als keine rein deduktive Theorie, sondern als eine historisch-idealistische Theorie begreifen?
3. Welche Maximen formuliert die Theorie?
4. Welche Art von Aussagen über Praxis der Sozialen Arbeit kann die Theorie liefern und welche kann sie nicht liefern?

Füssenhäuser, C. (2006): Lebensweltorientierung in der Sozialen Arbeit. In: Dollinger, B., Raithel, J. (Hrsg.): Aktivierende Sozialpädagogik. Ein kritisches Glossar. VS Verlag für Sozialwissenschaften, Wiesbaden, 127–144

Grunwald, K., Thiersch, H. (2015): Lebensweltorientierung. In: Otto, H.-U., Thiersch, H. (Hrsg.): Handbuch Soziale Arbeit. Grundlagen der Sozialarbeit und Sozialpädagogik. 5. Aufl. Ernst Reinhardt, München/Basel, 934–943

Thiersch, H. (2014): Lebensweltorientierte Soziale Arbeit. Aufgaben der Praxis im sozialen Wandel. 9. Aufl. Juventa, Weinheim/München

Thiersch, H. (2006): Die Erfahrung der Wirklichkeit. Perspektiven einer alltagsorientierten Sozialpädagogik. 2. Aufl. Juventa, Weinheim/München

Thiersch, H., Grunwald, K., Köngeter, S. (2012): Lebensweltorientierte Soziale Arbeit. In: Thole, W. (Hrsg.): Grundriss Soziale Arbeit. Ein einführendes Handbuch. 4. Aufl. VS Verlag für Sozialwissenschaften, Wiesbaden, S. 175–196

3.3 Theorie der Unterstützung zur Lebensbewältigung

Die Theorie der Unterstützung zur Lebensbewältigung stellt eine weitere Theorie der Sozialen Arbeit dar, welche regelmäßig genannt wird. Sie tritt mit dem Anspruch eines gleichzeitig auf mehreren Analyseebenen ansetzenden, umfassenden „Paradigmas" für die Soziale Arbeit auf. Inwiefern dies geschieht, werden wir zeigen, indem wir zunächst das zentrale Erkenntniszisel der Theorie rekonstruieren (Kap. 3.3.1), wonach wir der Frage nachgehen, wo und wie die Theorie Soziale Arbeit beobachtet, und auf welchen Vorannahmen dafür aufgebaut wird (Kap. 3.3.2). Drittens resümieren wir, was die Theorie als Praxis Sozialer Arbeit bestimmt (Kap. 3.3.3), bevor wir abschließend Lernfragen sowie eine kurze Liste einschlägiger Primärtexte zur Theorie präsentieren.

Ähnlich wie die Theorie der Alltags- und Lebensweltorientierung, welche wir im vorangehenden Kap. 3.2 skizziert haben, kann man auch die Theorie der Unterstützung zur Lebensbewältigung als ein ausgesprochen facettenreiches und vielfältiges Theoriegebäude bezeichnen.

An diesem Theoriegebäude haben mehrere AutorInnen mitgewirkt, beginnend mit dem Ende der 1970er Jahre und dann verstärkt seit den 1980er Jahren. Zu nennen sind dabei insbesondere Lothar Böhnisch, Werner Schefold sowie später auch Wolfgang Schröer. Darüber hinaus gab es zahlreiche Kooperationen zwischen Böhnisch und weiteren AutorInnen, welche in die Theorieentwicklung eingeflossen sind. Dazu zählen auch verschiedene Veröffentlichungen, die gemeinsam mit Hans Thiersch, dem Hauptprotagonisten der Theorie der Alltags- und Lebensweltorientierung (Kap. 3.2), verfasst wurden.

In vielen Übersichtsdarstellungen werden die Theorie der Alltags- und Lebensweltorientierung und die Theorie der Unterstützung zur Lebensbewältigung dementsprechend als verwandte Theorien dargestellt (May 2010; Lambers 2013) oder gar als eine Theorie behandelt (Thole 2012a). Gegenseitige Durchwirkungen der beiden Theorien in Hinsicht auf entscheidende Gedankengänge sind auch unserer Ansicht nach klar auszumachen. Gleichwohl haben wir uns für eine gesonderte Darstellung der Theorie entschieden, zumal sie immer wieder in dezidierter Unterscheidung zur Theorie der Alltags- und Lebensweltorientierung ausgewiesen wird (Böhnisch 2012) und tatsächlich auch auf anderen theoretischen Vorannahmen beruht.

3.3.1　Welches Erkenntnisziel formuliert die Theorie?

Als einen zentralen Schritt zur Formulierung des „Paradigmas der Lebensbewältigung" (Böhnisch 2012), wie die Theorie zuweilen schlagwortartig und dabei nicht ganz bescheiden ausgewiesen wird, kann man zunächst die Veröffentlichung des Buches: „Lebensbewältigung. Soziale und pädagogische Verständigungen an den Grenzen der Wohlfahrtsgesellschaft" von 1985 ansehen (Böhnisch/Schefold 1985). Der Titel gibt bereits Hinweise auf das, worum es der Theorie im Kern geht.

„Lebensbewältigung", bzw. genauer: die Unterstützung zur Lebensbewältigung wird hier als ein Dreh- und Angelpunkt für eine angemessene Beobachtung von Sozialer Arbeit gesetzt. Die Theorie ist dabei erkennbar programmatisch und deduktiv (Definition in Kap. 2) angelegt. Das heißt, es geht darum, Sollensaussagen zu einer „guten" Sozialen Arbeit zu formulieren. Man könnte also sagen: Laut dieser Theorie geht es dort, wo es Sozialer Arbeit gelingt, Menschen „wahrlich" zu helfen, um eine erfolgreiche Unterstützung menschlicher Lebensbewältigung. Was genau für eine erfolgreiche Unterstützung zur Lebensbewältigung notwendig ist, möchte die Theorie auf diesem Kerngedanken aufbauend verdeutlichen.

Was zunächst recht selbstverständlich und zugleich hinreichend abstrakt anmutet, konkretisiert sich vor allem durch die Art und Weise, in der die Theorie ihre programmatischen Aussagen unterfüttert. Hierzu führt sie aus, warum Lebensbewältigung als Dreh- und Angelpunkt für eine angemessene Bestimmung von Sozialer Arbeit anzusehen ist. Dabei wird zugleich deutlich, dass es der Theorie nicht ausschließlich darum geht, rein programmatische Aussagen zu „gutem sozialpädagogischem Handeln" zu treffen. Sie hat darüber hinaus einen erklärenden Anspruch, was die Entstehung und Fortentwicklung von Sozialer Arbeit als professionell-organisationale Struktur angeht.

Die beiden Ansprüche einer programmatischen Fassung von Sozialer Arbeit als Unterstützung zur Lebensbewältigung einerseits und einer theoretisch-erklärenden Beobachtung von Sozialer Arbeit als „gesellschaftliche Reaktion auf die Bewältigungstatsache" (Böhnisch 2012, 219) andererseits funktionieren maßgeblich im Sinne einer historischen Erzählung, die ihrer eigenen Fortsetzung bedarf. In einfacheren Worten: Die Theorie nimmt an, dass Soziale Arbeit als Unterstützung zur Lebensbewältigung entstanden ist. Damit Soziale Arbeit dies auch weiterhin sein kann, bedarf es immer wieder der kritischen Hinterfragung dessen, was es „eigentlich" heißt, Unterstützung zur Lebensbewältigung zu leisten.

Wie wir in Kap. 5 noch sehen werden, gleichen damit die Möglichkeiten und Beschränkungen der Theorie durchaus denjenigen der Theorie der Alltags- und Lebensweltorientierung (Kap. 3.2): *Wie* beide Theorien die Soziale Arbeit beobachten ist ähnlich. Es wird aber auch deutlich, dass sich die Aussagen der beiden Theorien darüber, als *was* sie Soziale Arbeit im Kern betrachten, und als *was* sie Soziale Arbeit (deswegen) in Zukunft sehen wollen, durchaus unterscheiden.

3.3.2 Wo und wie beobachtet die Theorie Soziale Arbeit?

Wie wir in Kap. 3.3.1 verdeutlicht haben, setzt die Theorie der Unterstützung zur Lebensbewältigung das Moment „menschlicher Lebensbewältigung" als einen Dreh- und Angelpunkt für eine angemessene Beobachtung von Sozialer Arbeit. Bei der Lebensbewältigung, so die theoretische Argumentation, werde der moderne Mensch durch Soziale Arbeit unterstützt und hierbei solle er/sie zugleich bestmöglich unterstützt werden, denn hier liege die Kernaufgabe der Sozialen Arbeit. Lebensbewältigung sei nämlich in der industrialisierten und mittlerweile post-industrialisierten Moderne alles andere als selbstverständlich. Sie werde aber den Menschen widersprüchlicherweise dennoch als Selbstverständlichkeit abverlangt. Dieser Widerspruch drückt sich laut Theorie als „Bewältigungstatsache" aus.

Für den Moment ist wichtig: Die Theorie versteht Soziale Arbeit damit als *keine primäre* Form der Lebensbewältigung. Stattdessen wird Soziale Arbeit, bzw. ihre beiden „Varianten" Sozialpädagogik und Sozialarbeit verstanden als

„historisch unterschiedlich gewordene, aber gleichermaßen gesellschaftlich institutionalisierte Reaktionen auf typische psychosoziale Bewältigungsprobleme in der Folge gesellschaftlich bedingter sozialer Desintegration. Zu dieser institutionellen Reaktion war und ist die moderne Industriegesellschaft strukturell gezwungen: Sowohl aufgrund ihrer latenten sozialstrukturellen Dauerkrise – die Spannung von Integration und Desintegration ist dem Wesen moderner Arbeitsteilung immanent – als auch wegen der strukturellen Notwendigkeit, die ökonomisch-technische Arbeitsteilung sozial reproduzieren und ausbalancieren zu müssen. Der sozialpädagogisch-sozialarbeiterische Interventionsmodus ist hierfür das strukturlogische Mittel" (Böhnisch 2012, 219).

Vieles an dieser zitierten Aussage ist nicht selbstverständlich, sondern hoch theoriegeladen. Zumindest das, was davon für unsere Frage danach, wo und wie im Rahmen der Theorie Soziale Arbeit beobachtet wird, entscheidend ist, soll daher noch einmal gesondert festgehalten werden:

Soziale Arbeit wird im oben dargestellten Zitat – erstens – explizit als „Reaktion" begriffen. Damit wird etwas angenommen, was im Alltagsverständnis vielleicht naheliegend erscheint, aber keineswegs „natürlich gegeben" ist. Die damit verbundene Annahme lautet auf den Punkt gebracht: „Soziale Arbeit kam in die Welt, weil es ihrer bedurfte." Dies anzunehmen ist nicht unüblich, das gilt auch für den umfassenderen Bereich von Analysen zum „Sozialstaat" allgemein (Lessenich 2013, 39). Selbstverständlich ist sie aber keineswegs. So ist es heute z.b. durchaus üblich, eher von einer Wechselwirkung zwischen Problemlösungsangeboten und Problembenennungen auszugehen, als von „notwendigerweise" geschaffenen Problemlösungen für objektiv gegebene Probleme. Das gilt gerade auch in Bezug auf sog. „soziale Probleme" (Groenemeyer 2010; Schetsche 2013). Diese werden wissenschaftlich nicht mehr einfach als „soziale Tatbestände" akzeptiert, sondern eher als „soziale Konstruktionen" von Tatbeständen gesehen, das heißt es wird darüber reflektiert, inwiefern Problemdefinitionen sich häufig erst aus verfügbaren Lösungen ergeben und nicht umgekehrt.

So ist es aus der Perspektive einer **Theorie sozialer Probleme** z.b. naheliegend, dass sich SozialarbeiterInnen eines Jugendamts, die den Leistungskatalog verschiedener sog. „Hilfen zur Erziehung" gem. § 27 ff. SGB VIII zur Verfügung haben, im Gespräch mit ihren KlientInnen eher auf die Herausarbeitung von Erziehungsproblemen und entsprechenden Lösungsmöglichkeiten konzentrieren als auf Probleme von z.b. Erwerbslosigkeit, Armut oder mangelnder Gesundheit. Das heißt im Umkehrschluss, dass Erziehungsprobleme als etwas im vorliegenden Fall Entscheidendes erst durch einen Prozess der Problemfindung vor dem Hintergrund bereits gegebener Problemlösungsangebote in den Vordergrund rücken.

Zweitens wird Soziale Arbeit im oben dargestellten Zitat als genuin „gesellschaftliche" Reaktion begriffen. Auch das lässt sich durchaus nachvollziehen, ist aber wiederum nicht selbstverständlich. Denn zum einen lässt sich fragen, warum die Theorie die Soziale Arbeit als „gesellschaftliche" und nicht als „politische", „pädagogische" oder einfach „menschliche" Reaktion auf die „Bewältigungstatsache" konstruiert, und zum anderen taucht in direktem Anschluss daran die Folgefrage auf, was genau die Theorie unter „Gesellschaft" versteht.

Auf beide Fragen finden sich durchaus Antworten in der Theorie. Zugleich zeigen sich in diesen Antworten auch noch genauer diejenigen theoretischen Vorannahmen, von denen aus die Theorie der Unterstützung zur Lebensbewältigung startet.

Die Theorie der Unterstützung zur Lebensbewältigung konstruiert Gesellschaft als eine moderne Gesellschaft, welche seit ihrer Industrialisierung und nochmals verstärkt seit ihrer Post-Industrialisierung durch die „Soziale Frage" (Definition in Kap. 2) gekennzeichnet ist. Damit knüpft die Theorie zugleich an modernitätskritische und (neo)marxistische Theorien des ausgehenden 19. und des frühen 20. Jahrhunderts, sowie der 1970er und 80er Jahre an. „Gesellschaft" ist im Lichte dieser Theorien etwas, das wesentlich durch einen strukturellen Widerspruch zwischen nicht besitzender und besitzender Klasse geprägt ist. Diesen strukturellen Widerspruch zwischen zwei Klassen sieht auch die Theorie der Unterstützung zur Lebensbewältigung als essenziell an. Und dieser Widerspruch habe sich, so die weitergehende Behauptung der Theorie, im Zuge einer „Digitalisierung" des Kapitalismus im Übergang des 20. zum 21. Jahrhunderts nochmals strukturell verschärft (Böhnisch/Schröer 2001).

Diese (post)modernen Entwicklungen wiederum verlangten es modernen Menschen insgesamt, vor allem aber eben jenen Mitgliedern der nicht besitzenden Klasse, ab, in Verhältnissen zurechtzukommen, die sie strukturell überforderten. Dies sei der Fall, weil der („digitale") Kapitalismus systematisch GewinnerInnen und VerliererInnen produziere, um weiterhin funktionieren zu können, und dabei die Menschen zugleich „sozial entbette" (Böhnisch 2012, 223), das heißt ihrer sozialen Bindungen zueinander weitgehend beraube.

Der angenommene Widerspruch liegt mithin aus dem Blickwinkel der Theorie vor allem in einem „aus der Sicht und dem Erleben der Subjekte" (Böhnisch 2012, 223) bestehenden Verlust der subjektiven Handlungsfähigkeit, während die Menschen sowie die moderne Gesellschaft insgesamt sich diese subjektive Handlungsfähigkeit zugleich als Norm abverlangten.

Hier habe die Soziale Arbeit nun seit ihrem Beginn gegen Ende des 19. Jahrhunderts insbesondere kompensatorisch auftreten müssen. Diese Kompensation von sozialer Entbettung und subjektiver Handlungsunfähigkeit des modernen Menschen begreift die Theorie als strukturelle Daueraufgabe im nunmehr digitalisierten Kapitalismus.

Die Kompensationsleistung der Sozialen Arbeit wird vor allem darin gesehen, dass die in der modernen (Post)Industriegesellschaft laufend auftretenden sozialen Desintegrationsprobleme moderner Menschen individuell „am Menschen orientiert" bearbeitet werden müssten (Böhnisch 2012, 219). Damit wird Soziale Arbeit zugleich als Parallel- *und* Differenzstruktur zur Sozialpolitik begriffen, welche in ähnlicher Funktion, aber weniger in einem individuellen als mithilfe eines standardisierten Zugriffs auf die genannten sozialen Desintegrationsfolgen des modernen Kapitalismus reagiere.

Im Unterschied zu radikal-marxistischen Gesellschaftskritiken der 1970er Jahre, die Soziale Arbeit im Anschluss an die oben dargestellte neo-marxistische Grundargumentation als eine Art „Komplizin" des kapitalistischen Systems begreifen (Müller/Neusüß 1970; Baier 1977; Lenhardt/Offe 1977; Khella 1982), baut die Theorie der Unterstützung zur Lebensbewältigung eher auf eine Version marxistischer Kapitalismus- und Modernitätskritik, die man als „sozialdemokratisch" bezeichnen kann.

Als Referenztheorien greift sie dementsprechend vor allem auf zwei Klassiker der sozialistisch-sozialdemokratischen Wohlfahrtsstaatstheorie der Weimarer Zeit zurück (Heimann 1929; Mennicke 1926). Dabei wird insbesondere Carl Mennickes Auffassungen zum modernen Wohlfahrtsstaat in Deutschland gefolgt. Mennickes Arbeiten waren von einer strukturellen Arbeitsteilung ausgegangen, welche zwischen Sozialer Arbeit als individuell am einzelnen Menschen ausgerichteter Sozialisationsinstanz und Sozialpolitik als politischer Modifikationsinstanz bestünde.

„Pädagogik" ist die Soziale Arbeit somit in der Perspektive der Theorie der Unterstützung zur Lebensbewältigung nur insofern, als es um die Wende des 19. zum 20. Jahrhunderts vor allem proletarische Jugendliche gewesen seien, die als „soziales Problem" auffielen und somit pädagogische Reaktionen nahelegten (Böhnisch 2012, 220). Soziale Arbeit insgesamt sei aber nicht als pädagogische Angelegenheit zu begreifen, sondern als eine allgemeinere und umfassendere, gesellschaftlich institutionalisierte Reaktion auf „lebensalter- und sozialstrukturtypische Bewältigungskonstellationen in der industriellen Risikogesellschaft" (Böhnisch 2012, 220). Somit definiert die Theorie Soziale Arbeit als etwas „grundlegend Gesellschaftliches", das sich einer pädagogischen Theoretisierung entzieht. Denn eine ausschließlich pädagogische Theorie würde die Soziale Arbeit als einen erzieherischen „Bereich", nämlich

„Sozialpädagogik", neben anderen – etwa der „Schulpädagogik",
„Erwachsenenpädagogik", „Frühpädagogik" – begreifen.
Die Theorie betrachtet die Soziale Arbeit damit als institutionalisierte Unterstützungsleistung, welche den modernen Menschen
der „Risikogesellschaft" (Beck 1986) in ihren ständig neu anfallen-
den, widersprüchlichen Bewältigungsaufgaben beiseite steht.

3.3.3 Was identifiziert die Theorie als Praxis der Sozialen Arbeit?

Wie in Kap. 3.3.2 schon skizziert, versteht die Theorie der Unterstützung zur Lebensbewältigung die Praxis der Sozialen Arbeit
nicht als systemkonforme „Komplizin". So zielt die Theorie trotz
ihrer Anleihen bei einer neo-marxistischen Gesellschaftsanalyse
auf die programmatische Darstellung einer möglichst „guten" Praxis Sozialer Arbeit.
Aktuell – so die Theorie – bestehe diese möglichst gute Praxis in
einer Reflexion der Tatsache, dass die widersprüchlichen Bewältigungsaufgaben sich im Zeitalter des „globalisierten Kapitalismus"
neuerlich in ihrer Widersprüchlichkeit radikalisiert hätten (Böhnisch et al. 1999). Dabei sei es vor allem

> „der digitale Charakter des globalisierten Kapitalismus, der ihn be-
> drohlich macht. Der Begriff ‚digital' zielt dabei auf die Phänomene
> der sozialen Entbettung der Ökonomie, der damit einhergehenden
> Abstraktion der Arbeit von sozialen Bindungen und der Ortslosigkeit
> einer globalen Kapitalzirkulation. […] Die sprunghafte Entwicklung
> der Informations- und Kommunikationstechnologien hat zur Subs-
> titution von menschlicher Arbeit und zu Möglichkeiten internationaler
> Arbeitsverlagerung in einem ungeahnten und differenzierten Maße
> geführt" (Böhnisch 2005, 7).

Diese aus der Globalisierungskritik bekannte Zeitdiagnose bedeutet in der Perspektive der Theorie, dass möglichst „gute" Soziale Arbeit (die dann gleichzeitig auch „wahre" Soziale Arbeit ist,
weil sie sich weiterhin als eine zu den gegebenen gesellschaftlichen
Verhältnissen „passende" Unterstützung zur Lebensbewältigung
ausweisen kann), stetig auf folgende Aspekte fokussiert und diese
bei und mit ihren AdressatInnen herausarbeitet: „Versuche der
Wiedergewinnung des Selbstwerts", „die Suche nach Halt, Unter-

stützung und Anerkennung", „die Suche nach [sozialer] Orientierung" und „die Suche nach Handlungsfähigkeit und Integration" (Böhnisch 2008, 49).

Mit welchen Grundhaltungen Fachkräfte der Sozialen Arbeit einer solchen Fokussierung im täglichen beruflichen Handeln entsprechen können, und zwar in Auseinandersetzung mit AdressatInnen aller Lebensalter, benennt die Theorie ausführlich in Form von insgesamt elf „Grundprinzipien sozialpädagogischer Intervention" (Böhnisch 2008, 290 f.; zur Übersicht auch Lambers 2013, 120 ff.).

Ähnlich wie z. B. die Theorie der Alltags- und Lebensweltorientierung lässt sich Praxis der Sozialen Arbeit mithilfe der Theorie der Unterstützung zur Lebensbewältigung vor allem als *ideale* Praxis der Zukunft und weniger als *bestehende* Praxis der Gegenwart beobachten. Zugleich erhebt die Theorie aber auch den Anspruch, Erkenntnisse zur historischen Entstehung und empirischen Gegenwart der Sozialen Arbeit als bestehender Praxis liefern zu können. Sie zielt dabei ähnlich wie die Theorie der Alltags- und Lebensweltorientierung maßgeblich auf das ab, was der bestehenden Praxis im Lichte der Theorie an idealer Praxis bereits „innezuwohnen" scheint. In diesem Sinne könnte man die für die Theorie der Alltags- und Lebensweltorientierung ausgegebene Losung, „im Gegebenen das Mögliche zu suchen", auch für die Theorie der Unterstützung zur Lebensbewältigung formulieren – inkl. damit einhergehender logischer Probleme, die wir in Kap. 3.2.3 skizziert haben.

Ausführlicher als manch andere Theorien der Sozialen Arbeit greift die Theorie der Unterstützung zur Lebensbewältigung jedoch auf explizit gesellschaftstheoretische Ausgangsthesen zur Verfasstheit der Praxis Sozialer Arbeit zurück, die sie auch offenlegt. Wie wir in Kap. 3.3.2 gezeigt haben, handelt es sich dabei vor allem um Annahmen der klassischen und neueren marxistisch-sozialdemokratischen Kapitalismuskritik. Damit erhebt die Theorie den Anspruch, zumindest Grundzüge einer empirisch bestehenden Praxis Sozialer Arbeit in der Gegenwart skizzieren zu können.

So ist die Praxis Sozialer Arbeit im Lichte der Theorie der Unterstützung zur Lebensbewältigung selbst eine reaktive gesellschaftliche Praxis. Anders als z. B. im Praxisgedanken der alltags- und lebensweltorientierten Sozialen Arbeit reagiert die Praxis in dieser Theorie also nicht „aus sich selbst" oder aus einer nicht weiter konkretisierten „historischen Gewordenheit" heraus. Sie wird damit auch weniger als etwas theoretisiert, was vornehmlich in Gestalt von idealistischer Professionalität nur auf die Strukturzwänge ihrer AdressatInnen reagiert.

Vielmehr wird die Praxis theoretisch als etwas bestimmt, das selbst *in* gesellschaftlichen Strukturzwängen entsteht, und zwar als gesellschaftlich initiiertes Unterstützungsmuster für das als grundlegend angenommene, je individualisierte Bewältigungsproblem, das aus der permanenten sozialen Freisetzung moderner Menschen in kapitalistischen Gesellschaften entsteht.

So betrachtet nutzt die Theorie der Unterstützung zur Lebensbewältigung den Praxisgedanken in doppelter Weise. Er dient der Theorie einerseits als Beschreibungsfokus für die „historisch entstandene Struktur" Sozialer Arbeit. Soziale Arbeit ist hier „gesellschaftliche (reaktive) Praxis". Andererseits leitet die Theorie aus dieser Struktur auch die Regeln zur Fortentwicklung der Struktur ab – so wie es streng funktionalistisch angelegte Theorien meistens tun (Sandermann 2009, 122). Soziale Arbeit ist im Ergebnis dann immer auch „bestmögliche gesellschaftliche Praxis".

Unterstützung zur „Lebensbewältigung" dient damit als Dreh- und Angelpunkt sowohl zur Statusbeschreibung, als auch zur Skizzierung der Möglichkeitsspielräume praktischer Sozialer Arbeit. Zugleich bringt sich die Theorie damit um die Chance, eine andere Praxis der Sozialen Arbeit zu sehen als diejenige, die sie immer schon kennt. Sowohl empirische Eindrücke als auch programmatische Überlegungen, welche die Praxis Sozialer Arbeit diesseits einer „strukturell festgelegten" Unterstützung zur Lebensbewältigung verorten, sind der Theorie nicht möglich.

1. Warum lässt sich sagen, dass die Theorie der Unterstützung zur Lebensbewältigung im Sinne einer historischen Erzählung ansetzt, die ihrer eigenen Fortsetzung bedarf?
2. Inwieweit wird Soziale Arbeit in der Theorie der Unterstützung zur Lebensbewältigung als eine „Reaktion" begriffen?
3. Inwiefern wird der Sozialen Arbeit in dieser Theorie eine kompensatorische Funktion zugesprochen, und was bedeutet das für das angenommene Verhältnis von gesellschaftlicher Praxis und Praxis Sozialer Arbeit? Bitte diskutieren Sie!

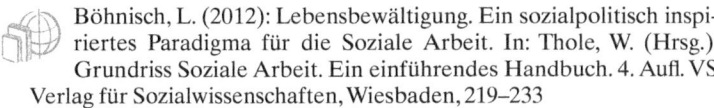 Böhnisch, L. (2012): Lebensbewältigung. Ein sozialpolitisch inspiriertes Paradigma für die Soziale Arbeit. In: Thole, W. (Hrsg.): Grundriss Soziale Arbeit. Ein einführendes Handbuch. 4. Aufl. VS Verlag für Sozialwissenschaften, Wiesbaden, 219–233

Böhnisch, L. (2008): Sozialpädagogik der Lebensalter. Eine Einführung. 5. überarbeitete Aufl. Juventa, Weinheim/München

Böhnisch, L. (1994): Gespaltene Normalität. Lebensbewältigung und Sozialpädagogik. Juventa, Weinheim

Böhnisch, L., Schefold, W. (1985): Lebensbewältigung. Soziale und pädagogische Verständigungen an den Grenzen der Wohlfahrtsgesellschaft. Juventa, Weinheim

3.4   Theorie der Dienstleistungsorientierung

> Dieses Kapitel widmet sich einer Darstellung der Theorie der Dienstleistungsorientierung. Ähnlich wie in den bereits vorangegangenen und allen nachfolgenden Teilkapiteln des dritten Kapitels werden wir nach einer kurzen Hinführung zu den Eckdaten der Theorie zunächst das zentrale Erkenntnisziel der Theorie rekonstruieren (Kap. 3.4.1). Danach widmen wir uns der Frage, wo und wie die Theorie das, was sie als Soziale Arbeit versteht, beobachtet und auf welchen theoretischen Vorannahmen sie dafür aufbaut (Kap. 3.4.2). Drittens halten wir fest, was im Ergebnis dieser Beobachtung Praxis Sozialer Arbeit ist (Kap. 3.4.3). Abschließend präsentieren wir wieder einige Lernfragen und eine kurze Liste einschlägiger Primärtexte für das weitergehende Verständnis der Theorie.

Die Theorie der Dienstleistungsorientierung gleicht den zuvor von uns bereits beschriebenen Theorien der Sozialen Arbeit insofern, als auch sie als ein schrittweise entstandenes Aussagesystem begreifbar ist.

Noch stärker als im Falle der zuerst genannten Theorien lässt sie sich als ein Kollektivwerk unterschiedlicher AutorInnen verstehen. Zu diesen AutorInnen zählen vor allem Gaby Flösser, Gertrud Oelerich, Thomas Olk, Hans-Uwe Otto und Andreas Schaarschuch. Entsprechend lassen sich bei genauerer Inblicknahme verfügbarer Texte, welche der Theorie zugerechnet werden können, durchaus auch Unterschiede erkennen, was die im jeweiligen Theoriebaustein entwickelten Kerngedanken angeht.

Gleichwohl ist auch die Theorie der Dienstleistungsorientierung erkennbar als eine „Großtheorie" der Sozialen Arbeit angelegt. Als solche hat sie es im Laufe der Jahre zu einem hohen Maß an theoretischer Geschlossenheit gebracht. Ihr Anspruch einer Großtheorie wird entsprechend auch nach außen getragen (Olk et al. 2003).

Als zentraler Gegenstand der Theorie fungiert dort, wo es um Anschauungsbeispiele für generellere Aussagen zu Sozialer Arbeit geht, immer wieder der Bereich der bundesdeutschen Kinder- und Jugendhilfe. Dies stellt eine Gemeinsamkeit der Theorie der Dienstleistungsorientierung mit vielen anderen der in diesem Buch versammelten Theorien dar. Es unterscheidet sie aber bspw. von der zuletzt behandelten Theorie der Unterstützung zur Lebensbewältigung (Kap. 3.3).

3.4.1　Welches Erkenntnisziel formuliert die Theorie?

In ihrem Übersichtstext zum Thema „Dienstleistungsorientierung" im prominenten „Handbuch Soziale Arbeit" (Otto/Thiersch 2015) hebt Melanie Oechler hervor, die Theorie der Dienstleistungsorientierung sei

> „der Versuch, eine moderne Standortbestimmung der Sozialen Arbeit mit einer sozialpolitischen Programmatik zu verknüpfen. Eine konsequente Orientierung an den normativen Implikaten des Dienstleistungsgedankens bildet dabei einen Maßstab für das bislang Erreichte und weist darüber hinaus die Richtung künftiger Optimierungsbemühungen" (Oechler 2015, 307).

In dieser Skizzierung der Ziele der Theorie wird etwas erkennbar, auf das wir schon bei den beiden zuvor dargestellten Theorieansätzen hingewiesen haben: ein Anspruch, innerhalb der Theorie sowohl deskriptive als auch präskriptive Aussagen zu Sozialer Arbeit zu treffen. Das heißt, dass auch die Theorie der Dienstleistungsorientierung einerseits als eine Theorie aufgebaut ist, die den gegenwärtigen Stand der Sozialen Arbeit allgemein zu beschreiben versucht, und die andererseits auf eine Benennung von „besseren Möglichkeiten" der Sozialen Arbeit zielt.

Über den genannten Anspruch der Theorie hinaus wird im obigen Zitat aber noch etwas Weiteres deutlich, allerdings eher im

Sinne einer selbstverständlichen Hintergrundannahme der Theorie als im Sinne eines explizit formulierten Erkenntnisziels. Der zweite Satz des Zitates verweist auf diese Hintergrundannahme. Hier wird davon ausgegangen, dass sich „die Soziale Arbeit" als etwas verstehen lässt, was sich im Sinne eines programmartigen „Projekts" (Winkler 2006, 55) stetig weiterentwickelt, und dabei maßgeblich „durch Theorie" verändert, bzw. wörtlich: „weiter optimiert" wird.

Dies mag nah am Alltagsverständnis der Aufgaben von Theorien liegen, denn Theorien werden häufig als etwas begriffen, das dazu da ist, „die Praxis" besser zu machen. Insofern lassen sich Theorien immer auch gut als Quasi-Techniken legitimieren (Kuhn 1962). Wir haben allerdings in Kap. 1 ausführlich gezeigt, inwiefern die Annahme, Theorie-Praxis-Zusammenhänge ließen sich als eine Art Ableitungsvorgang der Theorie auf die Praxis begreifen, keineswegs unproblematisch ist.

Zu wissen, dass diese Annahme hier, in der Theorie der Dienstleistungsorientierung, zumindest im Hintergrund und auf eher abstrakte Weise zugrunde gelegt wird, ist aus unserer Sicht hilfreich, wenn man sich ein erstes Übersichtsverständnis der Theorie erarbeiten will. Es wird dann nämlich deutlich, worin der maßgebliche Auftrag der Theorie der Dienstleistungsorientierung gesehen wird: In einer *theoriegeleiteten Fortentwicklung* der Sozialen Arbeit jenseits des „bislang Erreichten".

3.4.2   Wo und wie beobachtet die Theorie Soziale Arbeit?

Für das, was die Theorie der Dienstleistungsorientierung als Soziale Arbeit beobachtet, spielen „Subjekte" eine entscheidende Rolle. Bevor wir jedoch darauf eingehen, wollen wir noch ein paar weitere Aspekte benennen, die in der Theorie selbst zumeist eher als selbstverständlich erachtet werden und daher kaum explizit genannt oder gar begründet werden.

Erstens ist eine starke Fokussierung der Theorie auf „Professionalität" auszumachen. Vor allem hierzu soll die Theorie der Dienstleistungsorientierung Aussagen treffen, und zwar auch und gerade in Hinsicht auf eine *alternativ mögliche Professionalität* Sozialer Arbeit jenseits ihrer bis dato bestehenden Form (Olk 1986; Schaarschuch 2006). Man kann so weit gehen zu sagen: Es geht in der Theorie der Dienstleistungsorientierung darum, Theorie als ein politisches Projekt der Professionalisierung zu präsentieren.

Die Theorie konstruiert die angestrebte „alternative Professionalität" (Olk 1986) dabei nicht nur als eine abstrakte Struktur, sondern durchaus als etwas, das als konkrete Interaktion zwischen Personen zustande kommt und beobachtbar ist (oder eben nicht, sofern die Interaktion, die man beobachten kann, dem präskriptiven Anspruch eines „eigentlich" professionellen Handelns nicht gerecht wird).

Wenn aber Soziale Arbeit wesentlich „eigentliche", das heißt „alternative Professionalität" bedeutet, und wenn wiederum diese „alternative Professionalität" als eine Interaktion zwischen Personen konzipiert wird, dann heißt das im Umkehrschluss, dass die Theorie der Dienstleistungsorientierung „ihre" Soziale Arbeit primär als ein Handeln von Personen in professionellen Zusammenhängen begreift, und höchstens sekundär als eine Frage von Organisationen und/oder gesellschaftlicher Verfasstheit. Das gilt insbesondere dort, wo es um das genannte Selbstverständnis der Theorie als politisches Projekt, also die Herausarbeitung einer „besseren Möglichkeit" der Sozialen Arbeit geht.

In der Theorie der Dienstleistungsorientierung wird zwar immer wieder darauf hingewiesen, dass organisationale und gesellschaftliche Aspekte eine gewichtige Rolle in ihrer theoretischen Analyse spielen würden. Dies geschieht unter anderem mit dem Hinweis darauf, die Theorie strebe eine „relationale Definition von Dienstleistung" an (Schaarschuch 1996, 90).

⊕ Als **relationale Theorien** lassen sich Theorien bezeichnen, die davon ausgehen, dass sich zwar Zusammenhänge zwischen verschiedenen Phänomenen beobachten lassen, es aber keinen Sinn macht, von objektiven Erklärungszusammenhängen auszugehen im Sinne von Wirkungszusammenhängen. Relationale Theorien verzichten damit bewusst auf Erklärungen, die nach dem Muster „Faktor X bedingt regelhaft Phänomen Y" argumentieren, und begrenzen die eigenen Aussagen stattdessen auf das Muster „Phänomen X und Phänomen Y tauchen regelmäßig zusammen auf" bzw. stehen in einer wechselseitig konstitutiven Beziehung zueinander. Somit kann man auch sagen, dass relationale Theorien keinen Vorder- und Hintergrund kennen, sondern sich auf einen möglichst theoretisch schlüssigen Nachvollzug des sie interessierenden Zusammenhangs konzentrieren. Relationale Theorien haben im Zuge einer verstärkten Rezeption von Denkweisen, die sich als empiristisch (Definition in Kap. 1.1) sowie konstruktivistisch (Definition in Kap. 1.3) bezeichnen lassen, im breiteren Diskurs der Geistes-, Kultur- und Sozialwissenschaften seit den 1980er Jahren deutlich an Popularität gewonnen.

Ein genauerer Nachvollzug des argumentativen Vorgehens innerhalb der Theorie der Dienstleistungsorientierung zeigt allerdings, dass sich das hier zu findende Verständnis von Relationalität eng auf die Interaktion zwischen Personen beschränkt. Sowohl gesellschaftliche als auch organisationale Strukturen werden zwar ausführlich besprochen, gelten in der Perspektive der Theorie aber nicht als primärer Bestandteil *von* Sozialer Arbeit. Stattdessen werden organisationale und gesellschaftliche Strukturen systematisch als „Erbringungskontexte" der Sozialen Arbeit theoretisiert und auch so benannt (Schaarschuch 2006, 103). Damit sind sie selbst gerade *nicht* Bestandteil, sondern eben „nur" Kontext der Sozialen Arbeit. Und damit rücken sie auch als möglicher Ansatzpunkt für die qua Theorie angestrebten Veränderungen *in* der Sozialen Arbeit deutlich in den Hintergrund zugunsten einer Vorstellung von (alternativer) Professionalität (kritisch Galuske 2002).

So kann man festhalten: Mit der Theorie der Dienstleistungsorientierung findet sich die entscheidende Beobachtungsgröße für eine Vergegenständlichung Sozialer Arbeit und damit – in der Logik der Theorie – zugleich für erwünschte Veränderungen durchweg im Moment einer präskriptiv angenommenen, man könnte auch sagen: einer als Zukunftsideal vorweg genommenen „alternativen Professionalität". Und diese lässt sich in der Perspektive der Theorie in Form von zentral handelnden Personen „in der Sozialen Arbeit" ausfindig machen.

Aber welche Personen sind das? Die Theorie rückt zwei Personengruppen in den Fokus. Zum einen wird hier eine Gruppe von verberuflichten oder ehrenamtlich tätigen, ausgebildeten bzw. noch auszubildenden Personen konzipiert, welche Leistungen erbringen, die die Theorie als Leistungen der Sozialen Arbeit definiert (z.B. Leistungen der Kinder- und Jugendhilfe). Zum anderen konstruiert die Theorie eine zweite Personengruppe, die gemeinhin als „AdressatInnen" Sozialer Arbeit theoretisiert werden. Es geht hier also um solche Personen, die diejenigen Leistungen, welche die erstgenannte Personengruppe anbietet, in Anspruch nehmen wollen und/oder sollen.

Das ideale Verhältnis zwischen diesen beiden Personengruppen wird als ein spezifisch professionalisiertes Dienstleistungsverhältnis betrachtet, und dieses spezifisch professionalisierte Dienstleistungsverhältnis ist zugleich diejenige „alternative", und damit „eigentliche" Form Sozialer Arbeit, welche die Theorie als Soziale Arbeit (an)erkennt.

Wie sieht dieses ideale Verhältnis aus? Die Theorie der Dienstleistungsorientierung konstruiert es als ein Verhältnis, in dem sich

> „Bildungsprozesse und Prozesse der Veränderung von Verhalten vollziehen. Professionelles Dienstleistungshandeln kann diese Prozesse nicht [...] kausal ‚bewirken'. Es kann aber das eigenaktive Aneignungshandeln anregen, vorbereiten, fördern, irritieren oder auch konterkarieren und manipulieren. Das ko-produktive Handeln des Professionellen ist diesem aktiven Aneignungshandeln strukturell nachgeordnet – es dient der Selbstproduktion der Subjekte und ist so dem Wortsinne nach Dienstleistung" (Schaarschuch 2006, 102 f.).

Das Zitat illustriert neben der Tatsache, dass Soziale Arbeit in dieser Theorie als ein ideales Dienstleistungsverhältnis konzipiert wird, auch, dass die Theorie diejenigen Personen, welche im Kontakt mit professionellen Sozialarbeitenden Leistungen in Anspruch nehmen, als Gruppe der „Subjekte" fasst. Oft werden diese „Subjekte" auch „NutzerInnen" (Oelerich/Schaarschuch 2005) oder „BürgerInnen" (Schaarschuch 1996) genannt. Mithilfe all dieser Bezeichnungen werden die klassischerweise als „AdressatInnen" oder „KlientInnen" bezeichneten Personen mit einem Idealmaß an Souveränität ausgestattet.

Und genau hier liegt der Kern des in Kap. 3.4.1 skizzierten „politischen Programms" der Theorie der Dienstleistungsorientierung. Es geht der Theorie darum, den professionellen Erbringungszusammenhang, den sie auf beschreibender Ebene als Kern der Sozialen Arbeit definiert, so zu verändern, dass die Souveränität derjenigen Personen gestärkt wird, welche Soziale Arbeit in Anspruch nehmen.

Die Art und Weise, in der die Theorie der Dienstleistungsorientierung damit Soziale Arbeit beschreibt und in der sie Vorgaben für die „Optimierung" Sozialer Arbeit macht, erscheint auf den ersten Blick vielleicht recht selbstverständlich. Dass dies so ist, hat wahrscheinlich auch mit dem Einfluss der Theorie der Dienstleistungsorientierung seit den 1990er Jahren auf das mittlerweile geläufige Alltagsverständnis von Sozialer Arbeit zu tun. Denn die Theorie kam fachpolitisch vor allem im Bereich der Kinder- und Jugendhilfe zur Geltung, als im 9. Kinder- und Jugendbericht der Bundesregierung 1994 das Prinzip der Dienstleistungsorientierung auf die fachpolitische Tagesordnung gesetzt wurde (Bundesministerium für Familie, Senioren, Frauen und Jugend 1994), ähnlich wie dies kurz zuvor mit den Maximen der Alltags- und Lebensweltorientierung geschehen war (Kap. 3.2).

Und so kann man heute sicherlich recht gut argumentieren, dass Soziale Arbeit vor allem etwas mit einer (idealerweise gelingenden) Kommunikation zwischen Personen zu tun habe, und nicht so sehr mit Organisationen, und dass Soziale Arbeit deswegen maßgeblich auch eine Frage alternativer Professionalität sei, welche

„in Absetzung von Ansätzen, die sich aus einer professionellen Perspektive an den Subjekten, ihrer Lebenswelt und ihren Reproduktionsweisen ‚orientieren‘, den Versuch darstellt, Soziale Arbeit grundsätzlich aus der Perspektive der Subjekte zu konzipieren" (Schaarschuch 2006, 102).

Auch Gaby Flösser und Hans-Uwe Otto hatten bereits 1996 in ähnlicher Abgrenzung zu etablierten Theoretisierungen Sozialer Arbeit, und hier besonders zur Theorie der Alltags- und Lebensweltorientierung (Kap. 3.2), argumentiert (Flösser/Otto 1996b).

Ganz so selbstverständlich aber, wie es auf den ersten Blick vielleicht erscheint, ist die Annahme nicht, dass „eigentliche" Soziale Arbeit im Wesentlichen „eigentliche Professionalität" sei, und dass sie, wenn sie „eigentliche Professionalität" sein wolle, insofern „alternativ" sei, dass sie maßgeblich im Sinne „eigentlicher Dienstleistungsorientierung" von ihren AdressatInnen zu produzieren sei, wodurch sie dann zugleich wiederum „eigentliche" Soziale Arbeit repräsentiere. Das sollte schon alleine anhand der Länge des soeben formulierten Satzes deutlich werden, welcher der Reihe nach die Entscheidungen benennt, welche die Theorie treffen muss, um als Aussagesystem zu funktionieren.

Wir wollen diese Entscheidungsschritte hier noch einmal knapp rekonstruieren: Da ist erstens die Entscheidung, davon auszugehen, dass eigentliche Soziale Arbeit nur „bedingt" etwas mit Gesellschaft zu tun hat (zur Erinnerung: Gesellschaft ist hier eine „Kontextbedingung"). Die bereits in Kap. 3.3 skizzierte Theorie der Unterstützung zur Lebensbewältigung trifft hier z.B. andere

Entscheidungen. Da ist zweitens die Entscheidung, davon auszugehen, dass Soziale Arbeit nur bedingt etwas mit Organisationen zu tun habe (denn auch Organisationen sind hier „nur" eine Kontextbedingung, und nicht entscheidender Teil der Sozialen Arbeit „an sich"). Hier trifft bspw. die in Kap. 3.7 näher beschriebene Theorie der organisierten Hilfe andere Entscheidungen. Und da ist drittens die Entscheidung, davon auszugehen, dass Soziale Arbeit dort zu finden sei, wo ihre AdressatInnen als souveräne NutzerInnen von Leistungen auftreten und diese somit wesentlich produzieren, wohingegen „wahre Professionelle" der Sozialen Arbeit als „Ko-Produzenten" (Schaarschuch 1996) der Sozialen Arbeit auftreten. Genau hier, so das Resümee, liege die Besonderheit Sozialer Arbeit als personenbezogene Dienstleistung, denn diese könne man qua Definition nicht als ein Angebot jenseits ihrer Nutzung standardisiert produzieren und lagern, sondern hier sei man auf eine laufende Ko-Produktion unter Führung jener Personen angewiesen, die Soziale Arbeit als souveräne Subjekte in Anspruch nehmen.

All diese Entscheidungen zur Theoretisierung Sozialer Arbeit sind nur dann nachvollziehbar, wenn man stets im Blick behält, dass die Theorie der Dienstleistungsorientierung dort, wo sie als Theorie der Sozialen Arbeit im engeren Sinne auftritt, einen streng programmatischen Anspruch hat. Sie beschreibt hier also nicht in erster Linie das, was Soziale Arbeit *ist*, sondern das, was Soziale Arbeit ihrer idealen Vorstellung nach sein *müsste*. Insofern stellt sich die Theorie der Dienstleistungsorientierung auch als eine Theorie der „Neuorientierung Sozialer Arbeit" (Schaarschuch 1999) auf.

Dabei greift sie allerdings regelmäßig auch auf die Vorstellung zurück, dass das, was Soziale Arbeit idealerweise sein sollte, bereits „in ihr selbst" angelegt sei. Ähnliches haben wir bereits in denjenigen Theorien aufgezeigt, die wir in Kap. 3.1, 3.2 und 3.3 dargestellt haben. Daher werden wir diesen Punkt hier nicht erneut vertiefen, aber in Kap. 5 noch systematisch behandeln.

Die Theorie der Dienstleistungsorientierung kann als eine Theorie verstanden werden, die in permanenter Abgrenzung verstanden und konzipiert ist. Das betrifft im Grunde das gesamte Vokabular der Theorie und alle gedanklichen Aspekte, aus denen sich die Theorie speist. Z.B. konzentriert sich die Beobachtung von Professionalität innerhalb der Theorie von Beginn an auf bisherige Aussagen zu Professionalität (bspw. in Form von Expertentum, aber auch von Alltags- und Lebensweltorientierung), um den eigenen Entwurf einer Sozialen Arbeit als Dienstleistung kritisch von diesen Aussagen abzugrenzen.

Hierfür wiederum wird sich – ebenso kritisch – auf frühere, vornehmlich soziologische, aber auch betriebswirtschaftliche Analysen bezogen, welche menschliche Interaktionen ganz allgemein und unabhängig von einem Interesse an Sozialer Arbeit als Dienstleistung theoretisiert hatten. Dazu gehören etwa politökonomische Debatten seit den 1940er Jahren, die sich um die Entstehung einer post-industriellen, zunehmend auf personenbezogenen Dienstleistungen basierenden wirtschaftlichen Entwicklung moderner Gesellschaften drehten (Oechler 2015). Daneben lassen sich jedoch auch soziologische Versuche der 1970er Jahre nennen, deren Ziel es bereits war, Fürsorgedienste als personenbezogene soziale Dienstleistung innerhalb des Wohlfahrtsstaates zu bestimmen (Gross/Badura 1977). Auch auf diese Arbeiten wurde in der Entwicklung der Theorie der dienstleistungsorientierten Sozialen Arbeit immer wieder kritisch Bezug genommen. Drittens ist schließlich eine kritische Bezugnahme der Theorie auf eine sozialpolitische Debatte der 1990er Jahre zu nennen, die als Debatte um ein „Neues Steuerungsmodell (NST)" im Bereich der öffentlichen Verwaltung bekannt wurde (Jann 2001) und mit durchgeführten Reformen der öffentlichen Verwaltungsstruktur in Deutschland einherging. Letzteres traf insbesondere im Bereich der Kinder- und Jugendhilfe zu (Flösser/Otto 1996a), der in einschlägigen Theorien der Sozialen Arbeit immer wieder als ein sozialpädagogischer Kernbereich veranschlagt wird.

⊕ Die Debatte um das **Neue Steuerungsmodell (NST)** ging mit konzeptuellen Annahmen einer möglichen Umgestaltung öffentlicher Behörden in unternehmensähnliche, dezentralisierte Organisationen einher. Unter dem Schlagwort des „New Public Management" und dem hieraus abgeleiteten NST-Modell wurden bis dato gänzlich nach hierarchischen Prinzipien, bürokratischer Dienstweregelung und Expertenentscheid arbeitende öffentliche Organisationen zu stärker „kundenorientierten" (inzwischen spricht man meist nur noch von „bürgerorientierten") und weitgehend wettbewerbs- und vertragsbasierten Organisationen umgebaut, und konnten sich somit weitgehend marktanalog und weniger bürokratisch aufstellen (Merchel/Schrapper 1996).

Alle drei genannten Debatten samt der darin zu findenden theoretischen Vorannahmen wurden im Zuge der Entwicklung der Theorie der Dienstleistungsorientierung wiederholt kritisch rezipiert. Erst hierdurch ermöglicht sich der Gegenstand der Theorie. Das gilt gerade auch für die in der Theorie zu findende Vorstellung von Praxis Sozialer Arbeit, auf die wir im Folgenden eingehen wollen.

3.4.3　Was identifiziert die Theorie als Praxis der Sozialen Arbeit?

In Kap. 3.4.2 haben wir skizziert, dass die Theorie der Dienstleistungsorientierung eine „alternative Professionalität" (Olk 1986) in den Mittelpunkt ihrer Beobachtung Sozialer Arbeit rückt, und dass diese „alternative Professionalität" sich in Form eines gleichberechtigten Ko-Produktionsverhältnisses zwischen Professionellen und AdressatInnen ausdrückt, wobei den AdressatInnen als souveränen BürgerInnen bzw. NutzerInnen der Hauptproduktionsanteil im Dienstleistungsverhältnis zugesprochen wird.

Entsprechend dreht die Theorie das für die meisten Menschen wahrscheinlich zunächst einmal naheliegende Alltagsverständnis von professioneller Praxis geradezu um. „PraktikerIn" im engeren Sinne ist nicht mehr die/der professionell Handelnde, sondern die Person, welche die professionelle Dienstleistung in Anspruch nimmt. „Praxis Sozialer Arbeit" wird damit zugleich als etwas gedacht, was dort entsteht, wo die als NutzerInnen konzipierten AdressatInnen soziale Dienste es wollen, und zwar so, wie sie es wollen.

Dies hängt mit der für die Theorie zentralen Vorstellung zusammen, dass Praxis dort entsteht, wo für die Handelnden (also primär die NutzerInnen sozialer Dienste) ein „Gebrauchswert" (Oelerich/Schaarschuch 2006) erkennbar ist. Diesen Gebrauchswert erkennbar zu machen, also alltagssprachlich gesagt: deutlich zu machen, was ein/eine AdressatIn davon haben könnte, wenn er/sie sich bereit erklärt, als NutzerIn aktiv zu werden, ist somit die zentrale Aufgabe der im Sinne der Theorie professionell handelnden Fachkräfte. Es geht für sie darum, so könnte man sagen, ihre AdressatInnen dafür zu gewinnen, Dienstleistungen als Praxis zu realisieren.

Das heißt andersherum gewendet auch: Überall da, wo in sozialen Diensten mit NutzerInnen gearbeitet wird, ohne dass die NutzerInnen diese Arbeit selbst entscheidend als Praxis entwickeln, kann zwar gearbeitet werden, aber nicht im Sinne von Praxis der Sozialen Arbeit, so wie die Theorie der Dienstleistungsorientierung sie versteht.

1. Was wird in der Theorie der Dienstleistung unter der Aufgabe, die Praxis Sozialer Arbeit zu optimieren, verstanden, und welche Rolle kommt der Theorie selbst dabei zu?
2. Welche Rolle spielen kritische Rezeptionen in der Entwicklung der Theorie der Dienstleistungsorientierung?
3. Wer ist in der Perspektive der Theorie PraktikerIn der Sozialen Arbeit?

Flösser, G., Otto, H.-U. (1996): Professionelle Perspektiven der Sozialen Arbeit. Zwischen Lebenswelt- und Dienstleistungsorientierung. In: Grunwald, K., Ortmann, F., Rauschenbach, T., Treptow, R. (Hrsg.): Alltag, Nicht-Alltägliches und die Lebenswelt. Juventa, Weinheim/München, 179–188

Oechler, M. (2015): Dienstleistungsorientierung. In: Otto, H.-U., Thiersch, H. (Hrsg.): Handbuch Soziale Arbeit. Grundlagen der Sozialarbeit und Sozialpädagogik. 5. Aufl. Ernst Reinhardt, München/Basel, 302–311

Olk, T. (1986): Abschied vom Experten. Sozialarbeit auf dem Weg zu einer alternativen Professionalität. Juventa, Weinheim

Olk, T., Otto, H.-U., Backhaus-Maul, H. (2003): Soziale Arbeit als Dienstleistung. Zur analytischen und empirischen Leistungsfähigkeit eines theoretischen Konzepts. In: Olk, T., Otto, H.-U. (Hrsg.): Soziale Arbeit als Dienstleistung. Grundlegungen, Entwürfe und Modelle. Luchterhand, München, IX–LXXII

Schaarschuch, A. (2006): Dienstleistung. Das aktive Subjekt der Dienstleistung. In: Dollinger, B., Raithel, J. (Hrsg.): Aktivierende Sozialpädagogik. Ein kritisches Glossar. VS Verlag für Sozialwissenschaften, Wiesbaden, 91–107

Schaarschuch, A. (1999): Theoretische Grundelemente Sozialer Arbeit als Dienstleistung. Ein analytischer Zugang zur Neuorientierung Sozialer Arbeit. neue praxis 29 (6), 543–560

3.5   Theorie der reflexiven Sozialpädagogik

Auch die Theorie der reflexiven Sozialpädagogik erhebt den Anspruch, eine auf die Gesamtheit der Sozialen Arbeit zielende Theorie zu repräsentieren. Wie in den vorangegangenen Teilkapiteln werden wir deshalb nachfolgend zunächst einige knappe Grundinformationen zur Theorie liefern, bevor wir in eine nähere Auseinandersetzung mit ihr starten. Dann werden wir das zentrale Erkenntnisziel der Theorie rekonstruieren (Kap. 3.5.1) und uns der Frage widmen, wo, wie, und auf Basis welcher theoretischen Vorannahmen die Theorie Soziale Arbeit beobachtet (Kap. 3.5.2). Drittens halten wir fest, was im Ergebnis der theoretischen Beobachtung als Praxis Sozialer Arbeit ausfindig gemacht wird (Kap. 3.5.3). An den Schluss des Kapitels stellen wir wie gewohnt ein paar Lernfragen und eine knappe Liste mit einschlägigen Primärtexten für ein weitergehendes Verständnis der Theorie der reflexiven Sozialpädagogik.

Die Theorie der reflexiven Sozialpädagogik wird oftmals auch als Theorie der reflexiven Professionalisierung oder Theorie der stellvertretenden Deutung (Hammerschmidt et al. 2017, 164) bezeichnet. Auch mit ihr wird der Anspruch einer Theorie der Sozialen Arbeit im engeren Sinn vertreten.

Die Theorie stellt sich dabei genau genommen drei Aufgaben: Sie möchte erstens generalisierbare Aussagen zur Sozialen Arbeit liefern. Sie möchte zweitens allgemeine Aussagen zur Professionalität in der Sozialen Arbeit liefern. Drittens möchte sie Aussagen zu einem spezifischen Konzept „idealer" Sozialer Arbeit, nämlich „reflexiver Sozialpädagogik" bereitstellen.

Dass Soziale Arbeit und Sozialpädagogik hierbei stellenweise gleichgesetzt werden, erscheint auf den ersten Blick noch am wenigsten erläuterungsbedürftig. Inzwischen wird von vielen Theorien angenommen, dass diese Begriffe wennschon nicht „synonym" (Dewe/Otto 2012, 197), so doch zumindest als „konvergent", das heißt historisch zunehmend synonym verwendbar sind (Niemeyer 2012, 147). Dies haben wir schon in Kap. 2 thematisiert.

Die Kombination des Anspruchs, generalisierbare Aussagen zur Sozialen Arbeit (als Sozialpädagogik) zu liefern, mit dem Anspruch, allgemeine Aussagen zur Professionalität in der Sozialen Arbeit zu liefern, erscheint da schon erläuterungsbedürftiger angesichts guter Argumente, mit denen man Soziale Arbeit auch als etwas theoretisieren kann, das jenseits von Professionalität liegt (z.B. als gesellschaftliche Struktur, als Organisationsform etc.).

Dazu ist zunächst zu sagen, dass die Theorie der reflexiven Sozialpädagogik Soziale Arbeit nicht per se als professionelle Soziale Arbeit denkt. Hier liegt ein Unterschied zu anderen Theorien der Sozialen Arbeit: Im Falle der Theorie der reflexiven Sozialpädagogik *kann* Soziale Arbeit professionelle Soziale Arbeit sein, sie bleibt aber auch als nicht-professionelle Soziale Arbeit denkbar. In letzterem Fall wird sie dann allerdings nicht als „reflexive Sozialpädagogik" gefasst.

Eine besondere Verbindung besteht dabei zur Theorie der Dienstleistungsorientierung. Diese ist nicht ganz zufällig, denn zumindest einem an der Theorie der Dienstleistungsorientierung beteiligten Autor, Hans-Uwe Otto, begegnen wir auch im Ansatz der reflexiven Sozialpädagogik wieder. Neben Otto ist insbesondere Bernd Dewe als Autor der Theorie der reflexiven Sozialpädagogik zu nennen. Zuweilen wird auch Maja Heiner (Heiner 2004) als weitere Autorin genannt, die vor allem empirisch an die Theorie der reflexiven Sozialpädagogik angeschlossen hat (May 2010, 82 ff.).

Unserer Vermutung nach sind die personellen Überschneidungen derjenigen Autoren, welche sowohl an der Theorie der reflexiven Sozialpädagogik als auch der Theorie der Dienstleistungsorientierung mitgearbeitet haben, ein Grund dafür, warum beide Theorien häufig gemeinsam abgehandelt werden. Hinzu kommt, dass zuweilen auch in Texten zur Theorie der reflexiven Sozialpädagogik selbst dieser Link hergestellt wird. Das geschieht etwa, wenn die Theorie der reflexiven Sozialpädagogik als Theorie eines „neuen Typs dienstleistungsorientierten Professionshandelns" (Dewe/Otto 2012) vorgestellt wird.

Wir haben uns dennoch für die getrennte Darstellung beider Theorien in diesem Buch entschieden, denn wie wir im Folgenden zeigen werden, lassen sich nicht nur Gemeinsamkeiten, sondern auch deutliche Unterschiede zwischen ihnen erkennen.

3.5.1 Welches Erkenntnisziel formuliert die Theorie?

Im Übersichtsartikel zur Theorie der reflexiven Sozialpädagogik, welcher sich im einschlägigen „Grundriss Soziale Arbeit" (Thole 2012b) findet, wird das Erkenntnisziel der Theorie wie folgt formuliert:

> „Das zentrale Interesse richtet sich [...] auf die Relationierung differenter Wissensstrukturen mit den Strukturmerkmalen professioneller Interaktionsprozesse" (Dewe/Otto 2012, 197).

Das Zitat macht deutlich, dass die Theorie der reflexiven Sozialpädagogik „Wissen" als ein bedeutsames Konstrukt für die Theoretisierung von Sozialer Arbeit einführt. Wissen ist dabei nicht im Singular zu verstehen. Die Theorie macht verschiedene „Wissensstrukturen" aus, kennt also im Anschluss an neuere wissenssoziologische Arbeiten keine eindimensionale Unterscheidung zwischen wahr und falsch.

Dabei interessiert sie sich vor allem für eine besondere Art von Wissensstruktur, nämlich diejenige einer „professionellen Sozialen Arbeit". Die Theorie

> „stellt mithin die Analyse der objektiven Bedingungen und Folgen des Handelns sowie die Frage in den Mittelpunkt der Betrachtung, inwieweit eine spezifische Professionalisierung der Sozialen Arbeit wissenschaftlich und politisch durchgesetzt und praktisch umgesetzt werden kann" (Dewe/Otto 2012, 197).

Wie anhand dieses Zitats leicht erkennbar ist, findet sich auch in dieser Theorie der Sozialen Arbeit der Anspruch, Soziale Arbeit einerseits analytisch zu beschreiben und andererseits (professions) politisch zur Veränderung anzuregen. Dies geschieht trotz zahlreicher Abgrenzungsversuche des Erkenntnisziels der Theorie von Erkenntniszielen anderer Theorien, z.B. der Theorie der Alltags- und Lebensweltorientierung (Kap. 3.2). Diese Abgrenzungen nimmt die Theorie der reflexiven Sozialpädagogik interessanterweise vor, indem sie herausstellt, dass sie nicht interessiert sei an einer

> „doppelten Orientierung an wissenschaftlich-analytischen Standards einerseits und den normativen Handlungsnotwendigkeiten in der Praxis andererseits" (Dewe/Otto 2012, 203).

Es geht der Theorie also offensichtlich *nicht* darum, praktisch direkt verwertbares Wissen zu generieren. Die Begründung dafür lautet, dass es sich bei wissenschaftlichem Wissen und praktischem Handlungswissen um verschiedene Qualitäten des Wissens handelt, so wie wir dies einführend auch in Kap. 1.3 herausgearbeitet haben.

Was die Theorie der reflexiven Sozialpädagogik damit dennoch beibehält, ist die Idee, dass über wissenschaftliches Wissen Erkenntnisse zu dem möglich sind, was sich als Soziale Arbeit (noch) nicht durchsetzen konnte, aber idealerweise möglich wäre. Und hier ergeben sich Überschneidungen mit den Erkenntniszielen der anderen Theorien der Sozialen Arbeit, die wir bereits dargestellt haben, z. B. wenn es heißt:

> „Es fehlen in diesem Zusammenhang Analysen, die dazu beitragen können, das im gegebenen (sic) Mögliche zu rekonstruieren sowie das systematisch zu respektieren, was in der vielerorts zu beobachtenden Forderung bezüglich der Autonomie der Lebenspraxis zwar angedeutet, aber nicht hinreichend durchdacht wird" (Dewe/Otto 2012, 203).

Auch in dieser Theorie der Sozialen Arbeit wird also davon ausgegangen, dass etwas „im Gegebenen" angelegt sei, was zugleich „möglich" und „richtig" ist. Wir haben diese Annahme schon in mehreren Theorien der Sozialen Arbeit herausgearbeitet, und insbesondere in Kap. 3.2 zur Theorie der Alltags- und Lebensweltorientierung kritisch beleuchtet.

Für das Erkenntnisziel der Theorie der reflexiven Sozialpädagogik lässt sich festhalten, dass die Aufgabe der Theorie darin gesehen wird, sowohl analytisch beschreibend als auch politisch wegweisend zu sein. Über ihren gewählten Ansatzpunkt der Professionalität und deren Verhältnis zu Wissensstrukturen soll Soziale Arbeit hier insbesondere in Bezug auf einen bestimmten Ausschnitt hin beleuchtet werden. Dieser Ausschnitt wird als reflexive Sozialpädagogik gefasst, wodurch zugleich Maßstäbe für die Weiterentwicklung Sozialer Arbeit definiert werden.

3.5.2   Wo und wie beobachtet die Theorie Soziale Arbeit?

Mit dem gerade benannten Erkenntnisziel der Theorie der reflexiven Sozialpädagogik geht gleichzeitig die Annahme einher, dass das, was als interessierender Ausschnitt Sozialer Arbeit theoretisiert werden soll, wesentlich als eine „spezifische Art der Professionalität" verstanden werden kann. Hierauf haben wir einleitend zu diesem Kapitel bereits hingewiesen und dies ist wichtig im Blick zu behalten. Die Theorie trifft also bewusst keine Aussagen zu allem *irgendwie* Wesentlichen der Sozialen Arbeit, sondern hier wird sehr gezielt, und auch offensichtlich bewusster als in manch anderer Theorie der Sozialen Arbeit, ein Interessensschwerpunkt gesetzt, der für die Theorie das Wesentliche an Sozialer Arbeit ausmacht. Und dieses Wesentliche liegt in jenen Anteilen Sozialer Arbeit, die als professionelle Soziale Arbeit erkennbar sind.

Aber wie genau wird hier Soziale Arbeit als professionelle Soziale Arbeit, und damit zugleich als „reflexive Sozialpädagogik" gedacht? Zunächst ist festzuhalten: Im Lichte der Theorie der reflexiven Sozialpädagogik entsteht „professionelle Soziale Arbeit" in konkreten Fall-Situationen. Dabei ist die/der Professionelle der entscheidende Akteur, welcher den Fall konstituiert, übrigens im Unterschied zur Theorie der Dienstleistungsorientierung (Kap. 3.4). Allerdings tritt die professionelle Person nicht im Sinne einer/s klassischen „ExpertIn" in Erscheinung. Es geht für professionelle Personen also nicht darum, akademisches Wissen, oder erlernte Techniken und Verfahren einfach „am Fall anzuwenden". Im Gegenteil: Die Theorie der reflexiven Sozialpädagogik geht zwar davon aus, dass professionelle SozialarbeiterInnen/SozialpädagogInnen durchaus ExpertInnen sind und, wenn man so will, stets federführend agieren, wo sie mit ihren AdressatInnen zusammentreffen. Als solche wenden sie ihr Wissen aber nicht einfach am Fall an, sondern sie lassen parallel dazu Wissen aus der je fallspezifischen Interaktion mit ihrem Gegenüber erst entstehen. Um dies wiederum tun zu können, brauchen professionelle SozialarbeiterInnen/SozialpädagogInnen im Blickwinkel der Theorie der reflexiven Sozialpädagogik nicht nur ein hohes Maß an potenziell verfügbarem Wissen, dass sie bei Bedarf in eine Situationsanalyse einbringen können. Daneben benötigen sie genauso dringend eine besondere Kompetenz auf der Verfahrensebene, nämlich die „Prozesskompetenz", aus der je fallspezifischen Interaktion mit dem Gegenüber Wissen erst entstehen zu lassen (Dewe/Radtke 1991). Hier, im letzteren Prozess, und nicht in einer vermeintlichen Ableitung wissenschaftlichen Wissens auf den Einzelfall, *kann* eine besondere Form des professionellen Wissens entstehen, solange die/der SozialarbeiterIn/SozialpädagogIn

bereit dazu ist und sich nicht auf eine rein routinemäßige Fallbe-
arbeitung beschränkt.

Das in einem solchen Prozess hervorgebrachte Wissen ist dann
qua Theorie der reflexiven Sozialpädagogik professionelles Wissen. Damit zeigt sich in diesem Prozess der Wissensentstehung
gleichzeitig ein von der Theorie abstrakt gefasstes Muster professioneller Praxis Sozialer Arbeit (Kap. 3.5.3).

Beide Wissensstrukturen, diejenige des vorab zum Einzelfall bestehenden, allgemeinen wissenschaftlichen Wissens und diejenige
des erst in der Handlungssituation entstehenden Wissens, über das
die professionelle Person laut Theorie verfügen muss, um professionell zu sein, bauen – so die weitere Annahme – zugleich auf zwei
verschiedenen „Urteilsformen" auf und sind somit nicht einfach
harmonisierbar, sondern müssen in ihrer Spannung ausgehalten
werden:

> „Konstitutiv für die Handlungslogik des professionellen Praktikers
> ist die gleichzeitige Verpflichtung auf beide Urteilsformen (reflexi-
> ves Wissensverständnis und situative/sozialkontextbezogene Ange-
> messenheit), ohne eine zu präferieren, nicht aber das Zusammen-
> zwingen zweier Wissenskomponenten unter einem Einheitspostulat"
> (Dewe/Otto 2011, 1149).

In der nicht immer ganz leicht zugänglichen Sprache der Theorie
der reflexiven Sozialpädagogik klingt ein entsprechendes Resümee zu dem, was für die Theorie das wesentliche Moment Sozialer
Arbeit ist, so:

> „Die der professionellen Handlungslogik [...] zugrunde liegende
> demokratische Rationalität, verbunden mit dem Konzept der Relatio-
> nierung von ‚Urteilsformen', impliziert ein spezifisches Professionswis-
> sen, indem soziale, d. h. zugleich auch immer politische Phänomene
> multiperspektivisch in den Blick kommen und damit ein reflexives
> Verstehen und Handeln gewährleistet wird, ohne Situationsbezug und
> Einzigartigkeit aufzuheben. Diese Kompetenz [...] nennen wir refle-
> xive Professionalität" (Dewe/Otto 2012, 215).

Um so argumentieren zu können, baut die Theorie der reflexiven
Sozialpädagogik auf einigen theoretischen Vorannahmen auf, die
im letztgenannten Zitat auch deutlich werden. Da wäre zunächst
die Vorannahme, dass alle sozialen Phänomene „zugleich auch immer politische Phänomene" sind. Dieser Annahme sind wir zuletzt

in der Theorie der Dienstleistungsorientierung begegnet, sie taucht aber auch in anderen Theorien der Sozialen Arbeit auf. Wenn sich diese Annahme auch durchaus gut begründen lässt und in vielen Theorien auch außerhalb der Sozialen Arbeit vertreten wird, so ist sie gleichzeitig alles andere als selbstverständlich. Denn wie wir in unseren Ausführungen in Kap. 1 herausgearbeitet haben, stellen sich Phänomene, die eine Theorie abbilden will, stets im Wechselverhältnis zwischen der generellen Perspektive der Theorie und dem, was in dieser Perspektive als Gegenstand beschrieben wird, her. Und so kann man festhalten, dass die Darstellung Sozialer Arbeit als etwas Politisches keine Selbstverständlichkeit ist, sondern ein spezifisches Interesse der Theoriebildung widerspiegelt. In diesem Interesse liegen zugleich die Möglichkeiten und Grenzen einer Theorie begründet. Im vorliegenden Fall lautet die konkrete Grenze: Soziale Arbeit kann durch die getroffene Vorannahme – auch in Hinsicht auf ihre Professionalität – nur politisch rekonstruiert werden.

Ähnliches gilt für die weiter oben schon herausgearbeitete Entscheidung, „Professionalität" in den Mittelpunkt der Beobachtung Sozialer Arbeit zu rücken. Hierdurch gelingt es mithilfe der Theorie in der Tat, „in den Mikrobereich sozialpädagogischen Handelns" vorzudringen (Dewe/Otto 2012, 205). Allerdings gelingt das notwendigerweise lediglich unter der Voraussetzung, dass „Handeln in der Sozialen Arbeit" nur dort in den Blick gerät, wo es zugleich als „professionelles Handeln" gefasst werden kann. Entsprechend arbeitet sich die Theorie auch vornehmlich an Referenztheorien ab, die Aussagen zu Professionalität und Professionalisierung, zu professionellem Wissen und zur politischen Hinterfragung professionellen Wissens machen.

Wir können zusammenfassen, dass sich mithilfe der Theorie der reflexiven Sozialpädagogik Soziale Arbeit als eine ideale, und das heißt reflexive Form von Professionalität (Dewe 2009) beobachten lässt. Diese Professionalität hat qua Theorie wesentlich damit zu tun, dass die professionelle Person in der Lage ist, mithilfe ihrer je spezifischen Kompetenz wissenschaftliches Wissen und Wissen, das aus als komplex anerkannten Fallsituationen heraus in Aushandlung mit den jeweiligen AdressatInnen entsteht, nebeneinander zu denken. Dabei kann wissenschaftliches Wissen laut der Theorie nicht mit oder gar in Fallsituationen „vermittelt" werden (Dewe/Otto 2012, 210), sondern die Spannung beider „Wissensstrukturen" zueinander muss, wenn man „eigentlich professionell" im Sinne der Theorie der reflexiven Sozialpädagogik handeln will, ausgehalten werden. Dies wiederum hat mit dem Bild zu tun, das die Theorie der reflexiven Sozialpädagogik von der Praxis Sozialer Arbeit zeichnet. Dieses wollen wir wie immer zuletzt thematisieren.

3.5.3   Was identifiziert die Theorie als Praxis der Sozialen Arbeit?

Die Theoretisierung von Praxis, welche sich in der Theorie der reflexiven Sozialpädagogik findet, unterscheidet sich von den Praxisvorstellungen einiger anderer Theorien der Sozialen Arbeit.

Ein Vergleich mit der in Kap. 3.2 dargestellten Theorie der Alltags- und Lebensweltorientierung ist auch hier noch einmal hilfreich: Anders als z. B. dort wird die „Praxis" der Sozialen Arbeit in der Theorie der reflexiven Sozialpädagogik nicht immer schon als ein bestmögliches Agieren beschrieben. „Praxis der Sozialen Arbeit" ist also nichts per se Ideales.

Denn Praxis der Sozialen Arbeit kann in der Theorie der reflexiven Sozialpädagogik auch lediglich organisiert und routiniert sein. Oder sie kann sich rein an wissenschaftlichem Wissen orientieren und dieses sozusagen „blind" für den Einzelfall auf diesen übertragen.

Beides wäre im Lichte der Theorie der reflexiven Sozialpädagogik einseitig und wäre in ihrer Perspektive, wenn man so will, „zu glatt", um professionell sein zu können. Beides wäre für die Theorie aber dennoch Praxis.

Hier wird deutlich, inwiefern die Theorie der reflexiven Sozialpädagogik dem Praxisbegriff eine andere Funktion zuweist als dies andere Theorien der Sozialen Arbeit tun. Dies hat damit zu tun, dass die Theorie auf eine Reflexion der Mehrdimensionalität von Praktiken sowie der damit verbundenen Wissens- und Urteilsformen zielt. Und gerade weil die Theorie davon ausgeht, dass wissenschaftliche Praktiken, routinierte Praktiken und professionelle Praktiken jeweils etwas anderes sind, was sich jedoch nicht per se in „besser" und „schlechter" einteilen lässt, wird mit ihr Praxis als etwas begriffen, das vielschichtiger und ambivalenter ist, als dass man es von vornherein nur als per se „richtiges" Handeln denken könnte.

Gleichzeitig wird jedoch deutlich, dass auch die Theorie der reflexiven Sozialpädagogik ein Ideal von richtiger Praxis vermitteln will oder zumindest immer wieder unterschwellig vermittelt. Dieses Ideal liegt in der „professionellen Praxis", in welcher PraktikerInnen in der Lage sind, die Spannung unterschiedlicher Wissensstrukturen und Urteilsformen, der sie ausgesetzt sind, auszuhalten und in ihr „am Fall" zu agieren, indem dieser mit den AdressatInnen gemeinsam erarbeitet und ausgehandelt wird (Dewe/Otto 2012, 210).

Somit hat zwar der Begriff der Praxis in der Theorie der reflexiven Sozialpädagogik keine per se positive Konnotation. Mithilfe positiv besetzter Adjektive, mit denen der Praxisbegriff kombiniert wird (z. B. als „neue Praxis", „professionelle Praxis", „alternative Professionalität"), findet sich aber auch in der Theorie der reflexiven Sozialpädagogik eine Vision „guter Praxis", welche in anderen Theorien, wie bspw. der Theorie der Alltags- und Lebensweltorientierung (Kap. 3.2) oder der Dienstleistungsorientierung (Kap. 3.4), unmittelbar mit dem Praxisbegriff verschmolzen ist. Die Idee, dass etwas Ideales *in* der realen Praxis Sozialer Arbeit steckt, und dass dies durch Theorie aufgedeckt werden kann, findet sich also auch in dieser Theorie. Die ideale Praxis heißt in diesem Fall: Reflexive Sozialpädagogik.

1. Welche Rolle spielt „Wissen" innerhalb der Theorie der reflexiven Sozialpädagogik?
2. In welcher Hinsicht ist die professionelle Person eine zentrale Figur innerhalb der Theorie der reflexiven Sozialpädagogik?
3. Inwiefern lässt sich der Praxisgedanke der Theorie der reflexiven Sozialpädagogik als ein mehrdimensionaler Gedanke begreifen, und inwieweit ist er dabei an Idealvorstellungen von sozialpädagogischer/sozialarbeiterischer Praxis gekoppelt?

Dewe, B. (2009): Reflexive Professionalität. Maßgabe für Wissenstransfer und Theorie-Praxis-Relationierung im Studium der Sozialarbeit. In: Riegler, A., Hojnik, S., Posch, K. (Hrsg.): Soziale Arbeit zwischen Profession und Wissenschaft. Vermittlungsmöglichkeiten in der Fachhochschulausbildung. VS Verlag für Sozialwissenschaften, Wiesbaden, 47–63

Dewe, B., Otto, H.-U. (2012): Reflexive Sozialpädagogik. Grundstrukturen eines neuen Typs dienstleistungsorientierten Professionshandelns. In:

Thole, W. (Hrsg.): Grundriss Soziale Arbeit. Ein einführendes Handbuch. 4. Aufl. VS Verlag für Sozialwissenschaften, Wiesbaden, 197–217
Dewe, B., Otto, H.-U. (1996): Zugänge zur Sozialpädagogik. Reflexive Wissenschaftstheorie und kognitive Identität. Juventa, Weinheim/München

3.6   Theorie des sozialpädagogischen Diskurses

Dieses Kapitel widmet sich der Darstellung eines Theorieansatzes, in dessen Horizont der Gegenstand Soziale Arbeit als Diskurs konzeptualisiert und im Hinblick auf die damit verbundene Realitätsgestalt untersucht wird. Auch diese Theorie kann zu denjenigen Ansätzen gezählt werden, die explizit den Anspruch erheben, eine Theorie der Sozialen Arbeit zu liefern, wobei hier der Begriff der Sozialpädagogik eine zentrale Rolle spielt. Ähnlich wie in den bereits vorangegangenen und allen nachfolgenden Teilkapiteln des dritten Kapitels werden wir nach einer kurzen Einführung in die Grundlinien der Theorie zunächst auf ihr zentrales Erkenntnisziel eingehen (Kap. 3.6.1). Danach widmen wir uns der Frage, wo, wie und auf welchen theoretischen Vorannahmen beruhend sie ihre Beobachtung aufbaut (Kap. 3.6.2). Drittens halten wir fest, was im Ergebnis der theoretischen Beobachtung als Praxis Sozialer Arbeit gilt (Kap. 3.6.3). Abschließend präsentieren wir wieder einige Lernfragen sowie eine kurze Liste einschlägiger Primärtexte zur Theorie.

Die maßgebliche literarische Quelle für den Ansatz der Theorie des sozialpädagogischen Diskurses ist die 1988 erschienene Habilitationsschrift Michael Winklers mit dem Titel „Eine Theorie der Sozialpädagogik. Über Erziehung als Rekonstruktion der Subjektivität" (Winkler 1988). Bereits auf den ersten Blick fällt dabei zweierlei auf. Zum einen spricht der Autor ausdrücklich und einschränkend nur von „einer" Theorie der Sozialpädagogik. Das heißt, die zu erarbeitende Theorie wird keineswegs mit einem Alleinvertretungsanspruch versehen, etwa in dem Sinne, dass es nur diese und keine andere Theorie der Sozialen Arbeit geben kann. Man könnte also sagen, dass die Theorie bereits im Horizont einer anerkannten Pluralität des Theoriediskurses in der Sozialen Arbeit argumentiert. Zum zweiten fällt auf, dass die Theorie sich explizit als Theorie *der* Sozialpädagogik ausweist. Dies wiederum deutet darauf hin, dass mit dieser Theorie eine einheitliche und umfassende theoretische Bestimmung der Sozialen Arbeit möglich erscheint – wenn auch nicht im Sinne einer Einheitlichkeit des Theoriediskurses. Entsprechend ist es angebracht, sie in den engsten Kreis jener Theorien einzuordnen, die in diesem Lehrbuch als Großtheorien der Sozialen Arbeit angesprochen werden.

Zugleich ist damit bereits das Erkenntnisziel der Theorie des sozialpädagogischen Diskurses angedeutet: Es geht um eine grundlegende Bestimmung der Sozialen Arbeit, und zwar über die Vielfalt ihrer Handlungsfelder und die Unterschiedlichkeit der historisch hervorgebrachten begrifflichen Auslegungen hinweg. Dies ist die zentrale Problemstellung, von der die Theorie des sozialpädagogischen Diskurses ihren Ausgang nimmt. Wie diese Problemstellung dabei aufgegriffen und wie im Horizont dessen ihr Erkenntnisziel konkretisiert wird, werden wir im Folgenden diskutieren.

3.6.1   Welches Erkenntnisziel formuliert die Theorie?

Folgt man den Eingangsargumenten der Theorie des sozialpädagogischen Diskurses, dann ist das zentrale Problem einer Theorie der Sozialen Arbeit vor allem ein „Problem des Anfangs" (Winkler 1988, 19). Damit ist hier nicht gemeint, dass es schwierig ist zu datieren und zu begründen, ab wann man von Sozialer Arbeit sprechen kann. Vielmehr geht es um den Umstand, dass die Theorie einen Anknüpfungspunkt benötigt, auf den sie sich dann in der Folge als Gegenstand beziehen lässt. Anders gesagt: Die Frage des Anfangs ist die Frage, wie die Theorie ihren Gegenstand konzeptualisiert. Insofern kann man diese Frage durchaus als ein erstes Erkenntnisziel der Theorie des sozialpädagogischen Diskurses bezeichnen. Es geht der Theorie darum, über die

> „systematische Entfaltung eines gegenständlichen Verständnisses von Sozialpädagogik eine Möglichkeit zu eröffnen, damit die unterschiedlichen Zugänge und Detailuntersuchungen aufeinander bezogen werden können" (Winkler 1988, 17 f.).

Damit soll, so Winkler weiter, ein „Kommunikationsmedium" gestiftet werden, um vorliegende Ansätze und Untersuchungen aufeinander beziehen zu können (Winkler 1988). Der Theorie kommt somit eine integrierende Funktion zu: Sie soll es erlauben, Einheit in der Vielfalt unterschiedlicher Thematisierungsweisen und Zugänge zur Sozialen Arbeit zu stiften. In späteren, an dieses Erkenntnisziel anknüpfenden Arbeiten wird dies auch als Aufgabe einer „sozialpädagogischen Epistemologie" bezeichnet (Winkler 2003; 2005). Mit ihr geht es dann nicht mehr darum, in einem theoretischen Totalentwurf das Ganze der Sozialen Arbeit abzubilden und substanziell zu bestimmen, sondern einen Reflexionshorizont anzubieten, der es ermöglichen soll, unterschiedliche Erfahrungen, Ideen und Programmatiken auf ihre sozialpädagogische Relevanz hin auszulegen, miteinander ins Verhältnis zu setzen und in die historisch gegebene, aber sich auch immer wieder verschiebende Ordnung des sozialpädagogischen Diskurses einzuschreiben:

> „Die große Theorie in der Sozialpädagogik findet sich weniger als Ausdruck einer neuen Entdeckung, als die – ohnedies nur vorübergehend vorgetragene – Wahrheit vom Ganzen, sondern eher als ein Reflexionsmodus, der in seiner materialen Darstellung dazu beiträgt, Daten, Befunde, aber auch Überlegungen zu integrieren, sie in Dimensionen zu ordnen, sowie dann einzubetten in größere Zusammenhänge, um Diskussionen und vielleicht den Diskurs zu strukturieren und in Bewegung zu halten: Sozialpädagogische Theorie operiert dabei faktisch mit Formen der Horizontbildung, die in historischer Erstreckung, zugleich auch in großer Breite der möglichen Perspektiven ausgearbeitet werden, ohne jedoch notwendig und immer in einem stringenten System ausgebreitet zu werden. Wenn auch im Einzelfall mit unterschiedlichen Akzenten versehen, wirkt eine solche große sozialpädagogische Theorie als ein Leitfaden […]. Eine derart inhaltlich durch die Empirie sowohl des Forschungsprozesses wie durch die gegebenen Theorien bedingte, perspektivisch aber offene, inspirierende Theorie kann man in formaler Hinsicht als sozialpädagogische Epistemologie bezeichnen" (Winkler 2005, 28).

Das Zitat verdeutlicht die Entwicklung, welche die Theorie des sozialpädagogischen Diskurses im Laufe der Jahre genommen hat. Dabei kann man die Überlegungen zu einer „sozialpädagogischen Epistemologie" durchaus als Abkehr vom Anspruch einer Großtheorie der Sozialen Arbeit interpretieren. Die Theorie folgt damit einem Trend, der mit den 1980er Jahren innerhalb der Theoriediskussion zur Sozialen Arbeit einsetzte, und der sich seit Mitte der 2000er Jahre mit zunehmender Deutlichkeit abzeichnet (Kap. 6). In dieser Entwicklung treten zwei Erkenntnisziele der Theorie des sozialpädagogischen Diskurses in den Vordergrund. Erstens geht es „um eine Erkenntnis der denkbaren sachlichen Gestalt von Sozialpädagogik" und um eine Theorie, die „als Ganze den Begriff der Sozialpädagogik bestimmt" (Winkler 1988, 59 bzw. 66). Die Theorie des sozialpädagogischen Diskurses zielt dabei auf eine substanzielle Antwort auf die Frage, was Sozialpädagogik ist und kreist damit „um die Einsicht in die Gesamtheit des Sinnzusammenhanges, der den Diskurs erst ermöglicht" (Winkler 1988, 60). Ein zweites Erkenntnisziel ergibt sich daraus, dass mit der Erschließung jenes Sinnzusammenhanges auch ein „Kriterium der Rationalität" entwickelt werden soll, das es erlaubt, die Theorie zugleich als eine „Lehre von den zulässigen Elementen" des Diskurses zu verstehen (Winkler 1988, 61 f.). Dies bedeutet, dass mit der Bestimmung dessen, was Sozialpädagogik ist, zugleich ein „Korpus verbindlicher Regeln" ermittelt wird, welche es ermöglichen, bestimmte Äußerungen als Äußerungen des sozialpädagogischen Diskurses zu identifizieren (Winkler 1988, 61 f.). Ihrer Zielsetzung nach soll die Theorie des sozialpädagogischen Diskurses damit nicht nur eine deskriptiv-analytische, sondern auch eine Orientierungsfunktion erfüllen: Sie will sowohl den „ganzen Sinn von Sozialpädagogik" (Winkler 1988, 62) im Kontext einer Ordnung des sozialpädagogisch Denkbaren und Gedachten rekonstruieren, als auch eine Ordnung des Denkens stiften. Dieser doppelte Anspruch bestimmt dann im Folgenden die Art und Weise, wie sich die Theorie des sozialpädagogischen Diskurses – auch in ihrer späteren Form der „sozialpädagogischen Epistemologie" – auf ihren Gegenstand bezieht.

3.6.2   Wo und wie beobachtet die Theorie Soziale Arbeit?

Der Versuch, eine Theorie der Sozialen Arbeit als Theorie über den sich historisch entfaltenden sozialpädagogischen Diskurs anzulegen (Winkler 1988; 1995), hat offensichtlich einen anderen Gegenstandsbezug als etwa eine Theorie der Sozialen Arbeit, die von der „Erziehungswirklichkeit" (Kap. 2 und 3.1) oder von „Alltag und Lebenswelt" ihrer AdressatInnen (Kap. 3.2) ausgeht. Dies hervorzuheben ist wichtig, um zu verstehen, worin die spezifische Pointe eines solchen Theorieentwurfs besteht.

Die Soziale Arbeit als „Diskurs" zu modellieren kann als ein Versuch gelesen werden, sich den Folgeproblemen zu entziehen, die auftreten, wenn man die Bestimmung von Sozialpädagogik entweder allein von einem vermeintlich beobachtungsunabhängigen Gegenstand der Sozialen Arbeit her, oder allein ausgehend von der sozialpädagogischen Begriffs- und Ideengeschichte her vornimmt. Beides wäre in der Perspektive der Theorie des sozialpädagogischen Diskurses zu kurz gegriffen: Denn erstens zeichnen sich sozialpädagogische Sachverhalte nicht unmittelbar selbst als sozialpädagogische Sachverhalte aus (Kap. 1.1). Zweitens ist auch der Ausdruck „Sozialpädagogik" laut Theorie des sozialpädagogischen Diskurses zu vieldeutig für eine hinreichend genaue Bestimmung des Gegenstands der Sozialen Arbeit. Dieser Gegenstandsbereich – so die Theorie weiter – sei als solcher so vielgestaltig, dass ihm die vorhandenen Begriffsbildungen sozialpädagogischer Theorien ohnehin nie ganz gerecht werden könnten (Winkler 1988). Was aber, folgt man der Theorie des sozialpädagogischen Diskurses, festgestellt werden kann, ist der Umstand, dass es einen

> „Denk- und Sprechzusammenhang gibt, in welchem der Sinn Sozialpädagogik, d.h. zunächst die Bedeutung des Ausdrucks ‚Sozialpädagogik' für die Beteiligten fundiert und gesichert ist" (Winkler 1988, 23 f.).

Dieser Denk- und Sprechzusammenhang ist das, was die Theorie als „sozialpädagogischen Diskurs" in den Fokus der Aufmerksamkeit rückt. Die Theorie des sozialpädagogischen Diskurses nimmt also den Umstand eines gegebenen Kommunikationszusammenhangs um Sozialpädagogik zum Anlass, um theoretisch zu rekonstruieren, wie die Sozialpädagogik immer wieder als das hervorgebracht wird, als was sie den am Diskurs Beteiligten erscheint. Man könnte auch sagen: Die Sozialpädagogik als solche gibt es aus Sicht dieser Theorie nicht. Was es aber gibt, ist ein Diskurs, innerhalb dessen Phänomene als Sozialpädagogik oder sozialpädagogisch bedeutsam bestimmt werden. In diesem Sinne handelt die „Sozialpädagogik", folgt man der Theorie, von einer „Realität", die als Realität erst „durch die diskursive Reflexionsleistung als besondere sozialpädagogische Realität qualifiziert wird" (Winkler 1988, 33; 1995, 108).

Im Rahmen der Theorie des sozialpädagogischen Diskurses wird der Diskurs damit zum zentralen Bezugspunkt der theoretischen Beobachtung. Die Theorie interessiert sich dafür, wie etwas sozialpädagogisch bedeutsam wird, und wie es damit für die am

Diskurs Beteiligten „Wirklichkeitsqualität" (Winkler 1988, 32) erlangt. Diese theoriearchitektonische Operation ist entscheidend dafür, dass die Theorie des sozialpädagogischen Diskurses über ein entsprechendes Objekt verfügt, auf das sie sich dann im Fortgang ihrer Untersuchungen beziehen kann: „[Der] sozialpädagogische Diskurs bildet das Objekt, dessen sich die theoretische Bemühung um Sozialpädagogik gewiß sein kann" (Winkler 1988, 24). An die Stelle der „Sache" oder des „Begriffs" tritt die unbezweifelbare „Objektivität" des Diskurses. Wer also etwas über Sozialpädagogik in Erfahrung bringen will, muss sich mit den entsprechenden, durch den Diskurs transportieren Deutungen auseinandersetzen. Dies hat Folgen dafür, wie die Theorie des sozialpädagogischen Diskurses auf die Praxis der Sozialen Arbeit blickt.

3.6.3   Was identifiziert die Theorie als Praxis der Sozialen Arbeit?

Auch das, was landläufig als Praxis der Sozialen Arbeit bezeichnet wird, wird in der Perspektive der Theorie des sozialpädagogischen Diskurses als Teil des sozialpädagogischen Diskurses begriffen. Interessant an dieser Folgerung ist, dass damit die in der sozialpädagogischen Fachdiskussion so oft hervorgehobene Differenz zwischen der Praxis auf der einen und begrifflich-theoretischen Bestimmungen von Sozialer Arbeit auf der anderen Seite (Kap. 1.1) aufgegeben wird. Beides lässt sich mit der Theorie des sozialpädagogischen Diskurses auf der gleichen Untersuchungsebene ansiedeln. Denn im Lichte der Theorie versorgt der sozialpädagogische Diskurs die an ihm Teilnehmenden nicht nur mit einem Reservoir an Deutungen, sondern „bestimmt, wie wir uns praktisch in der Wirklichkeit selbst einbetten" (Winkler 1988, 28). Gleichzeitig ist der Diskurs jedoch etwas anderes als nur das, was in der Sozialen Arbeit alltäglich alles getan wird. Der Diskurs bezeichnet nämlich „keine materielle oder in bestimmten Tätigkeitsformen geronnene Wirklichkeit", sondern – so Winkler im Anschluss an Wittgenstein, ein „Sprachspiel" (Winkler 1988, 24). Das Sprachspiel repräsentiere dabei „die Einheit des Ganzen, das als Sinn der Sozialpädagogik den Beteiligten ,schon immer' gegenwärtig und verfügbar ist" (Winkler 1988, 25). Das Bild des Spiels ist dabei insofern hilfreich, als dass es verdeutlicht, wie neu hinzukommende

TeilnehmerInnen in die Sozialpädagogik und ihre Spielregeln einsozialisiert werden. Dies versetzt sie in die Lage, Sachverhalte, Probleme oder auch ausgeführte Tätigkeiten auf der Basis einer sozialpädagogischen Wirklichkeitskonstruktion als sozialpädagogische Phänomene zu interpretieren bzw. zu erkennen. In diesem Sinne stiftet der Diskurs zugleich ein Reflexionsreservoir in der Gestalt von Wissensbeständen und Orientierungsmaßstäben:

> „Der Diskurs bildet demnach ein Medium zur Reflexion von Handlungen; er ermöglicht sozialpädagogisches Handeln als sozialpädagogisch reflektiertes Handeln. Anders formuliert: Die sozialpädagogischen Handlungen gewinnen ihre Qualität als sozialpädagogische erst dann, wenn sie zum Referenzobjekt einer sie in ihrem Sinn bestimmenden Auseinandersetzung im sozialpädagogischen Diskurs wurden" (Winkler 1988, 31).

Die sogenannte Praxis ist also mit dem Diskurs selbst immer schon verflochten. Man könnte zuspitzen: Ohne sozialpädagogischen Diskurs gäbe es gar keine Praxis, die als sozialpädagogisch bezeichnet werden könnte. Als solche ist die Praxis zwar nicht Ausgangspunkt der Theoriebildung, wird aber von ihr dennoch miterfasst. Dies bedeutet zugleich: Sozialpädagogische Praxis existiert nur als reflektierte Praxis. Weil sie sich immer schon in die im Diskurs verfügbaren Reflexionsformen einschreiben muss, um überhaupt als sozialpädagogische Praxis Geltung und Anerkennung zu finden, kann sie in der Perspektive der Theorie des sozialpädagogischen Diskurses nicht als unreflektierte Praxis in Erscheinung treten.

Als die wesentlichen Orientierungspunkte für jede sozialpädagogische Reflexion sieht die Theorie die beiden Grundbestimmungen „Subjekt" und „Ort". Diese Grundbestimmungen werden im Zuge einer Rekonstruktion der Geschichte des Diskurses und einer sich im Lauf dieser Geschichte laut Theorie ergebenden „Ordnung" herausgearbeitet. Die Grundbestimmung des „Subjekts" bezeichnet dabei den Umstand, dass moderne Gesellschaften sowohl auf gesellschaftsfähige als auch auf selbstbestimmte Subjekte angewiesen sind. Daher seien, folgt man der Theorie, die Adressatinnen und Adressaten der Sozialen Arbeit – ungeachtet ihrer konkreten Lebenslage – von der Sozialpädagogik auch immer schon als solche anzuerkennen (Winkler 1988, 140ff.). Die Idee des „Ortes" verweist wiederum darauf, dass die sozialpädagogische Praxis an bestimmten Plätzen Rahmenbedingungen schaffe, die – mitunter in prekären Lebenslagen – individuelle Prozesse der Selbst- und Weltaneignung, also Subjektwerdung, (wieder) ermöglichen sollen (Winkler 1988).

Die von der Theorie des sozialpädagogischen Diskurses vorgenommenen Grundbestimmungen charakterisieren nicht lediglich das, was sozialpädagogische Praxis im Kern ist, sondern sollen auch eine Vorstellung davon vermitteln, unter welchen Bedingungen ein bestimmtes Handeln überhaupt als ein wahrhaft sozialpädagogisches Handeln angesehen werden kann. Sie beschreiben also neben einer bestimmten Qualität des Handelns auch einen Maßstab für dessen Beurteilung als sozialpädagogisches Handeln. Ortshandeln und Subjektbezug sind also insofern grundlegend, als dass nur dann, wenn sich praktische Vollzüge daran orientieren bzw. im Horizont dieser Grundbestimmung gedeutet werden (können), auch von Sozialpädagogik auszugehen ist. In diesem Sinne spricht die Theorie des sozialpädagogischen Diskurses davon, dass es sich bei den Grundbestimmungen um „regulative Ideen" handele, denen ein „ontoethischer Status" zukomme (Winkler 1995, 114 f.).

Der Begriff der „regulativen Ideen" geht auf Immanuel Kant zurück und bedeutet, dass diese Ideen nicht lediglich einen systematischen Gehalt haben, sondern auch als richtungsweisend zu verstehen sind. Einen „ontoethischen Status" besitzen die Grundbestimmungen dabei insofern, als sie gleichermaßen eine Seinsbestimmung wie auch eine Sollensbestimmung für sozialpädagogisches Handeln artikulieren. Die beiden Grundbestimmungen dienen der Theorie also nicht nur als „eine formale Charakterisierung von Sozialpädagogik schlechthin" (Winkler 1988, 285), sondern werden auch mit der Forderung verknüpft, dass sich eine sozialpädagogische Praxis, die als solche identifizierbar sein möchte, diesen Ideen zu verpflichten hat. Anders gesagt: Die Grundbestimmungen sozialpädagogischen Handelns sind laut der Theorie des sozialpädagogischen Diskurses nicht nur historisch *vorgegeben*, sie sind auch jeder gegenwärtigen Praxis buchstäblich zur Verwirklichung *aufgegeben*. Und noch einmal anders gewendet bedeutet das: Eine sozialpädagogische Praxis, die sich nicht an den Grundbestimmungen von „Subjekt" und „Ort" ausrichtet oder ausrichten möchte, hat damit zugleich die Möglichkeit verloren, noch als sozialpädagogische Praxis anerkannt zu werden. Im Lichte dieser beiden Grundbestimmungen „beschreibt", so Winkler, die Theorie des sozialpädagogischen Diskurses sozialpädagogische Praxis als

„eine Realität, die immer schon daran gebunden ist, daß sie durch Handlungen verwirklicht wird, welche dieser Realitätsbeschreibung gehorchen" (Winkler 1988, 115).

1. Worin besteht aus dem Blickwinkel der Theorie des sozialpädagogischen Diskurses das „Problem des Anfangs" einer Theorie der Sozialpädagogik?
2. Inwiefern ist der Diskurs das, was man als „Realität" der Sozialen Arbeit bezeichnen kann?
3. Wie werden in der Theorie des sozialpädagogischen Diskurses Seins- und Sollensaussagen über sozialpädagogische Praxis miteinander verknüpft und was resultiert daraus?

Winkler, M. (2005): Sozialpädagogische Forschung und Theorie. Ein Kommentar. In: Schweppe, C., Thole, W. (Hrsg.): Sozialpädagogik als forschende Disziplin. Theorie, Methode, Empirie. Juventa, Weinheim/München, 15–33

Winkler, M. (2003): Theorie der Sozialpädagogik. Eine Rekonstruktion. Zeitschrift für Sozialpädagogik 1 (1), 6–24

Winkler, M. (1995): Bemerkungen zur Theorie der Sozialpädagogik. In: Sünker, H. (Hrsg.): Theorie, Politik und Praxis Sozialer Arbeit: Einführung in Diskurse und Handlungsfelder der Sozialarbeit/Sozialpädagogik. Kleine, Bielefeld, 102–121

Winkler, M. (1988): Eine Theorie der Sozialpädagogik. Über Erziehung als Rekonstruktion der Subjektivität. Klett-Cotta, Stuttgart

3.7   Theorie der organisierten Hilfe

Als nächstes wollen wir die Theorie der organisierten Hilfe vorstellen. Wie in den vorangegangenen Teilkapiteln des dritten Kapitels werden wir zunächst knapp zur Theorie hinführen. In der näheren Auseinandersetzung werden wir das zentrale Erkenntnisziel der Theorie rekonstruieren (Kap. 3.7.1), um uns anschließend der Frage danach zu widmen, wo, wie und unter Rückgriff auf welche theoretischen Vorannahmen die Theorie das beobachtet, was sie als Soziale Arbeit versteht (Kap. 3.7.2). Drittens werden wir gesondert herausarbeiten, was sie im Ergebnis ihrer Beobachtung als Praxis Sozialer Arbeit ausfindig macht (Kap. 3.7.3). Abschließend werden wir wieder einige Lernfragen sowie eine kurze Liste einschlägiger Primärtexte für ein weitergehendes Verständnis der Theorie aufführen.

Die Theorie, die wir hier unter dem Label „Theorie der organisierten Hilfe" vorstellen wollen, wird in denjenigen Texten, in denen
sie entwickelt wird, oftmals nur grob als „Soziologie der Sozialen
Arbeit" ausgewiesen (Bommes/Scherr 2012). Ein Blick in diese
Texte zeigt dann aber, dass der Theorie ein besonderes soziolo-
gisches Verständnis zugrunde gelegt wird, nämlich ein Verständnis
von soziologischer Systemtheorie.

$\oplus$ Die soziologische **Systemtheorie** ist eine Theorieperspektive,
die inzwischen in dritter Generation von WissenschaftlerInnen entwickelt wird. Hier wird sie als universalistische Theorie sozialer
Systeme betrieben und baut dabei maßgeblich auf dem umfänglichen
Werk Niklas Luhmanns auf. Sie argumentiert auf Gesellschafts-, Organi-
sations- und Interaktionsebene, um ihrem Anspruch gerecht zu werden,
alle Ebenen sozialen Handelns schlüssig beschreiben zu können. Dabei
geht die Theorie entschieden konstruktivistisch (Definition in Kap. 1.3)
vor (Willke 1993b). Das heißt, sie stellt in Rechnung, dass die eigene
Theoretisierungsleistung selbst einen entscheidenden Beitrag dazu leis-
tet, überhaupt so von sozialem Handeln sprechen zu können wie die
Theorie das tut. Soziales Handeln gilt der Theorie sozialer Systeme
dabei allgemein als Kommunikation. Die Theorie nimmt an, dass diese
Kommunikation sich im Laufe der Geschichte der Moderne zunehmend
ausdifferenziert hat und weiter ausdifferenziert und damit maßgeblich
das hervorbringt, was sich als Modernisierungsprozess beschreiben lässt.
Im Zuge dieses Ausdifferenzierungsprozesses bringt die moderne Gesellschaft laut der Theorie sozialer Systeme zugleich tendenziell immer
selbstbezüglichere Arten und Weisen des Kommunizierens hervor (Luhmann 1987; Luhmann 1998). Dort, wo dieser Prozess besonders weit
gediehen ist, lassen sich nach Annahme der Theorie relativ geschlossene
soziale Systeme beobachten. Das heißt, dass hier in einem besonders
hohen Maße selbstbezüglich („selbstreferenziell") kommuniziert wird in
Hinsicht auf bestimmte Unterscheidungen, nach denen die Welt um das
System herum von diesem stetig sondiert wird. Diese leitenden Unterscheidungen werden nach einer Bezeichnung von Niklas Luhmann, der
sicherlich einflussreichsten Schlüsselfigur der soziologischen Systemtheorie, „Leitdifferenzen" genannt. Beispiele für Leitdifferenzen von sozialen
Systemen, nach denen diese kommunizieren und damit ihre jeweilige
Umwelt „funktional strukturieren", sind etwa die Unterscheidungen
zwischen „Recht" und „Unrecht" seitens des Rechtssystems, zwischen
„Opposition" und „Regierung" seitens des politischen Systems, zwischen „Gut" und „Böse" seitens des moralischen Systems oder zwischen
„Wahr" und „Unwahr" von Seiten des wissenschaftlichen Systems.

So ordnen nach Annahme der Systemtheorie die jeweiligen Systeme „ihre Welt" kommunikativ stets so, dass sie gemäß ihrer eigenen Systemlogik auf sie reagieren können. „Die Welt" erscheint so z. B. dem ökonomischen System immer nur als eine Welt von Verwertbarem und Unverwertbarem. Jegliche Kommunikation, auf die nicht in dieser Art und Weise reagiert werden kann, bleibt für das jeweilige System „weißes Rauschen", das heißt sie interessiert das System nicht weiter (Willke 1993a). Da sich die Systemtheorie selbst als Theorie dem wissenschaftlichen System zuordnet, bedeutet dies gleichzeitig, dass sie sich etwa für moralische Aussagen nur insoweit interessiert, wie es deren Analyse betrifft. Selbst moralische Aussagen zu treffen, liegt derweil fernab ihrer Selbstwahrnehmung als wissenschaftliche Theorie. Als fundierte und dennoch knappe, sowie äußerst gut lesbare Einführung in die Theorie sozialer Systeme empfehlen wir das entsprechende Buch von Georg Kneer und Armin Nassehi (2000).

Die Theorie der organisierten Hilfe bezieht sich ausführlich und eindeutig auf die Systemtheorie. Damit steht sie in näherer Beziehung zu weiteren wissenschaftlichen Arbeiten, welche seit Mitte der 1990er Jahre in mehreren Phasen versucht haben, die Theorieentwicklung zur Sozialen Arbeit systemtheoretisch zu inspirieren und damit voranzubringen (Kosellek/Merten 2011). Wie wir zeigen werden, unterscheidet sich die Theorie der organisierten Hilfe jedoch zugleich deutlich von diesen weiteren Arbeiten, welche wir deshalb gesondert behandeln werden (Kap. 3.8).

Die Theorie der organisierten Hilfe wurde um das Jahr 2000 herum maßgeblich von Michael Bommes und Albert Scherr entwickelt. Ihr wird im Zusammenhang mit ihrer explizit formulierten Orientierung an Wissenschaftlichkeit und ihrem Desinteresse daran, eigene moralische oder disziplinpolitisch intendierte Aussagen zu treffen, zuweilen der Anspruch verwehrt, eine Theorie der Sozialen Arbeit im engeren Sinn zu sein. Dies ist angesichts der klaren Ausweisung der Theorie als Theorie der Sozialen Arbeit erstaunlich, zeigt sich aber eindeutig, wenn z. B. Helmut Lambers in seiner Einführung zu Theorien der Sozialen Arbeit schreibt:

„Bommes und Scherr legen keine weitere Theorie Sozialer Arbeit vor. Vielmehr geht es ihnen darum, Soziale Arbeit soziologisch beschreibbar zu machen" (Lambers 2013, 191).

Das implizite Begründungsmuster, das Lambers zum Ausschluss der Theorie aus dem engeren Kreis von Theorien der Sozialen Arbeit veranlasst, ist erläuterungsbedürftig. Denn warum sollte einer Theorie, die explizit formuliert, Soziale Arbeit als ein Ganzes in dessen Grundzügen beschreibbar machen zu wollen, keine Theorie der Sozialen Arbeit sein (dürfen)?

Der Anspruch an eine Theorie der Sozialen Arbeit, der hier mehr implizit als explizit zugrunde gelegt wird, liegt offenbar darin, anzunehmen, dass eine Theorie Sozialer Arbeit diese nicht nur angemessen im Sinne einer schlüssigen Beschreibung und Zusammenhangsbegründung erfassen können müsse, sondern zudem normativ über sie hinauszuweisen habe. So wird hier eine Erwartungshaltung an Theorien der Sozialen Arbeit herangetragen, die dem Anspruch ähnelt, den wir schon bei anderen Theorien der Sozialen Arbeit herausgearbeitet haben. Gemeint ist der Anspruch von einerseits die Soziale Arbeit adäquat beschreibender und andererseits die Soziale Arbeit in irgendeiner Weise normativ leitender Theorie. Abermals geht es also darum, dass Theorien der Sozialen Arbeit sowohl systematische Aussagen zu faktischen „Gegebenheiten" als auch zu kontrafaktisch erwünschten „Möglichkeiten" Sozialer Arbeit geben sollen – dieses Mal in Form einer Erwartungshaltung, die von außen an die Theorie herangetragen wird.

Solch einer Erwartungshaltung möchte die Theorie der organisierten Hilfe in ihrer Bezugnahme auf die soziologische Systemtheorie tatsächlich nicht entsprechen (Bommes/Scherr 2000; 2012). Das kann unseres Erachtens aber im Umkehrschluss nicht bedeuten, dass ein von vielen Theorien der Sozialen Arbeit verfolgtes Ziel zugleich zu einer absoluten Norm erhoben wird, anhand derer sich Theorien der Sozialen Arbeit in einen Überblick einsortieren oder aussortieren lassen. Mit anderen Worten: Nur, weil die meisten Theorien der Sozialen Arbeit den Anspruch zu erfüllen versuchen, sowohl reale als auch ideale Bilder „ihrer" Sozialen Arbeit zu erzeugen, kann daraus noch kein absolutes Kriterium dafür abgeleitet werden, eine Theorie der Sozialen Arbeit, die diesen Anspruch nicht explizit erhebt, aber die regelmäßig (Bommes/Scherr 2012; 2000; 1996), wenngleich nicht immer (Scherr 2002), selbstbewusst als eine Theorie der Sozialen Arbeit gerahmt wird, aus dem vorliegenden Überblick auszuschließen.

In diesem Sinne werden wir die Theorie der organisierten Hilfe im Folgenden als Theorie der Sozialen Arbeit behandeln, ebenso wie weitere Theorien der Sozialen Arbeit, die einem rein analytischen Erkenntnisinteresse nachgehen (Kap. 3.8, Kap. 3.9, Kap. 3.10).

3.7.1   Welches Erkenntnisziel formuliert die Theorie?

Bereits bei der Formulierung ihres Erkenntnisinteresses lässt die Theorie der organisierten Hilfe gewisse Vorannahmen zu dem, was theoretisiert werden soll, erkennen. Dies ist zwar in jeder Theorie der Fall (Kap. 1.3), diese Vorannahmen sind bei der Theorie der organisierten Hilfe jedoch im Unterschied zu manch anderer Theorie der Sozialen Arbeit recht einfach zu erkennen. Das hängt damit zusammen, dass sich die Theorie als systemtheoretische Perspektive zugleich konstruktivistischen Grundannahmen gegenüber verpflichtet sieht. Somit reflektiert die Theorie der organisierten Hilfe von Beginn ihrer Ausführungen an die eigene Konstruktion als Theorie der Sozialen Arbeit. Dabei wird die Theorie zugleich von der gerade schon skizzierten Erwartungshaltung abgegrenzt, andere Fragen als diejenige nach einer angemessenen Beschreibung des „Ist-Zustands" von Sozialer Arbeit zu beantworten. So heißt es z. B. in einem einschlägigen Text zur Theorie der organisierten Hilfe:

> „Theorien Sozialer Arbeit sind […] meist mit dem Ziel formuliert, sowohl theoretisch zu klären, was Soziale Arbeit als organisiertes und helfendes Handeln ist, als auch einen Beitrag zur Selbstvergewisserung Sozialer Arbeit als wissenschaftliche Disziplin (Sozialpädagogik bzw. Sozialarbeitswissenschaft) sowie als Beruf zu leisten. Darüber hinaus wird eine Klärung ihrer normativen Grundlagen angestrebt. Die folgenden Überlegungen setzen demgegenüber anders und bescheidener an" (Bommes/Scherr 2000, 67).

In dieser Abgrenzung von den „meist" formulierten Erkenntnisinteressen anderer Theorien der Sozialen Arbeit gelingen der Theorie der organisierten Hilfe zugleich wichtige erste Argumentationsschritte hin zur Formulierung ihres eigenen Erkenntnisinteresses. Denn nicht nur grenzt sich die Theorie hier von der Erwartungshaltung ab, dass sie mehreres zugleich leisten müsse. Vor allem gelingt es an dieser Stelle bereits, Soziale Arbeit im beschreibenden Zugriff wesentlich als „organisiertes und helfendes Handeln" zu fassen.

Das ist mehr als eine Abgrenzung von anderen Theorien. Genau betrachtet ist diese Aussage bereits eine geschickte Umdeutung von Kernaussagen aus anderen Theorien der Sozialen Arbeit im Zuge der Einführung der eigenen Erkenntnisperspektive. Denn wie wir anhand anderer Theorien der Sozialen Arbeit sehen, stellen diese „ihre" Soziale Arbeit aufgrund anderer Theoretisierungsleistungen eben *nicht* als organisiertes und helfendes Handeln dar, sondern theoretisieren Soziale Arbeit jeweils als etwas ganz anderes – z. B. als Erziehungswirklichkeit (Kap. 3.1), alternative Professionalität (Kap. 3.4) oder besondere Art des Diskurses (Kap. 3.6).

Im Zuge der vorgenommenen Abgrenzung von anderen Theorien wird also gleichzeitig bereits eine theoretische Setzung vorgenommen, mit der das eigene Erkenntnisinteresse besser begründet werden kann. Dieses Erkenntnisinteresse kann dann als Frage nach der Sozialen Arbeit als organisiertes und helfendes Handeln formuliert werden, wobei Handeln vor allem eines ist: gesellschaftliches Handeln.

Hier bleibt die Theorie entschieden soziologisch, und interessiert sich daher also nicht von vornherein für Soziale Arbeit als z. B. pädagogisches, politisches oder moralisches Handeln. Stattdessen erfasst sie Soziale Arbeit sowie alles Handeln, was sich dieser zuordnen lässt, als „gesellschaftliche Praxis" (Bommes/Scherr 2012).

Dies ist auch gemeint, wenn im folgenden Zitat von „sozialer Praxis" gesprochen wird. Die zentrale, thesengeleitete Frage der Theorie lautet entsprechend:

> „wie Soziale Arbeit angemessen als ein eigensinniger Bereich sozialer Praxis beschrieben und wie das Verhältnis dieses Bereichs zu den Funktionssystemen der modernen, funktional differenzierten Gesellschaft gefaßt werden kann" (Bommes/Scherr 2000, 67).

An dieser Formulierung des Erkenntnisinteresses der Theorie fällt nun wiederum dreierlei auf.

Erstens wird noch einmal deutlich, dass die Theorie auf ein Verständnis Sozialer Arbeit als „soziale Praxis" zielt. Mit „sozial" ist dabei nicht von vornherein etwas als „gut" oder „gütig" verstandenes gemeint, wie dies einem inzwischen gewohnten Alltagsverständnis entspricht.

Wenn man z. B. sagt, jemand habe „sozial gehandelt", meint man damit im allgemeinen Alltagsverständnis in der Regel, dass diese Person sich angenehm oder sogar vorbildlich im Sinne eines uneigennützigen Benehmens verhalten hat. Im soziologischen Zugriff hingegen ist mit „**sozialem Handeln**", „sozialen Praktiken" oder „sozialer Praxis" in der Regel lediglich ein Handeln zwischen Menschen bzw. eine Praxis zwischen Menschen gemeint. Dies trifft auch zu, wenn diese Praxis rücksichtslos ist oder Menschen schädigt.

Zweitens fällt auf, dass die Theorie der organisierten Hilfe die Soziale Arbeit in ihrem Verhältnis zur Gesellschaft bestimmen will, dabei aber im Unterschied zu den bisher von uns vorgestellten Theorien der Sozialen Arbeit von einer Gesellschaft ausgeht, die funktional differenziert ist und dabei verschiedene Funktionssysteme ausgebildet hat. Diese Funktionssysteme entsprechen – zur Erinnerung an unsere zu Beginn des Kap. 3.7 gegebene Definition – den weitgehend verselbstständigten Eigenlogiken, aus denen heraus in modernen Gesellschaften kommuniziert wird, bspw. im Sinne einer politischen, ökonomischen, rechtlichen, medialen oder wissenschaftlichen Weltsicht (Luhmann 1998). Wenn die Theorie der organisierten Hilfe also das Verhältnis der Sozialen Arbeit „zur Gesellschaft" bestimmen will, muss sie gemäß ihrer eigenen Grundannahmen genau genommen Verhältni*sse* im Plural bestimmen (Bommes/Scherr 2000, 70).

Drittens fällt an der oben zitierten Formulierung des Erkenntnisinteresses der Theorie auf, dass die Soziale Arbeit hier zwar als ein „eigensinniger Bereich sozialer Praxis" beschrieben werden soll, die Soziale Arbeit dabei selbst aber nicht als ein gesellschaftliches Funktionssystem aufgefasst wird. Das klingt ein wenig als folge die Soziale Arbeit in der Perspektive der Theorie der organisierten Hilfe einerseits durchaus einer eigenen Kommunikationslogik im Sinne der Systemtheorie, aus der heraus sie die Welt in einer „eigensinnigen" Weise beobachtet und kommuniziert. Andererseits aber unterstellt die Theorie der Sozialen Arbeit, die sie konstruiert, nicht genügend Eigensinnigkeit, um als gesellschaftliches Handeln zugleich auch klar ein gesellschaftliches Funktionssystem zu sein.

Wie kann das sein? Um dies genauer zu erörtern, wollen wir in den Blick nehmen, wo und wie genau die Theorie der organisierten Hilfe „ihre" Soziale Arbeit vergegenständlicht.

3.7.2 Wo und wie beobachtet die Theorie Soziale Arbeit?

Wie wir im vorangegangenen Kap. 3.7.1 schon gezeigt haben, bestimmt die Theorie der organisierten Hilfe diejenige Gesellschaft, auf die sich Soziale Arbeit bezieht, als eine funktional differenzierte Gesellschaft. Daraus wiederum wird der Schluss gezogen, dass sich die Soziale Arbeit zwar als „gesellschaftliche Form des Helfens" (Bommes/Scherr 2012, 13) theoretisieren lässt, damit aber nicht gemeint sein kann, dass es bei Sozialer Arbeit immer um ein und dieselbe Art und Weise des Helfens geht. Denn es wird argumentiert, dass sich Soziale Arbeit als *eine* Reaktion auf *die* Gesellschaft nur dann denken lässt, wenn man von einer Gesellschaft ausgeht, die in jedem ihrer Teilbereiche nach der gleichen Logik funktioniert. Genau dies nimmt aber die Systemtheorie, und mit ihr die Theorie der organisierten Hilfe, *nicht* an.

Stattdessen geht die Theorie der organisierten Hilfe davon aus, dass Soziale Arbeit es, wo immer sie als organisierte Hilfe auftritt, mit vielerlei Funktionslogiken zu tun hat. Dementsprechend muss Soziale Arbeit in der Annahme der Theorie auch in unterschiedlicher Weise als organisierte Hilfe in Erscheinung treten, je nachdem worum es in einem ihrer „Fälle" jeweils geht und welche Funktionslogik dabei eine Rolle spielt.

So kann es z. B. klar ein **Fall für die Soziale Arbeit** sein, wenn jemand „zu wenig Geld zum Leben besitzt", „kein Mitspracherecht im Betrieb oder zuhause hat", „zu krank ist, um zu arbeiten" oder auch „keinen Schulabschluss hat". Jede dieser Formulierungen bietet – unter Bezugnahme auf *verschiedene* Funktionssysteme der modernen Gesellschaft – die potenzielle Möglichkeit, von Hilfebedürftigkeit zu sprechen.

Die Theorie geht also davon aus, dass die Soziale Arbeit stets kommunikativ in Erscheinung tritt, und zwar in jedem der o.g. Beispiele über die Orientierung ihrer Kommunikationslogik am jeweils den Fall mitkonstruierenden Funktionssystem (also, um in der oben gewählten Reihenfolge von Beispielen zu bleiben: über die Orientierung am ökonomischen System, am politischen System, am Gesundheitssystem oder am Erziehungssystem der Schule) (Bommes/Scherr 1996).

Die Theorie der organisierten Hilfe zieht daraus nun den Schluss, dass die Soziale Arbeit eine „spezifische Beobachtungsperspektive auf Individuen und soziale Ereignisse" (Bommes/Scherr 2012, 49; ähnlich Hünersdorf 2009, 174 f.) ist. Der Kern der Sozialen Arbeit wird dabei von der Theorie der organisierten Hilfe als „Kommunikation von Hilfsbedürftigkeit" theoretisiert:

> „Soziale Arbeit läßt sich in diesem Sinne als eine kommunikative Praxis begreifen, die mit der Unterscheidung von Hilfsbedürftigkeit und Nicht-Hilfsbedürftigkeit operiert und auf der Grundlage dieser Unterscheidung Individuen und soziale Gruppen als Fall/Nichtfall wahrnimmt" (Bommes/Scherr 1996, 97).

Dabei unterscheide sich die Soziale Arbeit laut der Theorie der organisierten Hilfe auch und gerade dadurch von familiären oder z.B. auch von therapeutischen oder ärztlichen Praktiken der (Selbst)Hilfe, dass sie

1. einen hohen Grad an Organisiertheit bei einem gleichzeitig geringen Grad an Professionalisierung aufweist und
2. eine hohe Diffusität ihrer Hilfezuständigkeit mitbringt. Hierdurch sei sie anderen Zuständigkeitsdefinitionen gegenüber nachgeordnet (Bommes/Scherr 2000).

Mit anderen Worten beschreibt die Theorie der organisierten Hilfe die Soziale Arbeit als etwas, was zwar ein hohes Maß an kommunikativem „Eigensinn" mitbringt (Kap. 3.7.1), dabei aber über ihre Orientierung an Funktionssystemen, auf die sie reagiert, zugleich in starkem Maße auf vorher bereits stattfindende kommunikative Weichenstellungen verwiesen bleibt:

> „Wir begreifen Soziale Arbeit in diesem Zusammenhang als eine Form des beruflichen Handelns in Organisationen, das auf spezifische und identifizierbare Probleme gesellschaftlicher Reproduktion in modernen, funktional differenzierten Gesellschaften bezogen ist. […] Soziale Arbeit ist selbst jedoch (noch?) kein ausdifferenziertes Funktionssystem, sondern besteht aus einem Konglomerat von innerhalb und außerhalb der Funktionssysteme eingelassenen Organisationen der Zweitsicherung, deren Bezugsprobleme sich als Inklusionsvermittlung, Exklusionsvermeidung sowie Exklusionsbetreuung und -verwaltung beschreiben lassen" (Bommes/Scherr 1996, 95).

Soziale Arbeit kann also laut der Theorie der organisierten Hilfe erst dann kommunikativ auf ein Phänomen reagieren und dieses als Hilfebedürftigkeit erfassen, wenn an anderer Stelle, also gleichsam „außerhalb der Sozialen Arbeit" im engeren Sinne die Möglichkeit dafür bereits geschaffen wurde. Der entscheidende Weichensteller dafür, ob diese Möglichkeit geschaffen wird, liegt bei dem, was die Theorie als den „modernen Wohlfahrtsstaat" ins Spiel bringt:

> „Soziale Arbeit hat sich als Zweitsicherung in Abhängigkeit von den jeweiligen Kontextbedingungen des nationalen Wohlfahrtsstaates entwickelt. Hilfe in der Form Sozialer Arbeit setzt also die Leistungen der jeweiligen sozialen Sicherungssysteme voraus und ist weitgehend an wohlfahrtsstaatliche Ressourcenzuweisungen sowie rechtliche Vorgaben gebunden. Als Hilfe, die durch Organisationen erbracht wird bzw. in Organisationen eingebettet ist, ist Soziale Arbeit auf die Inklusions-/Exklusionsverhältnisse der funktional differenzierten Gesellschaft bezogen. Die Unterscheidung Hilfe/Nicht-Hilfe bezeichnet dabei keinen trennscharfen Code auf der Basis der Ausdifferenzierung eines eigenständigen und universellen Funktionssystems, in dem exklusiv Programme der Hilfe aufgelegt werden. Soziale Arbeit differenziert sich vielmehr auf den Ebenen Interaktion, Situation und Organisation aus und sie erbringt ihre Leistungen sowohl in eigenständigen Organisationen als auch in Organisationen, die sich einzelnen Funktionssystemen zuordnen" (Bommes/Scherr 2012, 279).

Wie spätestens hier erkennbar wird, stützt sich die Theorie der organisierten Hilfe für ihre Beobachtung von Sozialer Arbeit nicht nur auf relativ weit ausgearbeitete systemtheoretische Annahmen zur Ausdifferenzierung der modernen Gesellschaft in Form von sozialen Systemen. Daneben baut die Theorie noch auf anderen Vorannahmen auf, die in den ihr zuzuordnenden Texten allerdings weniger kohärent präsentiert werden.

Gemeint sind insbesondere die Annahmen zum „modernen Wohlfahrtsstaat". Dieser erscheint als eine irgendwie objektiv existente Größe in den der Theorie zuzuordnenden Texten. Dieser Größe wird zugleich hohes Gewicht für die Theoretisierung der Sozialen Arbeit beigemessen. Die Bedeutung des „Wohlfahrtsstaates" innerhalb der Theorie reicht so weit, dass man die Theorie auch ohne Weiteres als „Theorie der wohlfahrtsstaatlich organisierten Hilfe" betiteln könnte. Was „der Wohlfahrtsstaat" aus Sicht der Theorie der organisierten Hilfe ist, wird an mehreren Stellen genauer zu fassen versucht. Dies geschieht allerdings vornehmlich über die Rekonstruktion eines „wohlfahrtsstaatlichen Programms", also eine Inblicknahme dessen, was der Wohlfahrtsstaat sein oder leisten *soll*. So etwa, wenn es heißt:

> „Der moderne Wohlfahrtsstaat zielt auf Inklusionsvermittlung und verhält sich damit reflexiv zu den veränderten Inklusions- und Exklusionsverhältnissen der modernen Gesellschaft" (Bommes/Scherr 1996, 104).

Folgt man dieser Aussage, so bleibt die Frage, was „der Wohlfahrtsstaat" *ist*, jenseits einer Idee davon, worauf er *zielt*, weiterhin offen. Insbesondere taucht dann auch die Frage auf, ob der Wohlfahrtsstaat als etwas, was „sich reflexiv zu den veränderten Verhältnissen der modernen Gesellschaft verhält", selbst gesellschaftliche Realität sein kann. Denn falls er gesellschaftliche Realität wäre, müsste der Wohlfahrtsstaat sich funktional einem gesellschaftlichen Teilsystem zuordnen lassen. Dies zumindest, solange die Theorie der organisierten Hilfe der Systemtheorie verpflichtet bleibt, welche sie zum Ausgangspunkt ihrer Beobachtung gemacht hat.

Die Theorie der organisierten Hilfe weicht jedoch – entgegen der ersten Erwartung – von einer solchen Zuordnung ab. Sie definiert „den Wohlfahrtsstaat" dort, wo sie den Begriff erläutert, in einer gewissen theoretischen Unentschiedenheit als ein „Programm des politischen Systems", und Gleiches gilt dann auch für die Soziale Arbeit (Bommes/Scherr 1996, 107 f.).

So wird, kritisch betrachtet, die Theorie allerdings letztlich ihrem eigens gestellten und von uns in Kap. 3.7.1 rekonstruierten Anspruch, die Soziale Arbeit als gesellschaftliche Form des Handelns umfassend zu beschreiben, nur bedingt gerecht. Denn die Theorie der organisierten Hilfe scheint die Soziale Arbeit als etwas zu begreifen, was einerseits auf ihr gesellschaftliches Verhältnis zum Rest der Gesellschaft hin analysiert werden soll, dabei aber andererseits wesentlich anhand ihres politischen Programms, also der „politisch *gewünschten*" Funktion analysiert wird.

Das lässt sich gerade in systemtheoretischer Perspektive kritisieren, denn von dieser ausgehend könnte man sagen, dass die Theorie der organisierten Hilfe die Soziale Arbeit eben nicht umfassend in Hinsicht auf ihr Programm, ihre Funktion und ihre Wechselbeziehungen mit anderen Gesellschaftsbereichen analysiert. Vielmehr beschränkt sie ihre Analyse der Sozialen Arbeit auf eine Rekonstruktion der Handlungs*anlässe* und Programme der Sozialen Arbeit. Wie wir sehen werden, gibt es andere systemtheoretisch inspirierte Theoretisierungen der Sozialen Arbeit, die hier anders vorgehen und damit auch zu einer anderen Antwort auf die Frage danach kommen, was Soziale Arbeit ist (Kap. 3.8).

Bevor wir uns diesen Theoretisierungen zuwenden, wollen wir jedoch wie üblich auch an die Theorie der organisierten Hilfe noch eine letzte Frage stellen. Dies ist die Frage nach ihrem Verständnis von Sozialer Arbeit als Praxis.

3.7.3   Was identifiziert die Theorie als Praxis der Sozialen Arbeit?

Obgleich die Theorie der organisierten Hilfe „ihre" Soziale Arbeit nicht als ein gesellschaftliches Funktionssystem ansieht, wird Soziale Arbeit mit ihr, wie wir in Kap. 3.7.2 zeigen konnten, als ein relativ „eigensinniger" Kommunikationszusammenhang beobachtbar, welcher auf den Ebenen von Interaktion und Organisation ein hohes Maß an Ausdifferenzierung erreicht hat. Auf Interaktions- und Organisationsebene ist mit der Theorie der organisierten Hilfe also durchaus eine abgrenzbare „Praxis Sozialer Arbeit" zu erkennen.

Wie wir schon in Kap. 3.7.1 festgehalten haben, interessiert sich die Theorie der organisierten Hilfe für Soziale Arbeit als gesellschaftliches Handeln. Wie wir auch bereits herausgearbeitet haben, wird Soziale Arbeit damit umfassend als Praxis theoretisiert, und zwar als „soziale Praxis". Dass „sozial" dabei eine Beschreibung ist, die nicht auf eine moralische Vorstellung des Guten abhebt, sondern auf eine erkenntnismäßige Vorstellung von etwas Realem, das sich zwischen verschiedenen (menschlichen) AkteurInnen ereignet, haben wir ebenfalls schon verdeutlicht.

Das heißt zusammengenommen, dass die Theorie der organisierten Hilfe die Praxis der Sozialen Arbeit als etwas beschreibt, was ein gesellschaftlicher Vorgang ist, der zugleich wesentlich auf der Ebene von Interaktionen angesiedelt ist. Zudem haben wir in Kap. 3.7.2 nachvollzogen, dass er in diesen Interaktionen wesentlich auf Organisiertheit aufbaut. Diese Organisiertheit wird als „wohlfahrtsstaatliche Organisiertheit" begriffen und maßgeblich auf der politisch-programmatischen Ebene beobachtet. Das heißt – wiederum zusammengefasst –, dass Praxis Sozialer Arbeit für die Theorie der organisierten Hilfe eine durch wohlfahrtsstaatliche Programmatik politisch gerahmte und dadurch wohlfahrtsstaatlichen Entscheidungsprozessen zu „politisch angemessener" Hilfebedürftigkeit im Wesentlichen nachgeordnete Hilfe-Interaktion ist.

Man sieht, wie die Theorie ihre Vorstellung einer Praxis der Sozialen Arbeit an beide Ebenen, die Ebene der Interaktion und die Ebene der wohlfahrtsstaatlichen Organisation, anschließt. „Reflexivität" in der Gestaltung der konkreten Hilfe-Interaktion zwischen KlientInnen und SozialpädagogInnen bzw. SozialarbeiterInnen spielt dabei eine entscheidende Rolle, so wie wir dies ähnlich schon für die Theorie der reflexiven Sozialpädagogik gezeigt haben (Kap. 3.5). Im Fall der Theorie der organisierten Hilfe kommt diese Reflexivität aber deshalb ins Spiel, weil sie im Prinzip dem gesamten Wohlfahrtsstaat unterstellt wird, wie wir in Kap. 3.7.2 schon skizziert haben. Dieser Zusammenhang wird auch im folgenden Zitat noch einmal deutlich:

> „Soziale Arbeit läßt sich als eine reflexive Praxis begreifen, der in wohlfahrtsstaatlich verfaßten Gesellschaften die Aufgabe der Bearbeitung der durch die ausdifferenzierten Funktionssysteme und durch die wohlfahrtsstaatlichen Absicherungen gegen generalisierte Exklusionsrisiken (wie zum Beispiel Arbeitslosigkeit, Alter, Invalidität, Krankheit) liegengelassenen Exklusions- bzw. Inklusionsprobleme zufällt" (Bommes/Scherr 1996, 95).

Anders als in der Theorie der reflexiven Sozialpädagogik, die wir in Kap. 3.5 dargestellt haben, ist die Soziale Arbeit als Praxis in der Vorstellung der Theorie der organisierten Hilfe also eine systematisch nachgeschaltete Praxis. Obwohl sie dabei dasselbe, letztlich enorme Reflexionspotenzial zugesprochen bekommt, das auch dem Wohlfahrtsstaat allgemein unterstellt wird, gilt die Praxis der Theorie damit als eine stark organisational geprägte Praxis. Die Praxis Sozialer Arbeit, welche die Theorie der organisierten Hilfe sich vorstellt, ist somit gerade *keine* Praxis, wie es dem Ideal der Theorie der reflexiven Sozialpädagogik entsprechen würde (Kap. 3.5.3). Stattdessen stellt sie sich als eine Praxis dar, die bildlich gesprochen weitgehend „im Schatten des Wohlfahrtsstaats" (Züchner 2007) agiert. Da der Wohlfahrtsstaat, den die Theorie der organisierten Hilfe vor Augen hat, jedoch weitgehend anhand seines Programms einer reflexiven Reaktion auf gesellschaftliche Inklusions- und Exklusionsprobleme rekonstruiert wird, färbt auch der mit dieser Idealisierung einhergehende Glanz des Wohlfahrtsstaates ab auf die Praxis Sozialer Arbeit, die sich die Theorie der organisierten Hilfe vorstellt.

1. Inwieweit grenzt sich die Theorie der organisierten Hilfe von ansonsten weit verbreiteten Erwartungshaltungen an Theorien der Sozialen Arbeit ab?

2. Warum kann Soziale Arbeit in der Vorstellung der Theorie der organisierten Hilfe nicht einfach als eine Reaktion auf „die Gesellschaft" verstanden werden?

3. Was ist damit gemeint, wenn die Theorie der organisierten Hilfe Soziale Arbeit als ein „Konglomerat von Organisationen der Zweitsicherung" definiert?

4. Inwiefern lässt sich die Vorstellung, welche die Theorie der organisierten Hilfe von der Praxis Sozialer Arbeit hat, als Vorstellung einer „reflexiv organisierten Praxis" begreifen, und was unterscheidet diese Vorstellung von der Idee einer „reflexiv professionalisierten Praxis", die Sie in Kap. 3.5 kennengelernt haben?

Bommes, M., Scherr, A. (2012): Soziologie der Sozialen Arbeit. Eine Einführung in Formen und Funktionen organisierter Hilfe. 2. Aufl. Beltz Juventa, Weinheim/Basel

Bommes, M., Scherr, A. (2000): Soziale Arbeit, sekundäre Ordnungsbildung und die Kommunikation unspezifischer Hilfsbedürftigkeit. In: Merten, R. (Hrsg.): Systemtheorie Sozialer Arbeit. Neue Ansätze und veränderte Perspektiven. Leske+Budrich, Opladen, 67–86

Bommes, M., Scherr, A. (1996): Soziale Arbeit als Exklusionsvermeidung, Inklusionsvermittlung und/oder Exklusionsverwaltung. In: Merten, R., Sommerfeld, P., Koditek, T. (Hrsg.): Sozialarbeitswissenschaft. Kontroversen und Perspektiven. Luchterhand, Neuwied/Kriftel/Berlin, 93–119

3.8   Theorie des Funktionssystems sozialer Hilfe

Die Theorie des Funktionssystems sozialer Hilfe stellt einen weiteren Ansatz in unserer Auswahl von Theorien der Sozialen Arbeit dar. In der näheren Auseinandersetzung mit ihr werden wir das zentrale Erkenntnisziel der Theorie rekonstruieren (Kap. 3.8.1), um uns anschließend der Frage danach zu widmen, wo, wie und unter Rückgriff auf welche theoretischen Vorannahmen die Theorie das, was sie als Soziale Arbeit versteht, beobachtet (Kap. 3.8.2). Drittens werden wir noch einmal gesondert herausarbeiten, was im Ergebnis der Theorie als Praxis Sozialer Arbeit festzuhalten ist (Kap. 3.8.3). Zum Schluss des Kapitels präsentieren wir wieder einige Lernfragen sowie eine kurze Liste einschlägiger Primärtexte für ein weitergehendes Verständnis der Theorie.

Die Theorie des Funktionssystems sozialer Hilfe stellt eine im engeren Sinne systemtheoretisch argumentierende Theorie der Sozialen Arbeit dar. Sie bezieht sich in ihren Grundannahmen auf eine vor allem in den soziologischen Arbeiten von Niklas Luhmann entwickelte Theorie sozialer Systeme (Definition in Kap. 3.7).

Die Theorie des Funktionssystems sozialer Hilfe reiht sich mit dieser Bezugnahme, ähnlich wie die zuletzt vorgestellte Theorie (Kap. 3.7), in einen relativ bunten Reigen von Theorien der Sozialen Arbeit ein, welche offen Bezüge zur soziologischen Systemtheorie proklamieren. Dieser Reigen entstand im deutschsprachigen Raum insbesondere im Laufe der 1990er und frühen 2000er Jahre (Kosellek/Merten 2011) und brachte durchaus auch Entgrenzungen des Systembegriffs mit sich (Fuchs 2000; 2004). Das damit entstandene Potpourri „systemtheoretischer und system(ist)ischer Ansätze" (May 2010, 107) ist in der Summe recht unübersichtlich und vielgestaltig. Das fällt insbesondere auf, wenn man versucht, etwas tiefer in die verschiedenen vorliegenden Theoretisierungsweisen einzusteigen, die sich hinter dem vordergründig immer gleichen Begriff des „Systems" erkennen lassen.

Das Potpourri lässt sich aber unter anderem dadurch ordnen, dass man genauer danach fragt, welche Rolle die in der jeweiligen Theorie vergegenständlichte Einheit „Soziale Arbeit" konkret spielt. Versucht man dies zu rekonstruieren, so erkennt man, dass bspw. die in Kap. 3.7 behandelte Theorie der organisierten Hilfe zwar in hohem Maße systemtheoretisch argumentiert, dabei aber ihren Gegenstand Soziale Arbeit explizit nicht als ein System im engeren Sinne denkt. Vereinfacht gesagt: Die Theorie organisierter Hilfe sieht Soziale Arbeit *und* Systeme, während die im Folgenden genauer vorgestellte Theorie des Funktionssystems sozialer Hilfe Soziale Arbeit *als* System sieht.

Einschlägige Beiträge zu einer Systemtheorie Sozialer Arbeit im letzteren Sinne sind unter anderem in den Arbeiten von Dirk Baecker, Georg Cleppien, Peter Fuchs, Frank Hillebrandt, Bettina Hünersdorf, Olaf Maaß, Roland Merten und Georg Weber zu finden. Auch diese Arbeiten weisen neben Gemeinsamkeiten auch deutliche Unterschiede auf. Diese beginnen – trotz ähnlicher Argumentationsverläufe – bereits bei einigen der genutzten Begrifflichkeiten. Es wäre also durchaus auch denkbar, eine weitere Ausweitung des vorliegenden Einführungsbandes auf noch mehr Kapitel zu systemtheoretisch fundierten Theorien der Sozialen Arbeit vorzunehmen.

Wir werden im Folgenden genau das Gegenteil tun, nämlich uns noch stärker auf eine Auswahl an Beiträgen konzentrieren, um die genannten Perspektiven überschaubar zu halten und sie als mehr oder minder *eine* Theorie des Funktionssystems sozialer Hilfe pointieren zu können. Dabei entstehen notwendigerweise gewisse Undifferenziertheiten und Unausgewogenheiten. Diese zeigen sich vor allem darin, dass wir die Arbeiten von Dirk Baecker, Peter Fuchs und Frank Hillebrandt bewusst etwas weiter in den Vordergrund rücken als andere Arbeiten und auch zwischen diesen Werken noch gewisse begrifflich-gedankliche Angleichungen vornehmen werden. Dies geschieht, damit wir einige Kernargumente der Werke so zusammenführen können, dass darin zentrale Gemeinsamkeiten erkennbar werden, die sich im Sinne *einer* Theorie des Funktionssystems sozialer Hilfe interpretieren lassen.

3.8.1 Welches Erkenntnisziel formuliert die Theorie?

Versucht man, die o. g. Arbeiten auf die in ihnen angelegten Gemeinsamkeiten hin zu verdichten, so zeigt sich deren gemeinsames Erkenntnisziel. Es geht dort ganz allgemein gesprochen darum, zu definieren, wie Soziale Arbeit *funktioniert*. Dabei ist es wichtig im Blick zu behalten, dass damit kein normativer Erkenntnisanspruch zum besseren oder gar bestmöglichen Funktionieren Sozialer Arbeit verbunden wird. Etwa im Unterschied zur Theorie der Alltags- und Lebensweltorientierung (Kap. 3.2) oder der Theorie der Dienstleistungsorientierung (Kap. 3.4) geht es der Theorie des Funktionssystems sozialer Hilfe also gerade nicht darum, Ideen einer besseren oder bestmöglichen Sozialen Arbeit zu skizzieren. Wenn z.B. die Theorie der Alltags- und Lebensweltorientierung die Idee eines „gelingenderen Alltags" und die Arten und Weisen beschreibt, mithilfe derer Soziale Arbeit idealerweise diesen „gelingenderen Alltag" herzustellen helfen kann, so liegt dieser Erkenntnisanspruch der Theorie des Funktionssystems sozialer Hilfe fern. Diese stellt kein Rahmenkonzept bestmöglichen Handelns von Fachkräften der Sozialen Arbeit bereit, sondern ein reines Analyseinstrument, oder vereinfacht gesagt: ein Verstehensangebot, das begreiflich macht, wie Soziale Arbeit funktioniert und warum sie – manchmal sogar deutlich quer zu den Absichten der an ihr beteiligten AkteurInnen – so funktioniert, wie sie funktioniert.

Dabei interessiert, wiederum ganz systemtheoretisch (Definition in Kap. 3.7), Kommunikation (Baecker 1994; Fuchs 2000). Denn, so wird argumentiert, alles „Soziale" ist im Wesentlichen Kommunikation. Und damit ist dann eben auch Soziale Arbeit im Wesentlichen als ein Kommunikationszusammenhang zu verstehen, wenn man sie mit der Theorie des Funktionssystems sozialer Hilfe näher beschreiben und bestimmen will.

3.8.2 Wo und wie beobachtet die Theorie Soziale Arbeit?

Im vorangegangenen Kap. 3.8.1 haben wir hervorgehoben, dass die Theorie des Funktionssystems sozialer Hilfe sich dafür interessiert, wie Soziale Arbeit funktioniert und dabei nach einer Antwort auf ihre Frage auf der Ebene von kommunikativen Prozessen sucht. Blicken wir nun genauer darauf, wie die Theorie Soziale Arbeit beobachtet, so wird deutlich, dass die Theorie des Funktionssystems sozialer Hilfe im Gegensatz zu anderen in dieser Einführung behandelten Theorien der Sozialen Arbeit, die zumindest in Anteilen funktionalanalytisch argumentieren (Kap. 3.1, Kap. 3.3,

Kap. 3.7, Kap. 3.10), von drei Prämissen ausgeht, wenn sie Soziale Arbeit zum Gegenstand macht.

Soziale Arbeit wird hier – erstens – als etwas verstanden, das im Sinne einer erkennbar *gesellschaftlichen* Logik funktioniert. Das heißt, die Ansätze, die wir in diesem Kapitel im Sinne einer Theorie des Funktionssystems sozialer Hilfe zusammenfassen, verstehen Soziale Arbeit in voller Konsequenz als einen Teil moderner Gesellschaft (Hillebrandt 2012). Das hört sich vielleicht selbstverständlicher an, als es beim genaueren Blick auf die Breite verfügbarer Theorien der Sozialen Arbeit ist. Denn viele andere der Theorien, die wir in diesem Band vorstellen, begreifen Soziale Arbeit eher als eine gleichsam vorgelagerte Reaktion *auf* Gesellschaft, und weniger als einen Teil *von* Gesellschaft (Sandermann et al. 2011). Dies gilt sogar für die in Teilen systemtheoretisch argumentierende Theorie der organisierten Hilfe, die wir in Kap. 3.7 vorgestellt haben. Bei den hier behandelten Arbeiten zu einer Theorie des Funktionssystems sozialer Hilfe ist das anders: Sie verstehen sich in ihrer umfänglichen Bezugnahme auf systemtheoretische Grundannahmen zugleich auch in einem engeren Sinne als gesellschaftstheoretische Beschreibungen Sozialer Arbeit (Baecker 2000).

Dies gilt – zweitens – auf einer Ebene, die quer liegt zu einzelnen Menschen oder AkteurInnen. Aus der Unterscheidung, dass alles Gesellschaftliche wesentlich *zwischen* Menschen und nicht *in* Menschen stattfindet (Luhmann 2013, 9), wird abgeleitet, dass man nach dem Gesellschaftlichen gerade nicht auf der menschlichen Ebene zu suchen habe, sondern auf einer kommunikativen Ebene, die genau zwischen einzelnen Menschen liegt (Bardmann/Hermsen 2000). Das gilt dann logischerweise auch für eine systemtheoretische Beobachtung Sozialer Arbeit, wie sie mithilfe der Theorie des Funktionssystems sozialer Hilfe angestrebt wird.

Drittens teilen alle theoretischen Werke, die dieser Theorie zugeteilt werden können, die Annahme, dass Soziale Arbeit als etwas wahrzunehmen ist, das sich als solches klar von der Umwelt unterscheidet, die es umgibt. Das heißt, dass angenommen wird, Soziale Arbeit funktioniere nicht inmitten von oder vorgelagert zu Systemen, sondern „als System" (Maaß 2009, 6), und zwar als Funktionssystem sozialer Hilfe. In den Worten Cleppiens (der allerdings begründet für den Begriff der Sozialpädagogik statt Soziale Arbeit votiert) liest sich das dann z. B. so:

„Das sozialpädagogische System kann insofern als ein autonomes, primäres Funktionssystem bestimmt werden […]. Bei der Bestimmung einer sozialpädagogischen Kommunikation bedarf es keiner Zurechnung auf Personen" (Cleppien 2000, 154).

Weil damit Soziale Arbeit als etwas verstanden wird, was nicht Personen „zugerechnet" wird, sondern sich dazwischen ereignet, wird Soziale Arbeit in der Theorie des Funktionssystems sozialer Hilfe auch nicht als *Arbeit* im engeren Sinne betrachtet (Baecker 1994), und schon gar nicht als die Arbeit Einzelner (Fuchs 2000). Die Theorie hinterfragt dieses Selbstverständnis, indem sie Soziale Arbeit, wie alles Gesellschaftliche, zunächst einmal als (quer zu einzelnen Menschen liegende) „bewusstseinsfreie" Kommunikation versteht. Genau hierdurch lässt sich Soziale Arbeit dann zugleich als „soziales System" verstehen:

„Wenn man sich entschließt, Systemtheorie in dem eben bestimmten Sinne auf das Phänomen *Soziale Arbeit* anzuwenden, dann ist eine Konsequenz unvermeidbar, daß nämlich aus dieser Perspektive soziale Systeme (also auch *Soziale Arbeit*) bewußtseinsfrei operierende Systeme sind. Das heißt nicht, daß Bewußtsein überflüssig wäre, daß es auf Menschen nicht ankäme, daß sie gar marginalisiert seien; das heißt nur, daß die Theorie Bewußtsein als relevante Umwelt sozialer Systeme begreift (und vice versa). Soziale Systeme sind dann kommunikationsbasierte, autopoietische Maschinen, in deren Umwelt andere autopoietische Maschinen vorkommen, die nicht kommunikations-, sondern bewußtseinsbasiert betrieben werden" (Fuchs 2000, 158 f.).

Soziale Arbeit wird von der Theorie des Funktionssystems sozialer Hilfe also als eine ganz bestimmte Art und Weise von Kommunikation beobachtet, oder genauer: als eine ganz bestimmte Art und Weise zu kommunizieren. Nämlich als Kommunikation über „soziale Hilfe", welche zwar von AkteurInnen (die Systemtheorie würde sagen: psychischen Systemen) immer wieder mitgetragen werden muss, um fortzubestehen, aber zugleich doch erkennbar jenseits dieser AkteurInnen liegt und damit sozusagen „an sich" analysierbar ist. In den Worten von Fuchs heißt das,

„das *Soziale* an *Sozialer Arbeit* im strengen Sinn zu nehmen. Dies *Soziale* schließt aus […], daß diese besondere Arbeit sich an Menschen, Subjekten, Individuen, Bewußtseinen, Körpern vollzieht. All das sind Umweltgegebenheiten, all das ist nicht sozial, all das ist in exzentrischer Position. Soziale Systeme heißen sozial, weil sie nichts ent- und unterhalten als sich selbst. Sie produzieren und reproduzieren ausschließlich

Kommunikation. *Soziale Arbeit* ist aus dieser Perspektive *kommunikative Arbeit an Kommunikationen"* (Fuchs 2000, 164; Hervorh. i. Orig.).

Die damit in den Mittelpunkt der Theorie rückende sozialpädagogische/sozialarbeiterische „Kommunikation an sich" zeichnet sich laut Theorie des Funktionssystems sozialer Hilfe dadurch aus, dass es hierbei um die laufende Wiederholung und Variation einer ganz spezifischen Unterscheidungslogik geht. Diese basiert – das wird je nach Autor und Werk etwas unterschiedlich akzentuiert – auf einer kommunikativen Unterscheidung zwischen Hilfe und Nichthilfe (Baecker), Vermittelbarkeit und Nichtvermittelbarkeit (Cleppien), Fall und Nichtfall (Fuchs) oder Hilfsbedürftigkeit und Nichthilfsbedürftigkeit (Hillebrandt). Und zwar – dies ist wichtig – kann sich damit auf so gut wie alles bezogen werden, auf was sich das System der sozialen Hilfe zu beziehen in der Lage ist. Dafür wiederum sind – in der Perspektive der Theorie des Funktionssystems sozialer Hilfe – die Möglichkeiten in einer modernen, funktional differenzierten Gesellschaft nahezu unerschöpflich. Soziale Arbeit kann im Lichte der Theorie des Funktionssystems sozialer Hilfe für annähernd alle Fragen teilgesellschaftlicher Exklusion – und das heißt in der Systemtheorie immer: Fragen unterschiedlicher Systemexklusionen – zuständig werden. Wichtig dafür ist nur, dass sie das jeweilige Exklusionsphänomen in eigener Sprache, also: als „soziale Hilfsbedürftigkeit" re-interpretiert.

Damit ist es dann z. B. möglich, eine Person, die Schulden hat, also zunächst einmal aufgrund von Zahlungsunfähigkeit in *ökonomischer* Hinsicht **exkludiert** ist, als „sozial hilfsbedürftig" zu beobachten und damit zu einem Fall für die *Soziale* Arbeit zu machen. Das im Prinzip Gleiche gilt für den „eigentlich" ganz anders gelagerten Fall eines unbegleiteten minderjährigen Flüchtlings, der ohne Papiere und ohne Eltern in Deutschland ankommt und damit sowohl *politisch* als auch *rechtlich* ausgeschlossen ist vom gesellschaftlichen Leben. Soziale Arbeit wird hier wiederum zuständig, indem ein Fall politischer Exklusion (man braucht Papiere, um als Staatsbürger am gesellschaftlichen Leben teilnehmen zu können) und ein Fall rechtlicher Exklusion (wenn man minderjährig ist, muss es einen Personensorgeberechtigten geben, der bestimmte Dinge für einen entscheidet) im Sinne einer Gewährleistung „sozialer Rechte" re-interpretiert wird. Damit wird der Fall zu einer Aufgabe *sozialer* Unterstützung, sprich: ein Fall, der „sozialer Hilfe" bedarf.

Diese beiden Beispiele verdeutlichen, was gemeint ist, wenn die Theorie des Funktionssystems sozialer Hilfe davon ausgeht, dass Soziale Arbeit klaren Kommunikationsregeln folgt und zugleich gerade dadurch über ein hohes Maß an Autonomie in der Beobachtung gesellschaftlicher Vorgänge verfügt. Die auch in (neo)marxistischen Theorieperspektiven immer wieder geäußerte Kritik an Sozialer Arbeit, dass diese lediglich „Etikettierung" betreibe und nicht „eigentlich" helfe, weil es „im Grunde" um ganz andere Probleme gehe als diejenigen, welche die Soziale Arbeit aus den „eigentlichen" Problemen mache (Kap. 3.3.2), hängt mit dieser Beobachtung eng zusammen. Die Theorie des Funktionssystems sozialer Hilfe kritisiert diesen Umstand allerdings nicht im Sinne eines zu ändernden Zustands. Mit ihr erscheint dieser Umstand stattdessen sozusagen selbstverständlich, denn in einer funktional differenzierten Gesellschaft kommuniziert *jedes* Funktionssystem derart selbstreferenziell. Soziale Arbeit unterscheidet sich hierbei nur durch ihre konkrete Art und Weise der Re-Interpretation von Sachverhalten, aber nicht grundsätzlich von anderen Gesellschaftsbereichen (Baecker 1994).

In der Perspektive der Theorie des Funktionssystems sozialer Hilfe unterscheidet Soziale Arbeit also alles, über das kommuniziert wird, in einer Logik von Hilfe und Nichthilfe. Das bedeutet zugleich, dass in der Sozialen Arbeit immer nur sinnvoll über „Hilfe", den „Fall", über „Hilfsbedürftigkeit" oder „Vermittelbarkeit" kommuniziert werden kann, wenn dabei auch das Gegenteil im Blick behalten wird. Ein/e SozialpädagogIn kommuniziert also dort, wo es um Hilfe, Fall, Bedürftigkeit und/oder Vermittelbarkeit geht, auch immer notwendigerweise gleichzeitig darüber, wo Hilfe, Fall, Bedürftigkeit und/oder Vermittelbarkeit *nicht* vorliegen. Nach Hilfe oder Nichthilfe etc. zu fragen, ist so gesehen keine Alternative im Sinne zweier Fragen, die sich das Funktionssystem sozialer Hilfe parallel zueinander stellen kann, sondern es ist immer ein und dieselbe Frage, die im Sinne einer Unterscheidung mitgeführt wird. Sie fordert innerhalb der Organisationen und Interaktionen des Systems zu permanenten *Ent*scheidungen auf. So lässt sich dann laut der Theorie des Funktionssystems sozialer Hilfe auch nur genauer verstehen, was Soziale Arbeit ist,

„wenn man die Möglichkeit der Nichthilfe an die Möglichkeit der Hilfe heranführt und beide Möglichkeiten als die beiden Seiten einer Differenz betrachtet, die von einem Funktionssystem der Gesellschaft eingeführt, durchgesetzt und betreut wird" (Baecker 1994, 95).

Dies drückt Hillebrandt ähnlich aus, wenn er betont, dass die Theorie des Funktionssystems sozialer Hilfe in der Lage ist, soziale Hilfe – und in ihr deren „professionellen Teil", die Soziale Arbeit – diesseits von „sozialromantische[n] Idealisierungen" (Hillebrandt 2012, 245) zu beschreiben. Dann zeige sich, dass

> „soziale Hilfe über den binären Code bedürftig/nicht-bedürftig strukturell nicht als Sache des Herzens oder der Freiwilligkeit operiert, sondern in ihrem operativen Vollzug systemischen Strukturen gehorcht, die mit der Systemtheorie aufgezeigt werden können. Auch soziale Hilfe ist den Zwängen und Möglichkeiten der funktional differenzierten Gesellschaft nicht enthoben, ja sie bedingt sie vielmehr in nicht unbedeutender Weise selbst, da sie immer Mitvollzug der Gesellschaft ist" (Hillebrandt 2012, 246).

Die oben schon erwähnte Prämisse der Theorie des Funktionssystems sozialer Hilfe, Soziale Arbeit nicht als Reaktion auf die moderne Gesellschaft, sondern als Teil derselben zu verstehen, wird hier noch einmal ganz deutlich. Ein Beispiel zur Veranschaulichung dieser Grundperspektive bieten jüngere empirische Studien zum Bereich der Hilfeplanung in Jugendämtern, welche auf systemtheoretischen Annahmen aufbauen (Messmer/Hitzler 2007; 2008). Diese zeigen:

> Wenn die Beteiligten einer Hilfeplankonferenz im Bereich der Kinder- und Jugendhilfe zu dem Entschluss gelangen, eine Hilfemaßnahme zu installieren oder zu beenden, so läuft das in beiden Fällen nach einer bestimmten **Logik der Kommunikation** ab. Das heißt, der Kommunikationsprozess verläuft nicht jedes Mal, wenn Jugendhilfefachkräfte mit KlientInnen über die Einsetzung, Fortführung und Beendigung von Hilfeleistungen sprechen, völlig anders ab, sondern es lässt sich eine regelhafte kommunikative Struktur solcher Gespräche erkennen. Diese hat nicht einfach mit „dem Einzelfall, wie er nun mal ist" zu tun. Stattdessen haben hier insbesondere die beteiligten Fachkräfte ein offensichtlich hohes Maß an Definitionsmacht, wenn es darum geht zu bestimmen, was der Fall ist bzw. ob man es überhaupt (noch) mit einem Fall zu tun hat. Und zwar nicht einfach als Person – was dann ja wiederum hieße, dass Soziale Arbeit eben doch vor allem etwas ist, was sich über die Motive und Einflüsse von Menschen erklären lässt – sondern über Momente von „Fachlichkeit".

Das Beispiel aus der empirischen Forschung verdeutlicht, dass Fachkräfte der Sozialen Arbeit nicht einfach als Personen tun und lassen können, was sie wollen, sondern – so könnte man es auf den Punkt bringen – sie müssen, um „über den Fall entscheiden" zu können, die Logik der Kommunikation im Funktionssystem sozialer Hilfe nachvollziehen und entsprechend dieser Logik kommunizieren.

Die Theorie des Funktionssystems sozialer Hilfe unterstreicht damit zugleich die Annahme, dass man, wenn man diese (Eigen)Logik erkannt hat, das Wesentliche über Soziale Arbeit weiß, weil man sie im Rahmen des Kommunikationszusammenhangs um soziale Hilfe verstanden hat, und damit als „System".

Ob man diese Einschätzung teilt oder nicht, man kann der Theorie des Funktionssystems sozialer Hilfe zweierlei zugestehen. Erstens kann vermerkt werden, dass sie in ihrem strikt analytischen, also nicht auf „bessere" oder gar „bestmögliche" Soziale Arbeit zielenden Theoretisierungsbemühen versucht, ein Angebot zu machen, um Soziale Arbeit in ihrer gesellschaftlich existierenden Form besser begreiflich zu machen. Sie ist also im wahrsten Sinne des Wortes ein Verstehensangebot zu Sozialer Arbeit. Zweitens kann man festhalten, dass sich die Theorie des Funktionssystems sozialer Hilfe dabei dem Anspruch stellt, eine Theorie der Sozialen Arbeit zu formulieren, die auf den Gesamtzusammenhang Sozialer Arbeit zielt. Ihr Anspruch ist also erkennbar der, Soziale Arbeit nicht „nur" im Einzelfall oder dort, wo sie besonders „gut" läuft, zu beschreiben, sondern sie als Ganzes, in all ihren Ausformungen und Varianten zu versinnbildlichen. Damit dies möglich wird, wählt die Theorie des Funktionssystems sozialer Hilfe die Analyseebene der Kommunikation – und muss damit notwendigerweise auch auf einer recht abstrakten Theoretisierungsebene ansetzen.

3.8.3   Was identifiziert die Theorie als Praxis der Sozialen Arbeit?

Im Sinne unserer in Kap. 1.1 getroffenen Unterscheidung zwischen Praxis und Empirie ist zu vermuten, dass sich die Theorie des Funktionssystems sozialer Hilfe vielleicht gar nicht für eine Identifikation von Praxis interessiert. Denn aufgrund ihres von uns in Kap. 3.8.2 dargestellten, analytischen Anspruchs, der auf ein allgemeines Verstehen von Sozialer Arbeit als (eigen)logischem Kommunikationszusammenhang begrenzt ist, und nicht auf eine Veränderung oder orientierende Anleitung dieses Kommunikationszusammenhangs zielt, kann man annehmen, dass die Theorie des Funktionssystems sozialer Hilfe zwar mit einem Interesse an der Empirie Sozialer Arbeit vereinbar ist, den Begriff „Praxis" dabei aber aufgrund seiner stärkeren Doppeldeutigkeit im Sinne von „realer" vs. „guter" Praxis eher meidet.

Wer in die mit der Theorie verbundenen Werke hineinliest, findet dort aber durchaus des Öfteren den Begriff „Praxis". So etwa bei Baecker, der direkt zu Beginn seines vielrezipierten Aufsatzes „Soziale Hilfe als Funktionssystem der Gesellschaft" (Baecker 1994) schreibt:

> „Die soziale Hilfe ist eine gesellschaftliche Praxis, die in dem Maße, in dem jede Praxis sich selbst genügt, auf einen Begriff der Gesellschaft, in der sie praktiziert, verzichten kann. Daß in dieser Gesellschaft so etwas wie soziale Hilfe überhaupt nötig ist, ist ihr Begriff der Gesellschaft genug" (Baecker 1994, 93).

Aus dieser Inblicknahme von Praxis wird zunächst deutlich, dass die Theorie des Funktionssystems sozialer Hilfe die soziale Hilfe durchaus als „Praxis" kennt. Diese Praxis ist sich jedoch der eigenen Struktur nicht bewusst. Sie verhält sich sozusagen per definitionem zunächst einmal unterreflektiert. Damit entspricht Praxis gerade nicht dem, was bspw. der Theorie der Alltags- und Lebensweltorientierung (Kap. 3.2) als Praxis gilt. Dort ist Praxis etwas Gelingendes, und wird damit in der Regel auch als etwas definiert, das theoretisch, mindestens aber irgendwie „fachlich" reflektiert ist. Anders ist dies in der Theorie des Funktionssystems sozialer Hilfe. Praxis bedeutet hier zunächst einmal nichts weiter als Handeln im Sinne einer spezifischen Logik. Und genauer: einer Logik der sozialen Hilfe. In welchen Hinsichten dieses Handeln nach der Logik sozialer Hilfe allerdings erfolgreich ist oder nicht, interessiert nicht. Man sieht noch einmal: auch in Hinsicht auf den Praxisgedanken tritt die Theorie des Funktionssystems sozialer Hilfe als analytisch ansetzende Theorie auf. Sie nutzt einen deskriptiven, also auf möglichst treffende Beschreibung ausgerichteten Praxisbegriff, der genau hierin seine Stärke hat, und sich andersherum zur Erstellung eines utopischen Praxisgedankens denkbar schlecht eignet. Denn Praxis ist im Lichte der Theorie des

Funktionssystems sozialer Hilfe überall dort, wo „PraktikerInnen" in der Logik, sozial helfen zu *wollen*, agieren. Hiervon automatisch auf den „Erfolg" und somit auf die Funktion von Praxis nach der Logik sozialer Hilfe zu schließen, wäre aber nicht im Sinne der Theorie. Denn – so die Grundannahme – praktisches Handeln nach der Logik sozialer Hilfe

> „beansprucht [...], humane Folgeprobleme funktionaler Differenzierung zu entschärfen, indem sie über stellvertretende allgemeine Inklusion Daseinsnachsorge betreibt und [bei ihren KlientInnen; d. V.] Inklusionsfähigkeit erzeugt bzw. wieder herstellt" (Hillebrandt 2012, 244).

Das heißt aber noch nicht automatisch, dass dies auch strukturell gelingt. Anders gesagt lautet die allgemeine Annahme der Theorie des Funktionssystems sozialer Hilfe: Soziale Hilfe, und damit auch die sich an ihr ausrichtende Praxis der Sozialen Arbeit, schafft keine Lösung, sondern sie *ist* immer schon die entscheidende, gesellschaftlich verfügbare Lösung für die im Prozess der Moderne entstehenden „humane[n] Folgeprobleme funktionaler Differenzierung" (Hillebrandt 2012, 244).

Damit liegt das Analyseergebnis der Theorie des Funktionssystems sozialer Hilfe quer zu utopischen Entwürfen einer „möglichen" Sozialen Arbeit (Hillebrandt 2012, 246; Hünersdorf 2012, 137), wie sie sich nicht nur in den meisten anderen Theorien der Sozialen Arbeit finden, sondern auch in nur noch äußerst lose an die Systemtheorie gekoppelten „system(ist)ischen" Entwürfen der Sozialen Arbeit (siehe als gelungene Übersicht zum „system(ist) ischen Paradigma" May 2010, 131 ff.).

---

1. Welche Rolle spielt Kommunikation im Rahmen der vorgestellten Theorie?

2. Was unterscheidet die Theorie des Funktionssystems sozialer Hilfe von der in Kap. 3.7 dargestellten Theorie der organisierten Hilfe?

3. Mit welchen Gründen könnte man sagen, dass sich die Theorie des Funktionssystems sozialer Hilfe zwar für Praxis interessiert, aber nicht dafür, was gute Praxis ist, und welche Gründe sprechen umgekehrt gegen eine solche Aussage?

Baecker, D. (2000): „Stellvertretende" Inklusion durch ein „sekundäres" Funktionssystem. Wie „sozial" ist die soziale Hilfe? In: Merten, R. (Hrsg.): Systemtheorie Sozialer Arbeit. Neue Ansätze und veränderte Perspektiven. Leske+Budrich, Opaden, 39–46

Baecker, D. (1994): Soziale Hilfe als Funktionssystem der Gesellschaft. Zeitschrift für Soziologie 23 (1), 93–110

Fuchs, P. (2000): Systemtheorie und Soziale Arbeit. In: Merten, R. (Hrsg.): Systemtheorie Sozialer Arbeit. Neue Ansätze und veränderte Perspektiven. Leske+Budrich, Opaden, 157–175

Hillebrandt, F. (2012): Hilfe als Funktionssystem für Soziale Arbeit. In: Thole, W. (Hrsg.): Grundriss Soziale Arbeit. Ein einführendes Handbuch. 4. Aufl. VS Verlag für Sozialwissenschaften, Wiesbaden, 235–247

3.9   Theorie des Regierungshandelns

Im Rahmen des folgenden Kapitels werden wir die Theorie des Regierungshandelns vorstellen. Dazu werden wir nach einer ersten Annäherung an die Theorie in die tiefere Auseinandersetzung mit ihr starten, indem wir zunächst wieder das zentrale Erkenntnisziel der Theorie rekonstruieren (Kap. 3.9.1), um uns danach der Frage zu widmen, wo, wie und unter Rückgriff auf welche theoretischen Vorannahmen die Theorie das beschreibt, was mit ihrer Hilfe unter Sozialer Arbeit zu verstehen ist (Kap. 3.9.2). Drittens werden wir noch einmal gesondert herausarbeiten, was die Theorie im Ergebnis ihrer Beobachtung unter Praxis Sozialer Arbeit versteht (Kap. 3.9.3). An das Ende des Kapitels werden wir wieder einige Lernfragen sowie eine kurze Liste einschlägiger Primärtexte zur Theorie stellen.

Die Theorie, welche wir als nächstes diskutieren, versteht Soziale Arbeit als eine spezifische Form des Regierungshandelns. Am systematischsten wurde die Theorie des Regierungshandelns in den 2000er Jahren von Fabian Kessl (2005; 2006; 2007; 2013) entwickelt. Es finden sich jedoch auch ähnlich gelagerte Argumentationen zur Sozialen Arbeit über die Beiträge Kessls hinaus. So etwa in theoretischen Arbeiten von Catrin Heite und Holger Ziegler. Wir werden uns bei der Darstellung der Theorie des Regierungshandelns der Übersichtlichkeit halber jedoch auf die theoretischen Ausarbeitungen Kessls zum Thema beschränken – so wie dies im Übrigen auch in anderen Einführungen zu Theorien der Sozialen

Arbeit geschieht (May 2010; Lambers 2013). Das begründet sich vor allem dadurch, dass das von Kessl vorgelegte Werk den Anspruch hat, einen „systematischen Entwurf" (Kessl 2005) darzustellen.

Um ein erstes Verständnis für die Theorie des Regierungshandelns zu entwickeln, ist es hilfreich, sich zu verdeutlichen, was in ihrem Rahmen unter „Regierung" verstanden wird. Denn das Verständnis der Theorie davon, was Regierung ist, entspricht nicht unbedingt dem, was in der Regel gemeint ist, wenn etwa in den Nachrichten von „der Regierung" die Rede ist. Die Theorie des Regierungshandelns zielt dort, wo sie von Regierungshandeln spricht, nicht auf die Benennung einer Personengruppe von zuständigen RegierungschefInnen und MinisterInnen, die als Gruppe handeln und damit dann Soziale Arbeit einfach vollziehen oder steuern würden. Mit Regierung ist hier stattdessen etwas gemeint, was sich weit über einen so klar abgrenzbaren Kreis von Personen hinaus vollzieht und dabei über individuelle Entscheidungsreichweiten hinausreicht.

Damit setzt die Theorie des Regierungshandelns in der Beschreibung Sozialer Arbeit nicht bei intentionalen, also absichtsvoll von Personen vollzogenen Handlungen an. „Handeln" gerät stattdessen ebenso wie „Regierung" als eine soziale (bzw. oft auch als „kulturell" betitelte) Struktur in den Blick. Diese Struktur zeigt sich, so eine weitere Grundannahme der Theorie, maßgeblich in Sprachlichkeit (May 2010, 143). Und über eine genauere Analyse dieser Sprachlichkeit versucht die Theorie dann auch, Soziale Arbeit zu beobachten.

Der Blick, den die Theorie des Regierungshandelns dafür entwickelt, baut aber nicht auf der Idee von festen sozialen Strukturen von Sprachlichkeit auf, welche Gesellschaft, und in dieser Gesellschaft die Soziale Arbeit, einfach prägen würden. Stattdessen geht die Theorie von relativ *fluiden* sozialen Strukturen aus, die sich in Form von wirkmächtigen, aber veränderbaren sprachlichen Zusammenhängen ausfindig machen lassen. Die Theorie des Regierungshandelns lässt sich damit in der grundsätzlichen Erschließung ihres Gegenstands von Sozialer Arbeit klar dem sog. Poststrukturalismus zuordnen.

Im Mittelpunkt **poststrukturalistischer Ansätze** steht eine bestimmte Art und Weise der historischen Auseinandersetzung mit Herrschaftsstrukturen. Dabei sind diese Ansätze vor allem an Kontingenzöffnungen, das heißt an einer de-/rekonstruktiven Reflexion der Nicht-Selbstverständlichkeit existierender sozialer bzw. kultureller Denk- und Handlungsmuster interessiert (Reckwitz 2008). Wie alle Theorieperspektiven, welche mit etwas Abstand im Nachhinein bestimmten Labels zugeordnet werden, weisen auch poststrukturalistische Ansätze durchaus verschiedene Perspektiven auf. Gemeinsam ist ihnen jedoch neben ihrem Fokus auf historisch etablierte Herrschaftsstrukturen, dass sie in der Regel auf Sprachlichkeit fokussiert sind. Dies hat mit ihrer kritischen Weiterentwicklung von Gedanken des v. a. in den Sprachwissenschaften entwickelten sog. „Strukturalismus" zu tun.

Von dieser Traditionslinie her rührt auch der Begriff „Poststrukturalismus". Sprache wird in poststrukturalistischen Ansätzen theoretisch eng mit „Diskursen", also überindividuellen sprachlichen Zusammenhängen in Verbindung gebracht. Methodisch drückt sich diese Vorstellung in der Erstellung sog. „Diskursanalysen" aus. Diese können empirisch angelegt sein. Auch dort, wo sie in empirisch kontrollierter Auseinandersetzung mit Materialien stattfinden, beschäftigen sich poststrukturalistisch angelegte Diskursanalysen immer mit Texten. Dabei wird die Idee von Texten jedoch nicht notwendigerweise enggeführt auf bereits in Textform vorliegende Aussagen (wie z. B. wissenschaftliche Artikel, journalistische Beiträge oder Redemanuskripte von PolitikerInnen). DiskursanalytikerInnen arbeiten also nicht nur mit solchen Texten, die man z. B. aus dem Studienalltag gewohnt ist, sondern auch mit anderen empirischen Daten, die sie gezielt als Texte lesen. Bei Gesprächsmitschnitten ist ein solcher Zugang noch relativ naheliegend, zumal man hier in der Regel tatsächlich relativ bald nur noch mit Texten arbeitet, die man im Zuge der Datenerhebung selbst erstellt hat (dies können Transkripte, aber bspw. auch sog. Memos zu Gesprächsverläufen sein). Diskursanalytische Perspektiven im Geiste des Poststrukturalismus ermöglichen es jedoch mithilfe der Verallgemeinerung ihres Begriffs von Sprachlichkeit auch, so unterschiedliches empirisches Material wie Kunstwerke, Fotos, Filme, Schilder, räumliche Anordnungen oder gar nicht verbal gefasste Handlungsabläufe, Riten und Gebräuche als Texte zu lesen und dann theoretisch ins Verhältnis zu angenommenen Kontexten zu setzen. Allein die alltagssprachliche Gebräuchlichkeit des Begriffs „Kontext" für alle möglichen Sorten von Rahmenbedingungen verrät dabei, dass poststrukturalistisch angelegte Diskursanalysen mit ihrem Ansatz, alle Dinge als Text zu lesen und in Relation zu „Kon-Texten" zu setzen, vielleicht naheliegender argumentieren, als man auf den ersten Blick meinen könnte.

Inwieweit genau sich die Theorie des Regierungshandelns als poststrukturalistische, an Text und Kontext interessierte Theorie der Sozialen Arbeit einordnen lässt, wollen wir im Folgenden genauer erläutern. Bevor wir uns in diesem Sinne daranmachen, den Gegenstand, den die Theorie des Regierungshandelns als Soziale Arbeit identifiziert, zu umreißen, wollen wir uns jedoch – unserer gewohnten Struktur zur Darstellung von Theorien der Sozialen Arbeit in diesem Buch folgend – zunächst nach dem grundlegenden Erkenntnisziel der Theorie des Regierungshandelns erkundigen.

3.9.1 Welches Erkenntnisziel formuliert die Theorie?

In unseren einleitenden Bemerkungen zur Theorie des Regierungshandelns haben wir bereits herausgestellt, dass die Theorie des Regierungshandelns sich für eine besondere Art von sozialer Struktur interessiert, die sich ihrer Annahme zufolge auf der Ebene sprachlich hergestellter Zusammenhänge als Regierungshandeln identifizieren lässt. Als Theorie der Sozialen Arbeit interessiert sich die Theorie des Regierungshandelns nun jedoch nicht für alles, was irgendwie als Regierungshandeln erschließbar ist, sondern ganz besonders für das Regierungshafte der Sozialen Arbeit, oder diskursanalytisch formuliert: Sie interessiert sich dafür, Soziale Arbeit als einen spezifischen Text des Regierungshandelns zu lesen und vor dem Hintergrund ihres Regierungskontextes besser zu verstehen.

Damit ist die Theorie des Regierungshandelns zunächst einmal vor allem eine analytisch ansetzende Theorie, der es eher um Antworten auf Was-, Wie- und Warum-Fragen geht als um die Beantwortung von Fragen nach Soll- und Idealzuständen Sozialer Arbeit (Kessl 2005, 12; 2007, 220 f.). Sie baut zudem dort, wo sie auf poststrukturalistische Theorie zurückgreift, mittelbar auch auf in hohem Maße konstruktivistische Grundgedanken (Definition in Kap. 1.3) auf.

„Regierungshandeln" wird von der Theorie des Regierungshandelns jedoch nicht „nur" als soziales, das heißt irgendwie zwischen Menschen stattfindendes Handeln verstanden, wie dies z.B. die zuletzt in Kap 3.8 beschriebene systemtheoretische Perspektive tun würde, sondern die Theorie definiert Regierungshandeln zugleich weitergehend als „politisches Handeln". Sie tut dies mit explizitem Bezug auf einem Theoriehintergrund, dem sie sich selbst verpflichtet sieht. Dies ist die Theorie der Gouvernementalität.

⊕ Die **Theorie der Gouvernementalität** geht in ihren Ursprüngen auf Michel Foucault, einen der prominentesten Poststrukturalisten des zwanzigsten Jahrhunderts, zurück (Foucault 1979; 1991). Die Theorie, welche von Foucault selbst nur in Fragmenten vorgelegt wurde, ist inzwischen vielfach weiterentwickelt und präzisiert worden. Dies gilt gerade auch für die Wohlfahrtstaats- und Sozialarbeitsforschung (z. B. Cruikshank 1994; Chambon et al. 1999; Rose 1999; Wilson 2008) und noch einmal in spezifischer Weise für die deutschsprachige Theorieentwicklung zur Sozialen Arbeit, wie insbesondere Kessl sie in Gestalt der hier besprochenen Theorie des Regierungshandelns betrieben hat. Die Theorie der Gouvernementalität geht, knapp zusammengefasst, von der Grundüberzeugung aus, dass das Zwischenmenschliche, wie es seit Beginn von Humanismus und Moderne geläufig ist und dann verstärkt seit Mitte des 19. Jahrhunderts als „das Soziale" gefasst wird, als Ausdruck politischer Organisations- und Interventionsformen zu denken sei (Rose 1996). Die Theorie der Gouvernementalität stellt damit vor allem eine kritisch-semantische Re-Analyse eines angenommenen historischen Denkumbruchs dar, welcher gleichzusetzen sei mit einer Veränderung hin zu einem Staats- und Regierungsverständnis, wie es heute als geradezu selbstverständlich vorausgesetzt wird, ohne gemeinhin in seiner Kontingenz, also Nicht-Selbstverständlichkeit reflektiert zu werden.

Die historisch ansetzende Argumentation der Theorie lautet, dass sich moderne Staatlichkeit durch ihre „Regierungsartigkeit" auszeichne, während im Spätmittelalter „Regierung" als politökonomisches Konzept des Staates noch gar nicht existiert bzw. keinerlei machtstrategische Bedeutung gehabt habe. Die „Kunst des Regierens", die sich seit Beginn der Moderne deutlich auf Staatsebene etabliert habe (Foucault 1991, 90 ff.), entstamme dabei der bis dahin zentralen gesellschaftlichen Entität: der Familie. Dies allein sei bereits ein grundsätzlicher Wechsel hin zu einem modernen Gesellschaftsmodell, welches eine „regierende Staatsmacht" in den Mittelpunkt stellt (Foucault 1991, 95 ff.).

Der entscheidende Umbruch zum heutigen, „liberalen" Staatsverständnis, und damit zu dem, was Foucault als „liberale Gouvernementalität" (Foucault 2000, 70) beschreibt, sei nun jedoch – holzschnittartig verkürzt – der folgende: In Abwendung vom Modell eines bis dato vor allem auf Souveränität und Machterhalt bedachten Staates und jenseits der bereits durch den Staat reflektierten Kategorie der Familie sei allmählich ein gänzlich neues soziales Konstrukt entstanden, und zwar dasjenige

---

der „Bevölkerung" eines Staates als Zielgröße des jeweiligen staatlichen Handelns (Foucault 1991, 99). „Das Soziale" im heutigen Sinne
habe sich erst ab diesem Punkt allmählich entwickelt. Gleichzeitig – so
Foucault – habe sich dauerhaft eine Idee staatlicher Regierungskunst
etabliert, welche darin bestehe, über vielfältigen programmatischen
Wandel hinweg mithilfe von Technologien, die politisch-ökonomischen
Kalkulationslogiken folgen, „Bevölkerungspolitik" zu betreiben. „Familie" existiert in diesem Zusammenhang auch weiterhin als soziale Entität,
sie verliert jedoch ihre Stellung als zentrales Modell oder auch letzte
Zielgröße staatlichen Handelns. Sie dient fortan als wichtiges Thermo-
meter und als ein konkreter Informationslieferant für Bedürfnisse und
Erwartungen „der Bevölkerung", ohne dass jedoch die Familie als solche
noch von staatspolitischer Bedeutung wäre.
Der damit geschaffene moderne, liberale Staat, wie er heute existiert,
ist damit laut Annahme der Gouvernementalitätstheorie von Beginn an
eine Art Wohlfahrtsstaat (Foucault 1991, 100). Hiermit ist aber nicht nur
ein hohes Maß an liberaler Fortschrittlichkeit und Absicherung, sondern
zugleich auch an Kontrolle und Macht für den Staat verbunden (Foucault
1991). Die von Foucault somit entworfene Gouvernementalitätstheorie
interpretiert moderne Staatlichkeit also vor allem als ein Macht-Ensem-
ble von Institutionen, Prozessen, Analysen, Reflexionen, Rechenweisen
und Taktiken, welches regulativ auf das Konstrukt der Bevölkerung zielt
und dieses mithilfe moderner Ideen der politischen Ökonomie zu steuern
versucht (Foucault 1991, 102 f.). Das heißt: Vielmehr als nur in Gesetzen
und Erlässen, aber auch in deren schlichter „Ausführung" findet sich
die liberale Gouvernementalität – und mit ihr die Regierungskunst des
Staates – in den Praktiken der regierten und sich im gleichen Zuge selbst
regierenden Bevölkerung wieder (Cruikshank 1996).
Gouvernementalität kann somit auch als eine Art „Kontaktpunkt"
zwischen Führung und Selbstführung der Bevölkerung gesehen werden
(Blasius 1993, 203). Die Verknüpfungsweise von Herrschaftstechnolo-
gien und Selbsttechnologien an der Stelle dieses Kontaktpunkts wird
als fortwährend prozesshaft und historisch wandelbar begriffen (Dean
2010). So soll mithilfe der Gouvernementalitätstheorie nicht nur der Prozess einer kontinuierlich sich etablierenden Form des heutigen Staates
analysiert werden, sondern vor allem auch dessen fortwährender Wandel durch Veränderungen des Zusammenspiels zwischen Selbst- und
Fremdführung in Form einer konstruierten „Subjektivität" von Personen.

Vor dem Hintergrund der zum Ausgangspunkt genommenen Gouvernementalitätstheorie legt die Theorie des Regierungshandelns
ihre Analyse dessen, wie moderne Gesellschaften, und in ihr die
Soziale Arbeit, strukturiert sind, als Analyse von *politischen Struk-*

turen und Strukturierungsweisen an. Diese – so die zentrale These der Theorie – zeigen sich in der sozialen/kulturellen Strukturierung der Moderne.

Dieser argumentative Ansatz erinnert zunächst an andere gesellschaftstheoretisch ansetzende Theorien der Sozialen Arbeit (wie etwa die bereits in Kap 3.3 oder 3.7 dargestellten Theorien). Es besteht hier aber auch schon ein erster Unterschied zur Argumentation dieser anderen Theorien, und dieser ist für das formulierte Erkenntnisziel der Theorie des Regierungshandelns folgenreicher als es auf den ersten Blick wirken mag. Denn die Theorie versteht unter „Strukturierung" im Unterschied zu den genannten Theorien keine „Strukturen", die quasi parallel zu Personenhandeln existieren, sondern argumentiert – wie gerade skizziert – „poststrukturalistisch". Das heißt, dass „Strukturierungen" auf der Ebene sozialen *Handelns* angesiedelt werden. Mit dem Argument, dass es bei Sozialer Arbeit sowie jeglicher sozialer/kultureller Struktur und Strukturierung am Ende stets um (sich) politisch (re)strukturierende Handlungen geht, wird zugleich eine sehr bestimmte disziplinäre Perspektive eingenommen: Die Theorie interessiert sich für Soziale Arbeit *ausschließlich* in einem politik-analytischen Sinne.

3.9.2   Wo und wie beobachtet die Theorie Soziale Arbeit?

Wie wir in Kap. 3.9.1 herausgearbeitet haben, formuliert die Theorie des Regierungshandelns das Erkenntnisziel, Soziale Arbeit als eine spezifische Form des politischen Handelns zu beschreiben. Auf den ersten Blick lautet das daraus hervorgehende, zentrale Argument der Theorie des Regierungshandelns zu ihrem Gegenstand: „Das Soziale ist politisch!". Liest man genauer und behält die poststrukturalistischen Vorannahmen der Theorie im Blick, lässt sich das Argument jedoch treffender formulieren als „Das Soziale *strukturiert sich* politisch!" Diesem Grundargument entsprechend, wird auch die Soziale Arbeit als eine spezifische politische Strukturierungsweise der modernen Gesellschaft verstanden.

Um diese Spezifik nun genauer zu erfassen, wird ausgehend von Foucaults Grundidee einer „Gouvernementalität" moderner Gesellschaften angenommen, dass es Soziale Arbeit als spezifische Form des Regierungshandelns versteht, Fremdführungs- und

Selbstführungsmomente in einer besonderen Weise miteinander zu verbinden. Das heißt zugleich, dass Soziale Arbeit weder als reine Form sozialer Disziplinierung verstanden wird, noch als ein strukturelles Moment von Freiheit, das sich gegenüber disziplinierenden Strukturen widerständig verhält. Stattdessen geht die Theorie aus von einer

> „ambivalenten Gleichzeitigkeit von Fremd- und Selbstführung, die eine substantielle Differenzierung von Sozialpolitik (*systemorientiert*) und Sozialer Arbeit (*lebensweltorientiert*) als kontraproduktiv ausweist" (Kessl 2005, 33).

Hier wird deutlich: Die Soziale Arbeit ist im Lichte der Theorie des Regierungshandelns nichts, was einfach nur von (Sozial)Politik umgeben wäre oder mit ihr irgendeine Form von Aufgabenteilung betreiben würde. In dieser Hinsicht lässt sich die Theorie z. B. abgrenzen von der Theorie der Unterstützung zur Lebensbewältigung, die wir in Kap. 3.3 dargestellt haben (Kessl 2005, 92) oder der Theorie der organisierten Hilfe, die wir in Kap. 3.7 beschrieben haben. Soziale Arbeit strukturiert sich in der Perspektive der Theorie des Regierungshandelns *selbst* als etwas zutiefst (Sozial)Politisches.

Dass ihre Entstehung auf das zweite Drittel des 19. Jahrhunderts datiert wird, ist dabei nicht zufällig. Hier wird von der Theorie ein enger Zusammenhang mit der Entdeckung der sog. „Sozialen Frage" (Schröer 1999) zur etwa gleichen Zeit hervorgehoben. Zu dieser Zeit – so wird mithilfe der Theorie des Regierungshandelns betont – habe der moderne Staat begonnen, anders mit Armut und von der Norm abweichendem Verhalten von Menschen umzugehen als noch zuvor, indem diese Phänomene nicht mehr als göttlich gewollt (Mittelalter) oder selbstverschuldet (Humanismus und Aufklärung), sondern als „soziale Probleme" betrachtet wurden, auf die es entsprechende „soziale Antworten" geben musste.

> „Und damit wird nichts Geringeres als ‚das Soziale' entdeckt, also die *Möglichkeit* eine öffentliche Regulierung und Gestaltung sozialer Zusammenhänge denken zu können, sie also legitimierbar zu machen […]. Der sozialen Dienstleistungsinstanz Sozialer Arbeit kommt im Kontext dieser Regierungsweisen des Sozialen im Laufe ihrer Etablierung in den nachfolgenden Jahrzehnten die Aufgabenzuschreibung und Funktion einer aktiven Beeinflussung und geplanten Unterstüt-

zung subjektiver Lebensführungsweisen zu – und zwar in den Fällen, in denen diese als sozial problematisch oder potenziell sozial problematisch markiert werden" (Kessl 2013, 12; Hervorh. i.Orig.).

Als Teil des historisch entstandenen Diskurses um das Soziale kommt der Sozialen Arbeit somit gemäß der Theorie des Regierungshandelns die Aufgabe zu, „die Lebensführung von marginalisierten Bevölkerungsgruppen aktiv zu unterstützen und geplant zu beeinflussen" (Kessl 2005, 36). Dies ist – so könnte man die Perspektive der Theorie des Regierungshandelns auf den Punkt bringen – ihre politische Funktion.

Die von ihr im ersten Schritt angestellte Analyse politischer Strukturierungen moderner Gesellschaft und „ihrer" Sozialen Arbeit in einer poststrukturalistischen Zugriffsweise, die Selbstverständlichkeiten historisch-sozialer Prozesse im Kontext ihrer politischen Rahmung de- und rekonstruiert, reicht der Theorie des Regierungshandelns jedoch nicht. Stattdessen geht sie in ihrer Grundannahme, dass das Soziale politisch sei, noch einen Schritt weiter und nimmt an, dass auch die Erkenntnis des Sozialen als politisches Handeln zu verstehen und anzulegen sei. Dabei versucht die Theorie des Regierungshandelns erkennbar, an Traditionsbestände (kapitalismus)kritischer Theorien aus den 1970er Jahren anzuschließen, die sich einer kritischen Weiterentwicklung der Sozialen Arbeit in Opposition zu einem geisteswissenschaftlich-pädagogischen Idealismus verpflichtet sahen (Kap. 2). Dementsprechend heißt es:

„Es reicht nicht aus, „Sittlichkeit" oder „Natur" oder einen Freiraum zur Ausbildung des „menschlichen Geistes" und Subjektivität" anzunehmen und fachliches pädagogisches Handeln dann an dieser Annahme ausrichten zu wollen. Notwendig ist vielmehr eine Rekonstruktion und Reflexion historisch-spezifischer Gestaltungsweisen des Sozialen, um verhandelbar zu machen, welche Selbst- und Fremdführungsweisen ermöglicht und welche verhindert werden sollen" (Kessl 2005, 10).

Wer hieran die Frage anschließt, wer denn darüber verhandeln soll, „welche Selbst- und Fremdführungsweisen ermöglicht und welche verhindert werden sollen", wird nun allerdings überrascht. Denn hier verweist die Theorie nicht auf theoretisch geschulte BeobachterInnen oder eine heterogene Masse an postmodernen AufklärerInnen, wie sie sich die poststrukturalistische Theorie gemeinhin vorstellt, sondern auf „die Soziale Arbeit". Dieser wird innerhalb der Theorie des Regierungshandelns so gesehen eine doppelte Rolle zugewiesen: Sie betritt sowohl als Teil der analysierten Machtverhältnisse, als auch in der Rolle des (potenziell) zentralen Gegenmittels gegen diese Machtverhältnisse die Bühne. Deutlich wird dies etwa wenn gefordert wird:

> „Soziale Arbeit sollte sich gerade in Kenntnisnahme eines Feldes der Unablässigkeit von Fremd- und Selbstführung aufgefordert sehen, aktiv und vehement in die Prozesse symbolischer Einschließung (Inszenierungs- und Symbolisierungsstrategien) einzugreifen" (Kessl 2005, 228).

Damit bewegt sich die Theorie des Regierungshandelns nun deutlich jenseits poststrukturalistischer Kritik, welcher direkte Aufforderungsappelle zum (fach)politischen Handeln fernliegen (Reckwitz 2008). In diesem Sinne formuliert Kessl denn nun auch jenseits einer poststrukturalistischen Theoriedenke die „Notwendigkeit einer politischen Theorie der Sozialen Arbeit" (Kessl 2005, 213) – und das heißt logisch betrachtet: einer politischen *statt* wissenschaftlichen Theorie der politischen Strukturierungsweise Sozialer Arbeit (Kessl 2005, 227).

Diese Argumentation ist insofern konsequent, als dass man, wenn man mithilfe der Theorie des Regierungshandelns annimmt, das Soziale sei deshalb erst vor gut 150 Jahren überhaupt erstmalig „erkannt" worden, weil sich hier ein politisch strukturierender Vorgang ereignet habe, das Gleiche auch für heutige Erkenntnisse des Sozialen annehmen muss. Anders gesagt: Wenn das Soziale vor 150 Jahren in einem politischen Prozess erkannt wurde, wie könnte eine heutige Erkenntnis des Sozialen ein wissenschaftlicher und kein politischer Vorgang sein?

So konsequent diese Argumentation ist, so widersprüchlich ist sie allerdings auch in erkenntnistheoretischer Hinsicht. Als entscheidendes Folgeproblem produziert sie die logische Widersprüchlichkeit, dass nicht klar ist, wie die Theorie selbst diejenigen geschichtlichen Prozesse erkennen kann, die sie zu erkennen beansprucht, wenn sie doch „eigentlich" qua Selbstanspruch gar nicht im Sinne „wahrer Erkenntnis" (als Kriterium von Wissenschaftlichkeit) funktionieren kann und darüber hinaus argumentiert wird, dass es wissenschaftliche Erkenntnis nicht geben könne, sondern nur „politische Kämpfe" (Kessl 2005, 226). Indem diese

Widersprüchlichkeit unaufgelöst bleibt, kommt es innerhalb der Theorie des Regierungshandelns wechselweise zu einer Verneinung jeglicher Objektivitätsbemühung *und* zu einer Verobjektivierung der eigenen kritischen Perspektive. Letzteres geschieht vor allem dort, wo die „kritische Perspektive" der Theorie des Regierungshandelns für sich beansprucht, sich geradezu aus den historischen Fakten zu ergeben. Wenn es z. B. heißt, es gehe der sich als „politisch" verstehenden Theorie des Regierungshandelns um

> „Zeitgeschichten der Wahrheit" [welche] „in politische Kämpfe einzuspeisen [seien], um die historische Spezifik der sozialstaatlichen Institutionalisierung, der wohlfahrtstaatlichen Programmierung und nun der neo-sozialen Transformationen nachvollziehbar zu machen" (Kessl 2005, 227),

wird behauptet, dass man mit der Theorie des Regierungshandelns historisch studieren könne, wie das Soziale und in ihm die Soziale Arbeit entstanden sind und sich im Sinne historischer Transformationen verändern. Nur: Ihre Legitimität zieht diese Idee „historischer" Darstellung nicht aus ihrer Politikhaftigkeit, sondern gerade aus einer Norm von Wissenschaftlichkeit. Das heißt, auch wenn die Theorie des Regierungshandelns offensiv als politische Theorie im Duktus von Nichtwissenschaftlichkeit auftritt, legitimiert sie sich dort, wo sie auf „Geschichte" als Argument zurückgreift, im Stile einer wissenschaftlichen Argumentation.

3.9.3   Was identifiziert die Theorie als Praxis der Sozialen Arbeit?

Die Theorie des Regierungshandelns stellt sich zu Beginn ihrer Beobachtung – wie wir in Kap. 3.9.1 und Kap. 3.9.2 zeigen konnten – unter Rückgriff auf eine gouvernementalitätstheoretische Perspektive entschieden analytisch auf. Das heißt, dass sie beansprucht, sich für „Handlungen" allgemein und für „Praxis der Sozialen Arbeit" konkret zu interessieren, aber nicht im Sinne von Verbesserungsvorschlägen oder Praxisanleitungen. Stattdessen geht es um eine möglichst adäquate Beschreibung davon, was Handeln und Praxis in der Sozialen Arbeit bedeuten und wie beides zustande kommt. Dabei ist die Theorie des Regierungshandelns auf eine historisch-analytische Beschreibung solcher Handlungen fokussiert, die sie als Regierungshandeln bezeichnet.

Hinter allen Zusammenhängen von Handlungen, die auf der Ebene von Texten in den Blick genommen werden, geht die Theorie dementsprechend von einem treibenden Moment von „Regierungshandeln" aus, und dieses Regierungshandeln ist in der Perspektive der Theorie stets „politisches Handeln".

Das hat wie eben beschrieben allgemeine Folgen für den Aufbau der Theorie des Regierungshandelns selbst. Es hat damit zusammenhängend aber auch Folgen für die Beschreibbarkeit von Praxis der Sozialen Arbeit durch die Theorie. Wie wir in Kap. 3.9.1 herausgestellt haben, interessiert sich die Theorie ausschließlich für Soziale Arbeit als politisches Handeln. Dementsprechend ist dann auch „Praxis der Sozialen Arbeit" im Lichte der Theorie des Regierungshandelns *immer politische Praxis*.

Wir haben in Kap. 3.9.2 bereits gezeigt, inwieweit die Idee des Politischen dabei eine mindestens doppelte, wenn nicht sogar allumfassende Bedeutung für die Theorie hat. Zum einen folgt aus dem Leitsatz „Das Soziale strukturiert sich politisch!" nämlich, dass Praxis (auch der Sozialen Arbeit) immer und überall politisch strukturierend ist. Zum anderen folgt daraus aber auch, dass Theorien (der Sozialen Arbeit) immer und überall politisch strukturierend *handeln*.

Entgegen des Eindrucks, der vielleicht beim ersten Lesen von Texten entsteht, die sich der Theorie des Regierungshandelns zuordnen lassen, lautet deren Kernaussage damit nicht nur einfach: „Das Soziale strukturiert sich politisch!". Sie lautet darüber hinaus: „Das Soziale strukturiert sich (bis hin zur Theoriebildung) politisch und *praktisch*!" Dieser Gedanke ist bestechend klar und leitet sich konsequent aus der Gouvernementalitätstheorie ab: Wenn sowohl das Soziale als auch dessen Erkenntnis einem historisch-politischen Prozess entspringen, ist beides nicht nur Politik, sondern natürlich auch Praxis. Der Gedanke hat aber seinen Preis darin, dass er keinerlei Differenzierungen von Praxis *oder* Politik mehr erlaubt, sondern nur noch Differenzierungen von „politischer Praxis". Alles ist also immer Praxis *und* Politik, die Welt (und in ihr die Soziale Arbeit sowie deren wissenschaftliche Beschreibung) besteht gänzlich aus politischer Praxis.

Wie wir in Kap. 3.9.2 gezeigt haben, lässt sich dieses Verständnis in erkenntnistheoretischer Perspektive durchaus kritisieren.

Dies gilt auch für die Beschreibung von Praxis, welche die Theorie vornimmt. Denn im Versuch, dem eigenen Anspruch nachzukommen, jegliche Handlung analytisch distanziert als politische Praxis beschreiben zu können, und dies zudem selbst im Sinne einer politischen Praxis zu tun, finden sich erkenntnislogische Brüche, von denen wir zumindest zwei herausstellen wollen:

1. Die Theorie argumentiert dort, wo sie über einen historisierenden Zugriff Regierungshandeln und die Entstehung der Sozialen Arbeit als Regierungshandeln „analytisch" bzw. genauer gesagt „historisch" nachvollzieht (Kessl 2005, 10 f.), gerade *nicht* entsprechend politischer Geltungsnormen im engeren Sinne (Kessl 2007, 228), sondern entsprechend wissenschaftlicher Geltungsnormen. Dies drückt sich aus durch ihre Beschreibungsversuche „historischer Wandlungsprozesse". Es lässt sich also erkenntnistheoretisch fragen, ob sich die Theorie des Regierungshandelns an diesen Stellen ihrer Argumentation sinnvoll als eine „rein politische Theorie" der Sozialen Arbeit lesen lässt. Stattdessen scheint es uns hier eher um eine „Theorie des Politischen" der Sozialen Arbeit zu gehen, die um die Zugrundelegung von Wirklichkeits- und Wahrheitsansprüchen dort, wo sie „Analyse" sein will, entgegen der eigenen Bekundung (Kessl 2009, 426) eben doch nicht herumkommt.

2. Durch ihren starken Anspruch, *als Theorie* sowohl eine Analyse des Politischen zu liefern als auch politisch zu handeln, vollzieht die Theorie darüber hinaus einen weiteren erkenntnislogischen Bruch, wo es heißt, die Theorie liefere keine wegweisenden Aussagen zu Idealvorstellungen von Praxis. Denn es lassen sich durchaus immanente, und auch explizit gemachte Vorstellungen einer besseren Sozialen Arbeit finden, welche die Theorie vertritt. Dies aber gerade dort, wo die Theorie angibt, „analytisch" zu argumentieren, also nur auf „andere" und nicht auf „bessere" Möglichkeiten Sozialer Arbeit hinweisen zu wollen. Gerade an diesen Stellen zeigt sich eine Vermengung von analytischen und professionspolitischen Aussagen zur „Praxis der Sozialen Arbeit". Zumeist wird dabei auf moralische Verpflichtungen gegenüber NutzerInnen Sozialer Arbeit hingewiesen, wie dies ähnlich etwa in der Theorie der Dienstleistungsorientierung (Kap. 3.4) zu finden ist (Kessl 2009, 422). Um solche Hinweise geben zu können muss sozialpädagogische Praxis – erstens – von

einem analysierten und historisch möglichen zu einem verbes-
serungsfähigen oder sogar verbesserungsbedürftigen Beobach-
tungsobjekt werden. Sodann noch muss sie – zweitens – als eine
ebendiese Verbesserung stiftende AkteurIn gedacht werden.
Hierfür muss die Theorie die sozialpädagogische Praxis, „wie
sie sein könnte", politisch idealisieren (Kessl 2005, 228). Dies
geschieht, indem ihr ein genuines Interesse am Wohlergehen
ihrer AdressatInnen zugeschrieben wird, was sich aus gouverne-
mentalitätstheoretischen Annahmen allein aber nicht ableiten
lässt bzw. diesen sogar entgegensteht.

Hinter den gezeigten epistemologischen Brüchen scheint ein Interesse am Fortbestand der Sozialen Arbeit als bessere Praxis zu stehen: Die Praxis soll sich dafür in ihrer zwar immer beschränkten,
aber doch „eigentlich" wahren Gestalt verwirklichen (Kessl 2006,
73; Ziegler 2004, 822). Grundsätzlich politisch in Zweifel gezogen
wird sie als Praxis dementsprechend nicht.
    So mutet die durch die Theorie des Regierungshandelns vorge-
brachte Kritik letztlich – nutzt man politische Vokabeln zur Beschreibung – erstaunlich „konservativ" an (Neumann/Sandermann
2009, 159). Dies gilt zumal, wenn man noch einmal an die Radika-
lität denkt, mit der sie als eine Theorie eingeführt wird, in der letztlich alles Praxis und alles Politik ist. Die Kritik, die die Theorie des
Regierungshandelns an der politischen Praxis der Sozialen Arbeit
äußert, ist aber keine Kritik an dieser politischen Praxis als solcher,
sondern nur an ihrer je aktuellen Form, die als „historisch", damit
zugleich aber stets als „nicht hinreichend entwickelt" beschrieben
wird, um Spielräume für ein grundsätzliches Festhalten an sozial-
pädagogischer/sozialarbeiterischer Praxis zu ermöglichen.
    Damit ähnelt das Praxisverständnis der Theorie des Regierungs-
handelns im Ergebnis demjenigen anderer Theorien der Sozialen
Arbeit, wie etwa der Theorie der Alltags- und Lebensweltorientierung (Kap. 3.2) oder der Theorie der reflexiven Sozialpädagogik
(Kap. 3.5).
    Die von uns in diesem Zuge erkenntnistheoretisch begründeten
Kritikpunkte an der Theorie des Regierungshandelns und ihrem
zugleich allumfassenden und statussichernden Praxisverständnis
lassen sich an dieser Stelle jedoch nur festhalten. Aufgenommen
und bearbeitet werden können sie *innerhalb* der Theorie des Regierungshandelns logischerweise nicht. Denn die Unvereinbarkeit

unserer Perspektive auf die Theorie des Regierungshandelns mit der eigenen Perspektive dieser Theorie liefert ein hervorragendes Beispiel für die Inkommensurabilität von Theorien, die wir in Kap. 1.1 angesprochen haben, und sie weist zudem auf die vielfältigen Verwobenheiten von Theorie und Metatheorie hin (Gasteiger et al. 2015, 30 f.).

Konkret zeigt sich diese Inkommensurabilität, wo unsere oben formulierten Kritikpunkte auf anderen metatheoretischen Grundannahmen aufbauen, als dies die Theorie des Regierungshandelns tut. Im Unterschied zur Theorie des Regierungshandelns argumentieren wir mithilfe von mindestens drei Unterscheidungen: einer Unterscheidung von politischen und wissenschaftlichen Normen, einer Unterscheidung von Theorie und Praxis und einer Unterscheidung von Denken und Handeln. All dies tut die Theorie des Regierungshandelns nicht, und zwar zugunsten der Annahme, dass im Grunde genommen Wissenschaft Politik, Theorie Praxis und Denken Handeln ist.

Unsere ausführliche Kritik des Praxisverständnisses der Theorie des Regierungshandelns dient somit an dieser Stelle bewusst keiner Suggestion einer „besseren" Theorie als derjenigen des Regierungshandelns. Sie soll es aber ermöglichen, die Theorie des Regierungshandelns ebenso wie die anderen in diesem Buch dargestellten Theorien der Sozialen Arbeit nicht allein „in sich selbst" nachzuvollziehen, sondern auch im Lichte der von ihr getroffenen erkenntnistheoretischen Entscheidungen zu verstehen. Wo die Theorie des Regierungshandelns also behauptet, dass Theoretisierungsleistungen und die Skizzierung von Praxis einzig eine Frage des Welt*veränderns* sind, betonen wir im Rahmen ihrer Darstellung, inwiefern jede Theoretisierungsleistung und das durch sie hervorgebrachte Wissen um Praxis immer auch eine Frage des Welt*erkennens* ist (Kap. 1).

1. Was versteht die Theorie des Regierungshandelns unter „Regierung", und auf welchen theoretischen Grundannahmen baut sie dafür auf?

2. Inwiefern lässt sich sagen, dass sich mithilfe der Theorie des Regierungshandeln das Politische der Praxis der Sozialen Arbeit erkennen lässt?

3. Welche Gemeinsamkeit der Theorie des Regierungshandelns mit anderen Theorien der Sozialen Arbeit lässt sich in Bezug auf ihr Praxisverständnis festhalten, und lassen sich auch Unterschiede erkennen?

Kessl, F. (2007): Wozu Studien zur Gouvernementalität in der Sozialen Arbeit? Von der Etablierung einer Forschungsperspektive. In: Anhorn, R., Bettinger, F., Stehr, J. (Hrsg.): Foucaults Machtanalytik und Soziale Arbeit. Eine kritische Bestandsaufnahme. VS Verlag für Sozialwissenschaften, Wiesbaden, 203–225

Kessl, F. (2006): Soziale Arbeit als Regierung. Eine machtanalytische Perspektive. In: Weber, S., Maurer, S. (Hrsg.): Gouvernementalität und Erziehungswissenschaft. Wissen – Macht – Transformation. VS Verlag für Sozialwissenschaften, Wiesbaden, 63–75

Kessl, F. (2005): Der Gebrauch der eigenen Kräfte. Eine Gouvernementalität Sozialer Arbeit. Juventa, Weinheim/München

3.10   Theorie der intervenierenden Sozialpolitik

Auch die Theorie der intervenierenden Sozialpolitik ist eine auf die Gesamtheit der Sozialen Arbeit zielende Theorie. In unserer Auswahl von Theorien der Sozialen Arbeit stellen wir sie zuletzt vor. Dafür werden wir zunächst einige Grundinformationen zur Theorie liefern, bevor wir ihr zentrales Erkenntnisziel rekonstruieren (Kap. 3.10.1) und uns danach der Frage widmen, wo, wie und mit welchen Vorannahmen die Theorie Soziale Arbeit beobachtet (Kap. 3.10.2). Drittens halten wir fest, was im Ergebnis der theoretischen Beobachtung als Praxis Sozialer Arbeit ausfindig zu machen ist (Kap. 3.10.3), bevor wir abschließend wie in allen vorherigen Teilkapiteln einige Lernfragen sowie eine kurze Liste präsentieren, welche einschlägige Primärtexte für ein weitergehendes Verständnis der Theorie umfasst.

Die Theorie der intervenierenden Sozialpolitik ist jüngeren Datums. Sie wurde und wird derzeit maßgeblich von einem Autoren, Werner Schönig, entwickelt. Sie ist somit anders als viele der in diesem Buch dargestellten Theorien kein Kollektivwerk, wenngleich auch sie selbstverständlich auf Werken anderer AutorInnen aufbaut und dies auch ausweist, wie wir in Kap. 3.10.2 zeigen werden.

Die Theorie ist dabei erkennbar verzahnt mit einem Projekt, das „Duale Rahmentheorie Sozialer Arbeit" genannt wird (Schönig 2012; 2016). Dieses Projekt stellt den Versuch einer rahmenden Sortierung vorliegender Theorien der Sozialen Arbeit dar. Mit dieser Sortierung geht es darum, „eine Klammer um die Theorievielfalt" Sozialer Arbeit zu setzen (Schönig 2012, 9). Dabei spielt auch das Bemühen, einen Beitrag zur disziplinpolitischen Diskussion um eine eigenständige „Sozialarbeitswissenschaft" bzw. „Wissenschaft der Sozialen Arbeit" zu liefern, eine erkennbare Rolle.

Im Fokus der nun folgenden Darstellung steht allein die Theorie der intervenierenden Sozialpolitik.

3.10.1   Welches Erkenntnisziel formuliert die Theorie?

Das Erkenntnisziel der Theorie der intervenierenden Sozialpolitik wird in verschiedenen Texten explizit formuliert (Schönig 2013; 2012; 2006). Es speist sich aus der Kritik, dass bis dato bestehende Definitionen und Gegenstandsbestimmungen der Sozialen Arbeit als programmatisch überladen und/oder zu unkonkret angesehen werden. In diesem Zuge wird kritisiert, dass unbegründete Gleichsetzungen von Sozialer Arbeit etwa mit dem Konstrukt der „Profession" vorgenommen würden (Schönig 2012, 79 ff.). Darüber hinaus wird insbesondere eine hinreichende theoretische Berücksichtigung der Zusammenhänge zwischen Sozialpolitik und Sozialer Arbeit vermisst:

> „Angesichts dieser interessanten Beziehung zwischen Sozialpolitik und Sozialer Arbeit ist es erstaunlich, dass Sozialpolitik und Soziale Arbeit so selten gemeinsam diskutiert werden. Ganz im Gegenteil stehen die wenigen neueren Beiträge zu Sozialpolitik und Sozialer Arbeit kaum verbunden nebeneinander und weisen einen gravierenden Mangel an Betrachtung der Wechselwirkungen auf. Dies ist umso schwerwiegender, als die Frage der Wechselwirkung zwischen Sozialpolitik und Sozialer Arbeit den Kern ihres Verhältnisses trifft" (Schönig 2012, 65).

Das Erkenntnisziel der Theorie der intervenierenden Sozialpolitik lautet also zunächst einmal ganz abstrakt, Soziale Arbeit besser als bisher theoretisch zu beschreiben, indem ihr qua Theorie angenommenes Wechselwirkungsverhältnis zur Sozialpolitik genauer bestimmt wird.

Damit wird nicht nur deutlich, wo das primäre Erkenntnisinteresse der Theorie liegt, sondern auch, wo die Theorie ihren disziplinären Schwerpunkt sieht: Nicht als ein besonderes Feld der Erziehung möchte die Theorie Soziale Arbeit theoretisieren, so wie wir das etwa im Falle der Theorien der industriegesellschaftlich gerahmten Erziehungswirklichkeit (Kap. 3.1), der Alltags- und Lebensweltorientierung (Kap. 3.2) oder des sozialpädagogischen Diskurses (Kap. 3.6) gesehen haben, sondern die Theorie der intervenierenden Sozialpolitik interessiert sich für Soziale Arbeit *als Sozialpolitik.*

Die Theorie der intervenierenden Sozialpolitik weist in diesem Zuge die aus ihrer Sicht bestehenden „Kolonialisierungsansprüche einzelner Disziplinen (insbesondere Pädagogik und Psychologie)" zurück (Schönig 2013, 50). Dies kann aber logisch nur funktionieren, indem sie selbst einen disziplinären Kolonialisierungsanspruch anmeldet, und zwar über die disziplinäre Perspektive der (Sozial)Politikwissenschaft.

Die Theorie der intervenierenden Sozialpolitik versteht sich als funktionale Theorie. „Funktional" heißt dabei zunächst, dass die Theorie nicht primär darauf abzielt, die Soziale Arbeit über idealistische Motive oder angenommene Motivationen von SozialarbeiterInnen und SozialpädagogInnen zu theoretisieren. Stattdessen geht es hier darum, besser zu verstehen, wie Soziale Arbeit als ein *gesellschaftlicher Teilbereich* funktioniert. Dafür benötigt die Theorie der intervenierenden Sozialpolitik ein umfassenderes Verständnis von Gesellschaft, wie wir in Kap. 3.10.2 zeigen werden.

Die Theorie erinnert mit diesem stark analytisch orientierten Erkenntnisinteresse auf den ersten Blick an die Theorie des Funktionssystems sozialer Hilfe (Kap. 3.8). Bei genauerem Hinsehen finden sich aber auch Stellen des Werkes, an denen die Klarheit einer vornehmlich analytischen Orientierung der Theorie aufgeweicht wird. Dies geschieht an Stellen, an denen die Theorie keine systematische Unterscheidung dazwischen trifft, ob sie Soziale Arbeit als Beobachtungsperspektive oder als Beobachtungsgegenstand definiert. Der Begriff „Soziale Arbeit" wird hier sozusagen doppelt belegt. So wird dann etwa von einer „Selbstaufklärung" der Sozialen Arbeit gesprochen (Schönig 2012, 51), anstatt von einer Aufklärung der Sozialen Arbeit mithilfe von Theorie(n).

Wir werden diesen Punkt in Kap. 3.10.3 vertiefen. Zunächst wollen wir nachvollziehen, wo, wie und auf Basis welcher Vorannahmen es der Theorie gelingt, Soziale Arbeit als solche zu beobachten.

3.10.2 Wo und wie beobachtet die Theorie Soziale Arbeit?

Die in Kap. 3.10.1 zitierte Formulierung des Erkenntnisziels der Theorie enthält zugleich die These, dass „die Frage der Wechselwirkung zwischen Sozialpolitik und Sozialer Arbeit den Kern ihres Verhältnisses trifft" (Schönig 2012, 65). Was ist damit gemeint?

Auf den ersten Blick könnte es wirken, als wenn die Theorie der intervenierenden Sozialpolitik keine Wechselwirkung analysiert, sondern die Soziale Arbeit dem größeren Bereich der Sozialpolitik einfach zuordnet. Und ganz falsch ist dieser Eindruck auch nicht, wenn man ausschließlich die Formulierung der „Grundidee" der Theorie zur Kenntnis nimmt. Denn dort wird die Soziale Arbeit folgendermaßen gefasst:

> „Grundidee ist es [...], die Soziale Arbeit als integrierende Intervention und Modus der Sozialpolitik aufzufassen [...]. Hierdurch wird einerseits die enge Verbindung beider Bereiche betont und andererseits wird der Sozialen Arbeit eine spezifische Funktion zugewiesen, die ihr eine notwendige Autonomie gegenüber den Steuerungsansprüchen der Sozialpolitik ermöglicht" (Schönig 2013, 32 f.).

Diese Theoretisierung mutet widersprüchlich an, solange man sich die Soziale Arbeit und die Sozialpolitik als zwei nebeneinanderstehende Bereiche vorstellt. Denn die Soziale Arbeit erscheint dann im Lichte der Theorie einerseits als Teil der Sozialpolitik und andererseits als etwas Anderes als Sozialpolitik. Deshalb ist es wichtig, sich an das in Kap. 3.10.1 dargestellte Erkenntnisziel der Theorie zu erinnern. Es geht der Theorie der intervenierenden Sozialpolitik darum, die Soziale Arbeit in ihrer gesellschaftlichen Funktion zu beschreiben und zu verstehen.

Das rückt die Theorie, was die Art ihrer Vergegenständlichung von Sozialer Arbeit angeht, in die Nähe anderer Theorien, die wir bereits kennengelernt haben. So etwa in die Nähe der Theorie des Regierungshandelns (Kap. 3.9) und der Theorie der Unterstützung zur Lebensbewältigung (Kap. 3.3), auf deren Ausführungen sie im Übrigen auch an einigen Stellen aufbaut.

Das von der Theorie angenommene Gesellschaftsbild unterscheidet sich indessen etwas von demjenigen anderer Theorien. Wo etwa die Theorie der Unterstützung zur Lebensbewältigung – vereinfacht gesprochen – auf einem modernisierungskritischen Bild von Gesellschaft aufbaut, das sie aus unterschiedlichen sozialwissenschaftlichen Theorien und Zeitdiagnosen zusammenfügt (Kap. 3.3.2), versucht die Theorie der intervenierenden Sozialpolitik eine eher analytische, Modernität weniger kritisierende als beschreibende Perspektive einzunehmen und begründet das auch ausführlich (Schönig 2012). Dieser Schritt geschieht unter Rückgriff auf durchaus verschiedene Gesellschaftstheorien, deren Hauptthesen recht grob zusammengefasst werden und bei genauerer Betrachtung eher quer zueinander liegen als ineinandergreifen.

In der Essenz werden zwei „Aspekte" gesellschaftlicher Modernisierung aus den rezipierten Gesellschaftstheorien herausgefiltert. Zum einen wird ein „politischer Gestaltungswille" der Moderne identifiziert (Schönig 2012, 15). Hieran erkennt man erneut die politikwissenschaftliche Schlagseite der Theorie: Moderne ist hier ganz maßgeblich ein „politisches Projekt". Daneben wird ein „dialektischer Modernisierungsprozess" angenommen, und die Soziale Arbeit wird darin in einer besonderen Weise verortet. Dies liest sich im Original so:

> „[Es wird] der dialektische Modernisierungsprozess als gegeben aufgefasst. Der Prozess ist durch den Widerspruch von funktionaler Differenzierung und spezifischer Integration gekennzeichnet, der ihn als Motor antreibt. Die beiden widersprüchlichen Tendenzen sind die Ursache dafür, dass überhaupt eine Gesellschaftsentwicklung stattfindet. […] Ordnet man die widersprüchlichen Tendenzen in einem Parallelogramm, so erkennt man […; eine] Instrumentenmatrix […], die sich aus den jeweils dichotomen Dimensionen Integration/Differenzierung und Generalisierung/Intervention zusammensetzt." (Schönig 2012, 15f.; Einfüg. d. V.).

In der Summe unterscheidet die Theorie (Schönig 2012, 35f.) so zwischen „vier Fällen" gesellschaftlicher Entwicklung im Modernisierungsprozess. Diese vier Fälle ordnet sie innerhalb eines „flexiblen Kräfteparallelogramms" an. Dabei wird der Fall „differenzierende[r] Kräfte auf der Ebene genereller Problemlösung" als erster Fall konstruiert. Er umfasst in der Logik der Theorie das Gros gesellschaftlicher Entwicklung: In den allermeisten Bereichen ist Gesellschaftsentwicklung ein Prozess der Ausdifferenzierung von Systemlogiken, der zudem weitestgehend mit „Tendenzen zur Wettbewerbssteigerung und Wettbewerbsfreiheit" assoziiert wird. Daneben gibt es den Fall der „differenzierende[n] Intervention": Hierunter lassen sich mithilfe der Theorie letztlich alle politischen Interventionen verstehen, welche die Logik „marktwirtschaftliche[r] Differenzierung in die nicht marktwirtschaftliche Sphäre übertragen", das heißt vor allem in den Bereich der Politik. Schließlich kennt die Theorie „integrierende Kräfte". Dazu zählen

> „auf der *generalisierenden Ebene* die Sicherungsinstitutionen staatlicher Sozialpolitik sowie die Integration durch andere Politikfelder und Einflüsse wie z. B. kultureller und religiöser Art. […] Als *integrierende Intervention* gelten typischerweise Einzelfallförderungen sozial Benachteiligter, wie sie typischerweise von der Sozialen Arbeit geleistet werden" (Schönig 2012, 15 f.; Einfüg. d. V.).

Man sieht, wie die Theorie zunächst der Sozialpolitik ganz allgemein eine integrative Funktion zuweist. Sozialpolitik hat dabei wiederum zwei Unterbereiche: den „Kernbereich" der „generalisierenden Sozialpolitik" (hierzu zählen laut Theorie vor allem die Sozialversicherungsleistungen der Renten-, Kranken/Unfall-, Arbeitslosen- und Pflegeversicherung, aber auch regelhafte, meist materielle Antworten auf „soziale Probleme", wie etwa das standardmäßig auf die Familiengründung folgende Kindergeld) sowie den Bereich „ausnahmeartiger sozialer Probleme und gesellschaftlich-integrierender Intervention" (Schönig 2013, 38). Letzterer ist das, was die Theorie als Soziale Arbeit versteht.

Die Soziale Arbeit wird somit im Kräfteparallelogramm von Integration/Differenzierung und Generalisierung/Intervention, welches die Theorie als wesentliches Schema zur Entwicklungsdynamik moderner Gesellschaften entwirft (Schönig 2012; 2013), als maßgebliches Beispiel für eine „integrierende Intervention" theoretisiert.

Wie sich erkennen lässt, argumentiert die Theorie der intervenierenden Sozialpolitik trotz ihrer expliziten Bezugnahme auf Niklas Luhmanns Theorie sozialer Systeme, die wir in Kap. 3.7 bereits knapp erläutert haben, nicht funktionalanalytisch im Luhmannschen Sinne (Luhmann 1987), wo sie Sozialpolitik und Soziale Arbeit beschreibt. Ganz im Gegenteil wird die Gesellschaft letztlich als Widerspruch von politischen und nicht-politischen Logiken definiert. Die Theorie beschreibt dabei zwar jegliche Gesellschaft außerhalb von Sozialpolitik als funktional differenziert. Dort, wo sie damit beginnt, Sozialpolitik und dann auch Soziale Arbeit im engeren Sinn zu theoretisieren, argumentiert sie aber gegenläufig zu einer systemtheoretischen Gesellschaftsbeschreibung.

Soziale Arbeit sowie auch Sozialpolitik im Ganzen werden somit nicht als Funktionssystem der Gesellschaft beschrieben, welches zur weiteren Differenzierung, und damit zur Modernisierung der Gesellschaft im systemtheoretischen Sinne beiträgt. Stattdessen werden der Sozialpolitik und gewissermaßen „in ihr" auch der Sozialen Arbeit eine integrierende Gegenrolle zum gesellschaftlichen Differenzierungsprozess zugewiesen.

Die Bereiche der Sozialpolitik und der Sozialen Arbeit werden damit auf die *Programmatik* ihrer Funktionsweise hin untersucht und in das Gesellschaftsmodell einsortiert, ohne dabei die *Umsetzung* der Programmatik noch einmal gesondert zu hinterfragen. Das, was Programm ist, und das, was Funktion ist, würde in einer im engeren Sinne systemtheoretischen Perspektive jedoch deutlich voneinander unterschieden werden (Sandermann 2010), und diese Unterscheidung wird von der Systemtheorie für den gesellschaftlichen Bereich als in spezifischer Weise relevant angesehen (Kaufmann 1975).

Die Theorie der intervenierenden Sozialpolitik argumentiert so gesehen eher „strukturfunktionalistisch" als „funktionalanalytisch", und theoretisiert damit die Soziale Arbeit so, wie wir dies auch für die Theorie der Unterstützung zur Lebensbewältigung zeigen konnten (Kap. 3.3.2). Ein Unterschied zwischen beiden Theorien liegt allerdings darin, dass in der Perspektive der Theorie der intervenierenden Sozialpolitik der Modernisierungsprozess erst zu einem „wahren" Modernisierungsprozess wird, indem man ihm die Integrationsleistung der Sozialpolitik zurechnet. Das erklärt auch, warum die Theorie der intervenierenden Sozialpolitik „die Moderne" deutlich positiver darstellt, als das in der Theorie der Unterstützung zur Lebensbewältigung der Fall ist.

Qua Annahme der Theorie funktioniert die Soziale Arbeit damit als

„ein Bereich ausnahmeartiger sozialer Probleme und gesellschaftlich-integrierender Intervention, die ex definitione nicht Gegenstand generalisierender Sicherungsinstitutionen [der Sozialpolitik; d. V.] sind. Sie sind es nicht, da sie als Ausnahmefälle nicht von generalisierenden Institutionen bearbeitet werden können." (Schönig 2013, 38; im Orig. teils kursiv).

Soziale Arbeit wird damit im Sinne der Theoriebildung zu einem integrativen Korrektiv. Dieses korrigiert jedoch nicht *die Moderne* als Ganze, wie wir es als Vorstellung bei der Theorie der Unterstützung zur Lebensbewältigung herausgearbeitet haben (Kap. 3.3), sondern die Soziale Arbeit wird der Moderne als ein Handlungsmodus *zugerechnet*. Damit gleicht Soziale Arbeit laut Theorie der intervenierenden Sozialpolitik lediglich die in der Moderne unter anderem *auch* vonstattengehenden Differenzierungsprozesse aus.

3.10.3 Was identifiziert die Theorie als Praxis der Sozialen Arbeit?

Nimmt man in den Blick, was die Theorie der intervenierenden Sozialpolitik als Praxis der Sozialen Arbeit beschreibt, so fällt zunächst einmal auf, dass sich dazu kaum explizite Hinweise finden lassen. Das unterscheidet die Theorie deutlich von vielen der zuvor dargestellten Theorien der Sozialen Arbeit. Wo andere Theorien „ihre" Soziale Arbeit explizit als Praxis theoretisieren, nutzt die Theorie der intervenierenden Sozialpolitik eher abstrahierende Begriffe wie „Bereich" oder „Feld". Oder aber es wird ganz einfach von „der Sozialen Arbeit" gesprochen, ohne ihr ein weiteres Abstraktum hinzuzufügen, welches die genauere Perspektivierung der Praxis Sozialer Arbeit durch die Theorie erlauben würde. Beim genaueren Lesen wird man dann aber doch fündig. Dabei stößt man auf zumeist implizite, zuweilen aber auch explizit gemachte Annahmen der Theorie zur Sozialen Arbeit als Praxis.

Zunächst einmal fällt auf, dass beide für die Theorie wesentlichen „Bereiche der Sozialpolitik" (das heißt sowohl die „generalisierenden Problemlösungen" sozialer Probleme, die als „regelhaft" angenommen werden, als auch die „gesellschaftlich-integrierenden Interventionen" gegenüber sozialen Problemen, die als „ausnahmeartig" angesehen werden) oft als „Handlungsvollzüge" oder „Handlungsfelder" benannt werden. Der Teilbereich der Sozialen Arbeit wird darüber hinaus als „Handlungsmodus" beschrieben (Schönig 2013, 36).

Beides zeigt: Soziale Arbeit als „Praxis" ist innerhalb der Theorie der intervenierenden Sozialpolitik entgegen des vielleicht zuerst entstehenden Eindrucks nicht irrelevant, sondern im Gegenteil geradezu allgegenwärtig. Man könnte auch sagen: Dass Soziale

Arbeit im Wesentlichen praktisch ist, ist in der Perspektive der Theorie der intervenierenden Sozialpolitik so selbstverständlich, dass es kaum einmal explizit benannt wird.

Die Theorie generiert damit eine sehr umfassende Vorstellung von Praxis der Sozialen Arbeit, wobei Praxis zunächst einmal als ein rein deskriptiv verstandener Begriff Verwendung findet. Soziale Arbeit wird als ein Modus von Handlungen beschrieben, und zwar quer zur Frage danach, ob dies gute oder schlechte Handlungen sind. Die Theorie unterscheidet deshalb auch an keiner Stelle explizit zwischen „gelingender" und „nicht gelingender" bzw. „mehr oder weniger gelingender" Praxis.

Es wird hier noch einmal der analytische Anspruch der Theorie deutlich, den wir in Kap. 3.10.1 schon skizziert haben. Die Theorie distanziert sich damit auch von Vorstellungen, die davon ausgehen, man könne überhaupt so etwas wie „gute Praxis", „gelingendere Praxis", „neue Praxis", „professionelle Praxis" oder andere erstrebenswerte Zustände der Sozialen Arbeit abgrenzen von etwas „Erreichtem", so wie dies in anderen Theorien der Sozialen Arbeit zu finden ist. Die Theorie der intervenierenden Sozialpolitik strebt auf den ersten Blick keinerlei Ideal-, sondern eher eine Realvorstellung von Praxis an, und der Begriff der Praxis scheint ihr analog zur Verwendung des Handlungsbegriffs und zum für die Theorie zentralen Interventionsbegriff als eine rein deskriptive Kategorie zur Beschreibung „praktischen Tuns" zu dienen. Dort, wo die Theorie die Soziale Arbeit auch als „praktische Sozialpolitik" (Schönig 2012, 104) betitelt, wird das besonders deutlich.

Der Eindruck, die Theorie treffe keinerlei Aussagen zu Praxis im Sinne eines „guten Handelns", täuscht unseres Erachtens jedoch. Das wird deutlich, wenn man sich noch einmal anschaut, wo die Theorie für ihre Beobachtung von Sozialer Arbeit ansetzt. Wir haben dies in Kap. 3.10.2 herausgearbeitet: Die Theorie der intervenierenden Sozialpolitik rekonstruiert Soziale Arbeit in ihrer Funktion auf *Programmebene*. Das heißt, die gesellschaftliche Funktion der Sozialen Arbeit wird trotz des umfassenden gesellschaftstheoretischen Fundaments der Theorie nicht aus gesellschaftswissenschaftlicher Distanz heraus auf das hin beobachtet, was sie *tut*, sondern die Funktion der Sozialen Arbeit wird auf das hin beobachtet, was sie *zu tun beansprucht*.

Damit wird zugleich klar, dass die Theorie der intervenierenden Sozialpolitik die Praxis Sozialer Arbeit entgegen des zunächst vermutbaren Anspruchs zwar nicht als ideale, aber ebenso wenig als reale, sondern als *intentionale* Praxis rekonstruiert. Sie ist so gesehen vor allem eine Theorie der Sozialen Arbeit als sozialpolitisches Programm.

1. Welchen „disziplinären Kolonialisierungsansprüchen" gegenüber grenzt sich die Theorie der intervenierenden Sozialpolitik ab und welche eigenen Ansprüche gehen damit einher?

2. Inwieweit beschreibt die Theorie Soziale Arbeit als Teil der Sozialpolitik und zugleich als etwas, was sich von Sozialpolitik im engeren Sinne unterscheidet?

3. Was unterscheidet die Theorie der intervenierenden Sozialpolitik von einer im engeren Sinne systemtheoretisch ansetzenden Beobachtung Sozialer Arbeit, und inwiefern spiegelt sich dies in der mit ihr einnehmbaren Perspektive auf Praxis?

Schönig, W. (2013): Soziale Arbeit als Intervention und Modus der Sozialpolitik. In: Benz, B., Rieger, G., Schönig, W., Többe-Schukalla, M. (Hrsg.): Politik Sozialer Arbeit. Band 1: Grundlagen, theoretische Perspektiven und Diskurse. Beltz Juventa, Weinheim/Basel, 32–53

Schönig, W. (2012): Grundlagen einer Interventionstheorie Sozialer Arbeit. In: Schönig, W.: Duale Rahmentheorie Sozialer Arbeit. Luhmanns Systemtheorie und Deweys Pragmatismus im Kontext situativer Interventionen. Beltz Juventa, Weinheim/Basel, 15–105

Schönig, W. (2006): Soziale Arbeit als Intervention. Versuch einer integrierten Definition mit Blick auf Sozialpolitik und soziale Dienste. Sozialmagazin 31 (1), 38–45

4 Was unterscheidet Theorien der Sozialen Arbeit?

Im Rahmen des folgenden Zwischenfazits wollen wir zeigen, welche Varianzen sich erkennen lassen, wenn man die zehn Theorien der Sozialen Arbeit, die wir in Kap. 3.1–3.10 beispielhaft vorgestellt haben, nebeneinanderstellt. Wir wollen damit zunächst den Spielraum verdeutlichen, der für einschlägige Theorien der Sozialen Arbeit besteht, wenn in ihnen Erkenntnisziele benannt, Gegenstände konzeptualisiert und Praxisverständnisse Sozialer Arbeit entwickelt werden. Im Sinne der Gesamtüberschrift des Kap. 3 arbeiten wir im Folgenden also vornehmlich das Unterschiedliche im Gemeinsamen von Theorien der Sozialen Arbeit heraus. Zugleich wird deutlich werden, dass sich dabei auch schon Gemeinsamkeiten unterschiedlicher Theorien der Sozialen Arbeit zeigen lassen, welche wir in Kap. 5 genauer in Augenschein nehmen werden.

Darüber, dass Theorien der Sozialen Arbeit im Zuge ihrer Vergegenständlichungsprozesse höchst Unterschiedliches ins Blickfeld geraten lassen, wurde und wird immer wieder geschrieben (zuletzt Hammerschmidt et al. 2017). Wir haben bereits einleitend darauf hingewiesen, dass manche AutorInnen daraus die Diagnose eines generellen *Theoriedefizits* der Sozialen Arbeit ableiten. Wie erwähnt teilen wir diese Defizitdiagnose nicht. Stattdessen betrachten wir die Tatsache, dass verschiedene Theorien der Sozialen Arbeit verschieden ansetzen, dabei Verschiedenes voraussetzen und Theorien damit auch zu verschiedenen Gegenstandsauffassungen von Sozialer Arbeit gelangen, als den Normalfall sozialwissenschaftlicher Theorieproduktion (Neumann/Sandermann 2007). Mit dieser Einschätzung sind wir, zieht man das kanonisierte Wissen heutiger Wissenschaftsforschung zu Theoriebildungsprozessen ins Kalkül (Weingart 2003), in guter Gesellschaft. Gleichzeitig lassen sich gerade dann, wenn man toleriert, dass sich über verschiedene Theorien Sozialer Arbeit unterschiedliche Gegenstände ergeben, in einem nächsten Schritt

(Kap. 5) auch Gemeinsamkeiten von Theorien der Sozialen Arbeit identifizieren.

4.1 Erkenntnisziele

Wir rekapitulieren nun zunächst die Varianz von Erkenntniszielen, die wir im Laufe des Kap. 3 darstellen konnten. Es lässt sich festhalten, dass die beschriebenen Theorien der Sozialen Arbeit – zumindest auf den ersten Blick – sehr unterschiedliche Erkenntnisziele verfolgen.

Die Verschiedenheit der Erkenntnisziele von Theorien der Sozialen Arbeit zeigt sich bereits darin, dass in ihnen mit jeweils sehr unterschiedlichem Vokabular gearbeitet wird. So fällt z. B. auf, dass die in Kap. 3.1 dargestellte und wesentlich von Klaus Mollenhauer entwickelte Theorie kritisch an die Begrifflichkeiten geisteswissenschaftlicher Denkmodelle der 1920er–1950er Jahre anschließt. Ziel dabei ist es, „Erziehungswirklichkeit" zum Ausgangspunkt wie auch zum Bezugspunkt einer Theorie der Sozialen Arbeit zu erklären, das damit verbundene Konzept aber gleichzeitig zu „versozialwissenschaftlichen". Die Theorie zielt somit darauf, Soziale Arbeit als „Erziehungswirklichkeit" im Horizont „gesellschaftlicher Bedingungen" zu betrachten und damit kein reines Idealbild, sondern sozusagen ein „Realbild inklusive Idealbild" von Sozialer Arbeit zu entwerfen. Dies wird getan, um Veränderungsmöglichkeiten, die von einem als Ideal entfalteten sozialpädagogischen Standpunkt aus bestehen, aktiv skizzieren und *innerhalb* des skizzierten Realbildes verorten zu können. In dieser Verschränkung von Sozialpädagogik als Ideal- und Realgegenstand zeigt sich auf abstrakter Ebene eine Gemeinsamkeit mit vielen anderen Theorien der Sozialen Arbeit. Diese werden wir in Kap. 5.2 und Kap. 5.3 genauer interpretieren.

Anders als die Theorie der industriegesellschaftlich gerahmten Erziehungswirklichkeit formuliert die in Kap. 3.2 dargestellte Theorie der Alltags- und Lebensweltorientierung ausdrücklich das Erkenntnisziel, sowohl eine Theorie *der Praxis* als auch eine Theorie *für eine bessere Praxis* zu sein. Dabei fragt die Theorie aus einer explizit pädagogischen Perspektive nach dem, was Soziale Arbeit ist bzw. sein könnte, und zielt damit auf Soziale Arbeit als ein bisher nur stellenweise erreichtes Ideal pädagogischen Wirkens.

In Kap. 3.3 konnten wir zeigen, inwiefern die Theorie der Lebensbewältigung wiederum anders ansetzt, indem sie zum einen Sollensaussagen zu einer „guten" Sozialen Arbeit bereitstellen will, und zum anderen auf eine Ausleuchtung historischer Bedingungen der Entstehung von Sozialer Arbeit zielt. Beides verbindet sich über den Fokus der Theorie: „Lebensbewältigung". Diese wird zugleich als historische und normative Aufgabe von „wahrer" Sozialer Arbeit angesehen.

Kap. 3.4 zeigte, inwieweit die Theorie der Dienstleistungsorientierung einerseits als eine Theorie aufgebaut ist, die den gegenwärtigen Stand der Sozialen Arbeit genauer zu beschreiben versucht, aber andererseits noch entschiedener als die letztgenannten Theorien als eine Theorie konstruiert ist, welche auf eine Benennung von alternativen, „besseren Möglichkeiten" der Sozialen Arbeit zielt. Beides geschieht, hierin liegt ein weiterer Unterschied gegenüber den zuvor genannten Theorien, unter der explizit gemachten Setzung, dass es sich bei Sozialer Arbeit um ein „Projekt" handele, dass über die kritische Aufbereitung von zeitgemäßen Vokabularen (hier: Dienstleistung) stetig weiterentwickelt werden müsse. Eine besondere Rolle dabei spielt das Interesse, den „professionellen Kern" der Sozialen Arbeit zu identifizieren und zu beschreiben.

Dieses Ziel wird noch deutlicher in der Theorie der reflexiven Sozialpädagogik, die wir in Kap. 3.5 erörtert haben. Auch in ihr begegnet man dem doppelten Anspruch einer analytisch beschreibenden und (fach)politisch wegweisenden Theorie, der über den Ansatzpunkt der „Professionalität" und deren Verhältnis zu Wissensstrukturen eingelöst werden soll. Damit zielt die Theorie zugleich auf einen ganz bestimmten Überschneidungsbereich zwischen realer und idealer Sozialer Arbeit. Sie setzt also einen idealen Maßstab „im Gegebenen" professionspolitischer Vorstellungen und fasst diesen idealen Maßstab als „reflexive Sozialpädagogik", um dadurch zugleich auch Normen zur Weiterentwicklung Sozialer Arbeit zu setzen.

In Kap. 3.6 haben wir die Theorie des sozialpädagogischen Diskurses beschrieben. Hier lautet das Erkenntnisziel, einerseits substanziell zu bestimmen, was Sozialpädagogik als Diskurs zur Sozialen Arbeit ist, um daraus andererseits einen „Korpus verbindlicher Regeln" abzuleiten, welche es ermöglichen, Aussagen als Aussagen des sozialpädagogischen Diskurses zu identifizieren.

Die in Kap. 3.7 dargestellte Theorie der organisierten Hilfe folgt dem Anspruch, das Verhältnis, bzw. die Verhältnis*se* der Sozialen Arbeit zu gesellschaftlichen Teilsystemen wie Wirtschaft, Politik, Medien, Moral etc. zu bestimmen. Damit wird das Erkenntnisinteresse der Theorie als Frage nach der Sozialen Arbeit als organisiertes und helfendes Handeln formuliert, wobei Handeln vor allem eines ist: gesellschaftliches Handeln. Entgegen eines weitverbreiteten Alltagsverständnisses soll „Handeln in der Sozialen Arbeit" damit nicht als „altruistisches Handeln" oder gar per se „gutes Handeln" verstanden werden, sondern als etwas „spezifisch Interpersonelles", also als etwas, was sich in spezifischer Weise „zwischen Personen" abspielt.

Dies gilt ähnlich auch für die in Kap. 3.8 dargestellte Theorie des Funktionssystems sozialer Hilfe. Es geht in dieser Theorie darum, zu definieren, wie Soziale Arbeit funktioniert. Damit geht im Unterschied zu den meisten anderen Theorien der Sozialen Arbeit kein normativer Erkenntnisanspruch zum besseren oder gar bestmöglichen Funktionieren Sozialer Arbeit einher. Wohl aber werden auch in dieser Theorie Setzungen vorgenommen. Diese liegen vor allem darin, Soziale Arbeit als Kommunikation zu begreifen, und ihr zugleich eine durch die Theorie dann genauer zu illustrierende „eigene Funktionslogik des Kommunizierens" zu unterstellen. Dies unterscheidet sie trotz vieler Gemeinsamkeiten von der Theorie der organisierten Hilfe, in welcher nicht dem Anspruch gefolgt wird, eine solch „eigene Funktionslogik" Sozialer Arbeit zu zeigen.

Die in Kap. 3.9 umrissene Theorie des Regierungshandelns dient der Darstellung Sozialer Arbeit in einem politikanalytischen Sinne. Hier interessiert Soziale Arbeit als ein spezifischer Text des Regierungshandelns. Es geht also darum, Soziale Arbeit vor dem Hintergrund ihres Gesellschaftskontextes als praktisches politisches Handeln zu verstehen. Ein besonderes Merkmal dieser Theorie ist, dass die Entfaltung der Theorie selbst auch als ein politischer Prozess begriffen wird. Der explizit formulierte Anspruch der Theorie lautet also, im Zuge der Analyse von Sozialer Arbeit selbst politisch zu agieren. In dieser Reinheit findet sich ein solcher Gedanke in keiner anderen der hier analysierten Theorien der Sozialen Arbeit.

In Kap. 3.10 haben wir schließlich die Theorie der intervenierenden Sozialpolitik skizziert. Das in dieser Theorie formulierte Erkenntnisinteresse lautet zunächst einmal ganz abstrakt, Soziale Arbeit als Sozialpolitik zu bestimmen. Dabei zeigt sich eine grobe Gemeinsamkeit mit der gerade beschriebenen Theorie des Regierungshandelns, da auch hier das „Politische" als das Essenzielle Sozialer Arbeit gesehen wird. Die Theorie der intervenierenden Sozialpolitik interessiert sich aber in anderer Weise für dieses Politische als die Theorie des Regierungshandelns. Als streng funktionalistisch angelegte Theorie wird mit ihr darauf abgezielt, Soziale Arbeit als einen Teilbereich der Gesellschaft, und noch genauer als einen Teilbereich der Sozialpolitik zu beschreiben.

1. Die Erkenntnisziele verschiedener Theorien Sozialer Arbeit unterscheiden sich bei genauerer Betrachtung voneinander. Worin sehen Sie relevante Unterschiede?
2. Lassen sich auch Überschneidungen von Erkenntniszielen verschiedener Theorien der Sozialen Arbeit identifizieren? Bitte diskutieren Sie!

4.2   Gegenstandsauffassungen

Unterschiedliche Theorien der Sozialen Arbeit bringen logischerweise unterschiedliche Gegenstände als Soziale Arbeit hervor. Inwieweit dies der Fall ist, illustrieren wir mit dem folgenden Überblick zur Unterschiedlichkeit der Gegenstände, die von den in Kap. 3 ausführlicher dargestellten Theorien als Soziale Arbeit beobachtet werden.

Bereits im vorangegangenen Kap. 4.1 dürfte aufgefallen sein, dass die Setzung unterschiedlicher Erkenntnisziele in unterschiedlichen Theorien automatisch auch zu unterschiedlichen Bildern dessen, was Soziale Arbeit ist, führt. Was wir bereits in Kap. 1 systematisch erläutert haben, dass nämlich Gegenstandsauffassungen eng mit der Setzung von Erkenntniszielen zusammenhängen, wurde hier nochmal am Beispiel aller in diesem Buch behandelten Theorien der Sozialen Arbeit deutlich.

Nehmen wir die Gegenstände, die im Zuge der oben beschriebenen Theorien generiert werden, nun noch einmal der Reihe nach in den Blick, so wird deutlich, dass die theoretisch erzeugte Spannbreite von Sozialen Arbeit*en*, wie man konsequenterweise im Plural sagen müsste, durchaus groß ist.

Was innerhalb der dargestellten Theorien jeweils für den Kerngegenstand der Sozialen Arbeit gehalten wird, haben wir bereits in unseren Kapitelüberschriften zu den zehn besprochenen Theorien herausgestellt. Dabei konnten wir uns zuweilen eng an die Titel halten, welche die an der jeweiligen Theoriekonstruktion beteiligten AutorInnen selbst nutzen, wenn sie die Theorie als Ganze benennen. Auffällig ist jedoch, dass das gar nicht alle AutorInnen tun. Das heißt, es gibt durchaus auch Theorien der Sozialen Arbeit, deren zentrale Gegenstandsauffassung eher am Rande bis gar nicht explizit benannt wird. Umso wichtiger ist es aus unserer Sicht, diese Gegenstandsauffassungen verschiedener Theorien der Sozialen Arbeit innerhalb der vorliegenden Einführung herauszuarbeiten und hier nun auch noch einmal vergleichend zusammenzufassen.

Beginnen wir wieder mit der in Kap. 3.1 dargestellten Theorie der industriegesellschaftlich gerahmten Erziehungswirklichkeit, so lässt sich erkennen, dass hier die „Erziehungswirklichkeit" zum zentralen Gegenstand einer damit zugleich im engeren Sinne sozial*pädagogisch* argumentierenden Theorie der Sozialen Arbeit gemacht wird. „Erziehungswirklichkeit" repräsentiert dabei genau genommen zweierlei. Erstens wird „Erziehungswirklichkeit" ganz pragmatisch als das begriffen, was man heute „Kinder- und Jugendhilfe" nennt. Zweitens wird in der „Erziehungswirklichkeit" aber auch eine Synthesemöglichkeit für das gesehen, was eine „eigentlich sozialpädagogische" Soziale Arbeit sein *könnte*, wenngleich sie sich zum gegebenen Zeitpunkt (noch) nicht gesellschaftlich realisiert hat. Die Theorie der industriegesellschaftlich gerahmten Erziehungswirklichkeit, die Klaus Mollenhauer in den 1950er Jahren zu entwickeln begann, spannt damit ein Panorama auf, wie es bis heute bezeichnend ist für viele Theorien der Sozialen Arbeit. Dieses Panorama baut auf den beiden grundsätzlichen Möglichkeiten auf, Soziale Arbeit entweder als etwas gesellschaftlich Gegebenes oder als etwas gesellschaftlich Nichtgegebenes, aber Mögliches zu begreifen. Das heißt, eine Theorie der Sozialen Arbeit lässt sich logisch betrachtet einerseits als ein Bild des Gegebenen konstruieren, das darauf abzielt, das, was ist, besser zu verstehen, oder sie lässt sich andererseits als ein Ideal entwerfen, dessen Beschreibung darauf abzielt, den gesellschaftlich eingeschränkten, aber gleichwohl (noch) nicht ausgeschöpften Möglichkeitsspielraum Sozialer Arbeit zu skizzieren. Wie wir schon in Kap. 4.1 deutlich gemacht haben, wird in vielen Theorien der Sozialen Arbeit sogar versucht, beide Bilder parallel und gleichzeitig zu entwickeln, so auch in der Theorie der industriegesellschaftlich gerahmten Erziehungswirklichkeit.

Anhand der historisch betrachtet als Nächstes folgenden Theorie der Alltags- und Lebensweltorientierung (Kap. 3.2) lässt sich dies ein weiteres Mal verdeutlichen. Soziale Arbeit wird hier einerseits begriffen als das Ideal einer Alltags- und Lebensweltorientierung – das als professionspolitisches Programm der grundlegenden Orientierung von SozialpädagogInnen und SozialarbeiterInnen dienen soll. Andererseits wird jedoch davon ausgegangen, dass sich dieses Ideal bereits in Teilen realisiert habe. In der Theorie der Alltags- und Lebensweltorientierung wird damit der Anspruch an eine Theorie der Sozialen Arbeit, „das Ganze der Sozialen Arbeit" in den Blick zu nehmen, nicht in dem Sinne verstanden, dass die Theorie alles zu erfassen hat, was im Feld, also z.B. von beruflich tätigen SozialarbeiterInnen als Soziale Arbeit ausgewiesen wird. Stattdessen geht es in der Theorie darum, das Ganze „eigentlicher Sozialer Arbeit" zu skizzieren. Die Theorie beschreibt damit Soziale Arbeit weniger im Sinne einer empirisch erfahrbaren „Wirklichkeit" als vielmehr im Stile einer historisch-idealistisch entworfenen Idee von „Wahrheit".

⊕ Entgegen des Alltagsgebrauchs werden die Begriffe „**Wahrheit**" und „**Wirklichkeit**" philosophisch voneinander unterschieden. Zwar kann eine „wahre Aussage" auf empirisch erfahrbare Wirklichkeit verweisen, es bestehen aber auch andere Möglichkeiten, Wahrheiten zu definieren und damit „Wahrheitsansprüche" zu markieren. Diese können aus aufgestellten Normen oder bspw. auch aus diskursiven Konsensen (Habermas 1995) abgeleitet werden. Ein umfassendes Beispiel dafür bietet etwa die philosophische Teildisziplin der klassischen Metaphysik. Diese befasst sich mit Fragen, für die behauptet wird, dass sie für die menschliche Erfahrung nicht zugänglich seien, z.B. weil sie entweder transzendentaler, idealer oder zu abstrakter Natur sind.

Das heißt dort, wo in der Theorie der Alltags- und Lebensweltorientierung Aussagen über Soziale Arbeit getroffen werden,
realisiert sich zugleich eine absolute Definitionshoheit darüber,
jenseits von empirisch vorzufindenden Bestimmungen oder Legi-
timationspraktiken zu entscheiden, was „wahre Soziale Arbeit" ist
und was nicht.

Das ist ähnlich in der in Kap. 3.3 dargestellten Theorie der
Unterstützung zur Lebensbewältigung. Gleichzeitig wird der Gegenstand als solcher dort anders gefasst: Soziale Arbeit wird als
gesellschaftlich institutionalisierte Reaktion auf verschiedene Bewältigungskonstellationen in der (post)industriellen Risikogesellschaft begriffen, wobei diese Bewältigungskonstellationen nach
Lebensaltern und sozialstrukturellen Kontexten von Menschen
variieren. Als „wahre Soziale Arbeit" werden aber auch hier nur
diejenigen Reaktionen begriffen, die auch „angemessen" funktionieren, und das heißt im Sinne der Theorie, dass sie im Effekt
individuell hilfreich für die adressierte Klientel sind.

Die in Kap. 3.4 skizzierte Theorie der Dienstleistungsorientierung beschreibt in erster Linie das, was Soziale Arbeit ihrer idealen
Vorstellung nach sein müsste: Eine Ko-Produktion von sozialen
Dienstleistungen durch dahingehend professionalisierte SozialarbeiterInnen. Für diese Vergegenständlichung Sozialer Arbeit greift
die Theorie allerdings regelmäßig auch auf die Vorstellung zurück,
dass das, was Soziale Arbeit idealerweise sein sollte, bereits „in
ihr selbst" angelegt sei. Hier geht es also zugleich darum, Soziale
Arbeit ihrem Wesen nach als soziale Dienstleistung zu verstehen,
selbst dort, wo sich die Soziale Arbeit in dieser Gestalt noch nicht
hinreichend verwirklicht hat.

Kap. 3.5 diente der Darstellung der Theorie der reflexiven Sozialpädagogik. Mithilfe dieser Theorie wird Soziale Arbeit dort
fassbar, wo sie als ideale, und das heißt reflexive Form von Professionalität beobachtbar wird. Diese Professionalität hat qua
Theorie wesentlich damit zu tun, dass die/der Professionelle in
der Lage ist, mithilfe ihrer/seiner spezifischen Kompetenz wissenschaftliches Wissen und Wissen, das aus als komplex anerkannten Fallsituationen heraus in Aushandlung mit den jeweiligen
AdressatInnen entsteht, nebeneinander zu denken. Dabei kann
wissenschaftliches Wissen laut der Theorie nicht mit oder gar *in*
Fallsituationen „vermittelt" werden, sondern die Spannung beider
„Wissensstrukturen" zueinander muss ausgehalten werden, wenn

man „eigentlich professionell" im Sinne der Theorie der reflexiven Sozialpädagogik handeln will. Im Unterschied zu anderen Theorien lässt sich mit der Theorie der reflexiven Sozialpädagogik dank der konsequenten Verwendung des Begriffs der *Sozialpädagogik* durch die Theorie durchaus eine Soziale Arbeit denken, die nicht diesem Idealtypus entspricht. Auf diese kann mithilfe der Theorie allerdings nicht scharfgestellt werden. Sie lässt sich eher als Kontext zur eigentlich professionellen, und das heißt laut Theorie zur reflexiv-sozialpädagogischen Sozialen Arbeit denken.

Der Gegenstand der in Kap. 3.6 skizzierten Theorie des sozialpädagogischen Diskurses ist deutlich anders gelagert. Das Objekt der Beobachtung ergibt sich hier nicht aus einer unmittelbar gegenständlichen Annahme über Soziale Arbeit. Vielmehr dient die abstrakte Kategorie des Diskurses als Ausgangspunkt, und es ist demzufolge dieser Diskurs, der bestimmte Sachverhalte erst als sozialpädagogische Phänomene bedeutsam und damit auch als solche beobachtbar werden lässt. Die Theorie versucht sich somit an einer Beobachtung zweiter Ordnung, die nicht selbst Wirklichkeitsaussagen zur Sozialen Arbeit macht, sondern sich bei der Beobachtung ihres Gegenstandes an dem orientiert, was für die am Diskurs Beteiligten „Wirklichkeitsqualität" hat.

Die Theorie der organisierten Hilfe, die wir in Kap. 3.7 beschrieben haben, fasst Soziale Arbeit unter Rückgriff auf systemtheoretische Grundannahmen als eine bestimmte Logik des Kommunizierens über Hilfe und Nichthilfe. Soziale Arbeit verfügt damit in der Perspektive dieser Theorie über ein hohes Maß an kommunikativem „Eigensinn". Sie stellt dabei aber insofern (noch?) kein eigenes Funktionssystem im engeren Sinne dar, als sie auf Vorabentscheidungen außerhalb ihrer selbst verwiesen bleibt. Diese Vorabentscheidungen werden vornehmlich im Bereich ihrer „wohlfahrtsstaatlichen Rahmung" gesehen. Das heißt, mit der Theorie der organisierten Hilfe lässt sich davon ausgehen, dass Soziale Arbeit als „Zweitsicherung" zu sehen ist, die auf wohlfahrtsstaatlich gesteckte Rahmenbedingungen nationaler Wohlfahrtspolitik angewiesen bleibt.

In Kap. 3.8 haben wir die Theorie des Funktionssystems sozialer Hilfe dargestellt. Bereits im von uns gesetzten Titel der Theorie stößt man auf einen entscheidenden Unterschied zur gerade genannten Theorie der organisierten Hilfe, denn Soziale Arbeit wird zwar auch hier wesentlich als Kommunikation begriffen, dabei aber im Sinne einer Kommunikation über soziale Hilfe zugleich als Funktionssystem im engeren Sinne verstanden. Das heißt, dass Soziale Arbeit in der Perspektive der Theorie des Funktionssystems sozialer Hilfe auf keine Vorabentscheidungen außerhalb ihrer eigenen kommunikativen Logik angewiesen bleibt, um über Hilfe und Nichthilfe bzw. Fall und Nichtfall zu kommunizieren, sondern konsequent als ein eigenes Funktionssystem mit einem hohen Autonomiegrad kommuniziert, nach einer grundsätzlich eigenen kommunikativen Logik sozialer Hilfe.

Kap. 3.9 bildete den Rahmen für unsere Darstellung der Theorie des Regierungshandelns. Mithilfe dieser Theorie lässt sich der Gegenstand „Soziale Arbeit" als ein im engeren Sinne „politischer" Gegenstand konzipieren. Dieser Gegenstand Soziale Arbeit lässt sich laut Theorie des Regierungshandelns historisch seit etwa Mitte des 19. Jahrhunderts ausmachen und stellt selbst nicht nur eine politische Struktur, sondern ein Moment laufender politischer (Re)Strukturierung dar. Das heißt, dass Soziale Arbeit im Lichte der Theorie nicht nur politisch *ist*, sie *agiert* politisch. Dies tut sie laut Theorie im Sinne eines spezifischen Regierungshandelns an der Schwelle zwischen Selbst- und Fremdführung von AdressatInnen. Soziale Arbeit wird damit als eine politische Strukturierungsstruktur gefasst, welche die Lebensführung von marginalisierten Bevölkerungsgruppen aktiv unterstützt und geplant beeinflusst.

Wiederum anders vergegenständlicht man Soziale Arbeit unter Heranziehung der in Kap. 3.10 beschriebenen Theorie der intervenierenden Sozialpolitik. Ähnlich wie in der Theorie des Regierungshandelns stellt sich Soziale Arbeit in der Perspektive der Theorie der intervenierenden Sozialpolitik als eine besondere politische Struktur dar. Im Unterschied zur Theorie des Regierungshandelns verweist die Theorie der intervenierenden Sozialpolitik dabei aber auf eine Differenz zwischen zwei Unterbereichen von Sozialpolitik: Dem „Kernbereich" generalisierender Sozialpolitik (Renten-, Kranken-, Unfall-, Arbeitslosen- und Pflegeversicherung, Kindergeld und weitere leicht standardisierbare Leistungen) und dem danebenstehenden Bereich intervenierender Sozialpolitik (Soziale Arbeit). Die Soziale Arbeit wird damit als ein integratives Korrektiv zum Prozess der Moderne verstanden. Anders als in der ansonsten häufig von der Theorie der intervenierenden Sozialpolitik rezipierten Theorie der Unterstützung zur Lebensbewältigung wird dabei die Funktion der Sozialen Arbeit eher bescheiden ausgelegt: Soziale Arbeit wirkt laut Theorie der intervenierenden Sozialpolitik nicht integrativ auf die ausdifferenzierte Moderne als Ganze, sondern kompensiert lediglich einige moderne Differenzierungsprozesse. Soziale Arbeit integriert somit im Lichte der Theorie Personen eher stellvertretend, als dass sie Personen im engeren Sinne „in die Gesellschaft" integriert. Diese Auffassung ähnelt wiederum stark der Auffassung der Theorie der organisierten Hilfe.

1. Warum müsste man im Sinne der obenstehenden Gegenüberstellung von Gegenstandsauffassungen verschiedener Theorien der Sozialen Arbeit konsequenterweise von „Sozialen Arbeiten" im Plural statt von „Sozialer Arbeit" im Singular sprechen?
2. Es gibt Überschneidungen von Gegenstandsauffassungen zwischen einigen Theorien der Sozialen Arbeit. Welche Überschneidungen entnehmen Sie dem obigen Vergleich?

4.3   Praxisverständnisse

Verschiedene Theorien fassen auch das, was sie als Praxis in den Blick geraten lassen, sehr unterschiedlich. Systematisch lassen sich Theorien, die Praxis als Idealzustand entwerfen, von Theorien unterscheiden, die Praxis als einen Realzustand auffassen. Im Falle von Theorien der Sozialen Arbeit zeigt sich jedoch, dass diese beiden Vorstellungen von Praxis auch miteinander verschränkt werden können. Wie genau, unterscheidet sich jedoch wiederum je nach Theorie, wie wir in diesem Kapitel zeigen werden.

Die Verschränkung unterschiedlicher Vorstellungen von Praxis innerhalb einer Theorie der Sozialen Arbeit kann bereits bei der ersten, von uns in Kap. 3.1 dargestellten Theorie beobachtet werden. Die Theorie der industriegesellschaftlich gerahmten Erziehungswirklichkeit, die auf die Schriften Klaus Mollenhauers zurückgeht, begreift „sozialpädagogische Praxis" als etwas, das als solches *noch* nicht besteht, also einem (möglichen) Idealzustand von Sozialer Arbeit entspricht. Zugleich wird diese sozialpädagogische Praxis aber als etwas begriffen, das sich aus der *bestehenden* Sozialen Arbeit heraus zu entwickeln hat. Praxis steht damit gewissermaßen für ein Ideal „besserer Möglichkeiten" innerhalb von etwas jedoch „im Prinzip schon Gegebenen".

Diese Figur von Praxis findet sich ähnlich in der Theorie der Alltags- und Lebensweltorientierung, die wir ausführlich in Kap. 3.2 beschrieben haben. Im Unterschied zur Theorie der industriegesellschaftlich gerahmten Erziehungswirklichkeit wird Praxis Sozialer Arbeit durch die Theorie der Alltags- und Lebensweltorientierung allerdings wesentlich konkreter und entschiedener definiert, und zwar als Praxis, die den normativ gesetzten Kriterien der Alltags- und Lebensweltorientierung entspricht. Praxis Sozialer Arbeit hat demzufolge in der Perspektive der Theorie *immer* mit einer weitest möglichen Aushandlung sozialpädagogischen Vorgehens zwischen Professionellen und AdressatInnen zu tun. Verbunden ist dies mit einer hohen Flexibilität in der Gestaltung von Hilfesettings und dem gleichzeitigen Anspruch, die AdressatInnen Sozialer Arbeit menschlich für die Gestaltung von Hilfen und die Umgestaltung des eigenen Lebens zu gewinnen. Wo dies nicht geschieht, sieht die Theorie keine Praxis Sozialer Arbeit mehr.

Die in Kap. 3.3 umrissene Theorie der Unterstützung zur Lebensbewältigung fasst Praxis ähnlich wie die beiden gerade genannten Theorien vor allem als *ideale* Praxis der Zukunft. Zugleich erhebt die Theorie aber auch den Anspruch, Soziale Arbeit als bestehende Praxis erklären zu können. Der Praxisgedanke wird also in doppelter Weise genutzt: Er dient der Theorie einerseits als Beschreibungsfokus für die „historisch entstandene Struktur" Sozialer Arbeit. Soziale Arbeit ist hier eine gesellschaftlich entstandene, reaktive Praxis. Andererseits leitet die Theorie aus dieser Struktur auch die Regeln zur Fortentwicklung der Struktur ab. Praxis Sozialer Arbeit ist damit – kritisch betrachtet – im Ergebnis der Theorie immer bereits bestmögliche Praxis. Dies ermöglicht es der Theorie, „Lebensbewältigung" als Dreh- und Angelpunkt aller realen und möglichen Praxis Sozialer Arbeit zu setzen. Zugleich verhindert dies aber auch die Möglichkeit, eine andere Praxis der Sozialen Arbeit zu beobachten als diejenige, die die Theorie immer schon kennt.

Beim Praxisverständnis der in Kap. 3.4 dargestellten Theorie der Dienstleistungsorientierung steht das Ideal einer alternativen Professionalität im Mittelpunkt. „PraktikerIn" im engeren Sinne ist hier die Person, welche die professionelle Dienstleistung in Anspruch nimmt, und nicht die Person, welche Dienstleistungen anbietet. Praxis Sozialer Arbeit entsteht also, wo NutzerInnen sozialer Dienste es wollen, weil sie einen Gebrauchswert der Dienstleistung für sich erkennen. Für die durch die Theorie idealisierten „alternativen Professionellen" geht es mithin darum, ihren AdressatInnen den Gebrauchswert der von ihnen angebotenen sozialen Dienstleistung begreifbar zu machen. Nur wo dies gelingt und AdressatInnen Sozialer Arbeit sich als souveräne NutzerInnen zeigen, kann also im Sinne der Theorie von Praxis der Sozialen Arbeit gesprochen werden.

In Kap. 3.5 haben wir die Theorie der reflexiven Sozialpädagogik skizziert. Hier wird dem Praxisbegriff eine wiederum andere Bedeutung verliehen. Die Theorie ist auf eine Reflexion der Mehrdimensionalität von Praktiken, sowie der damit verbundenen Wissens- und Urteilsformen ausgelegt. Gerade weil sie darauf verweist, dass wissenschaftliche Praktiken, routinierte Praktiken und professionelle Praktiken zwar unterscheidbar, aber für Soziale Arbeit allesamt bedeutsam sind, lässt sich mit ihr „Praxis" als etwas fassen, was komplexer ist, als es eine einfache Unterscheidung in „richtiges" und „falsches Handeln" ermöglichen würde. Es wird jedoch deutlich, dass auch die Theorie der reflexiven Sozialpädagogik ein Ideal von richtiger Praxis kennt. Dieses liegt in einer „reflexiven" Praxis, die verschiedene Wissensstrukturen von wissenschaftlichem, erfahrungsbasiertem und ausprobierendem Wissen als unterschiedlich reflektiert und bewusst in Aushandlung mit den KlientInnen auf den Einzelfall herunter zu brechen versucht. „Reflexive" bzw. „professionelle Praxis" ist also qua Theorie in der Lage, die Spannung der unterschiedlichen Wissensstrukturen und Urteilsformen, denen PraktikerInnen ausgesetzt sind, bewusst auszuhalten und in diesem Bewusstsein abgestimmt mit KlientInnen zu agieren. Demgegenüber bleibt eine „einfache Praxis", welche nicht dem Ideal der Theorie entspricht, zwar denkbar, beruht aber dann darauf, sich nur einer der verfügbaren Wissensstrukturen und Urteilsformen zu verschreiben.

Laut der Theorie des sozialpädagogischen Diskurses (Kap. 3.6) ist eine Bestimmung sozialpädagogischer Praxis nur im Kontext und im Horizont des sozialpädagogischen Diskurses möglich. Das bedeutet, dass aus dem Blickwinkel dieser Theorie sozialpädagogische Praxis nur als bereits sozialpädagogisch reflektierte Praxis existiert. Damit bestimmt die Theorie die sozialpädagogische Praxis zugleich immer über ihre Bezugnahme auf das „Erbe" und den erreichten Entwicklungsstand des sozialpädagogischen Diskurses. Für diese diskursive Bezugnahme wiederum ist es laut Theorie entscheidend, bisherige sozialpädagogische Gedanken von „Ort" und „Subjekt" aufzugreifen und in Verbindung mit der eigenen Praxis zu bringen. Angesichts der Tatsache, dass der sozialpädagogische Diskurs in weiten Teilen idealistisch argumentiert, perspektiviert auch die Theorie des sozialpädagogischen Diskurses Praxis der Sozialen Arbeit maßgeblich als etwas, was sie idealerweise sein sollte.

Die in Kap. 3.7 skizzierte Theorie der organisierten Hilfe beschreibt Praxis der Sozialen Arbeit als einen gesellschaftlichen Vorgang. Dieser Vorgang ist in der Perspektive der Theorie eine durch wohlfahrtsstaatliche Programmatik politisch gerahmte, und dadurch wohlfahrtsstaatlichen Entscheidungsprozessen zu „politisch angemessener" Hilfebedürftigkeit nachgeordnete Hilfe-Interaktion zwischen KlientInnen und Fachkräften. Die Reflexion gesellschaftlicher Ausschließungsprozesse spielt für die so verstandene Praxis eine entscheidende Rolle. Diese Reflexivität wird der wohlfahrtsstaatlichen Rahmung Sozialer Arbeit als Ganzer unterstellt, im Unterschied z.B. zur Theorie der reflexiven Sozialpädagogik. Die Praxis Sozialer Arbeit folgt somit mehr oder weniger blind der wohlfahrtsstaatlichen Programmatik. Sie wird dementsprechend auch primär als organisierte, und weniger als professionalisierte Praxis begriffen.

Kap. 3.8 diente der Darstellung der Theorie des Funktionssystems sozialer Hilfe. Praxis Sozialer Arbeit wird hier verstanden als ein Handeln entsprechend einer eigenen Handlungslogik, das stets über die Unterscheidung zwischen Hilfe und Nichthilfe funktioniert, sich ihrer solchermaßen eindimensionalen Weltsicht aber gerade nicht bewusst ist. Praxis Sozialer Arbeit ist sozusagen per definitionem zunächst einmal unterreflektiert und gleichgültig gegenüber anderen Möglichkeiten, die Logik dessen, was hier passiert, zu begreifen. Damit entspricht Praxis Sozialer Arbeit eher dem, was auch die Theorie der organisierten Hilfe darunter versteht, und bspw. überhaupt nicht dem, was der Theorie der Alltags- und Lebensweltorientierung oder der Theorie der Dienstleistungsorientierung als Praxis gilt. Die Theorie des Funktionssystems sozialer Hilfe zielt also auf eine möglichst treffende Abstraktionsformel für all diejenigen praktischen Handlungen, die PraktikerInnen der Sozialen Arbeit in der Logik, sozial helfen zu *wollen*, vollziehen. Ob sie dabei irgendetwas von dem, was sie wollen, auch erreichen, ist damit nicht gesagt. Mit der Theorie des Funktionssystems sozialer Hilfe wäre hierauf bezogen ohnehin eher Skepsis angebracht, denn „Gelingen" ist im Lichte dieser Theorie eine äußerst fragwürdige Kategorie: Wer wollte dies in einer funktional differenzierten Gesellschaft „objektiv" beurteilen? Stattdessen geht die Theorie davon aus, dass Praxis der Sozialen Arbeit keine Lösungen schafft, sondern selbst bereits die entscheidende Lösung für die im Prozess der Moderne entstandenen Probleme *ist*. Genau darin besteht dann auch die praktische Funktionalität sozialpädagogischer Praxis, die nicht mit der Intentionalität der PraktikerInnen zu verwechseln ist.

Wiederum anders gerät die eigene Vorstellung von Praxis Sozialer Arbeit, wenn man sich an der Theorie des Regierungshandelns bedient, die wir in Kap. 3.9 beschrieben haben. Hier wird Praxis zunächst einmal sehr viel umfänglicher gedacht als in vielen anderen Theorien der Sozialen Arbeit, denn die Theorie versteht unter allen überhaupt ablaufenden gesellschaftlichen Prozessen Praxis (selbst unter wissenschaftlicher Theoriebildung). Man sieht hier: Die Theorie bietet ein umfassendes, aber analytisches Praxisverständnis. Praxis als Idealzustand scheint (zunächst einmal) weniger zu interessieren. Zweitens begreift die Theorie Praxis in kritischer Weise als „politische Praxis". Das gilt auch für Soziale Arbeit. Dabei ist die geäußerte Kritik aber keine Kritik an dieser politischen Praxis als solcher, sondern nur an ihrer je aktuellen Form. Diese wird, im Grunde recht ähnlich wie etwa in der Theorie der industriegesellschaftlich gerahmten Erziehungswirklichkeit, als „historisch", dabei zugleich aber stets als „nicht hinreichend entwickelt" beschrieben. Dies eröffnet Spielräume für ein grundsätzliches Festhalten an einem noch zu entwickelnden Idealzustand, oder zumindest: einem idealeren Zustand von Sozialer Arbeit als Praxis.

Die Theorie der intervenierenden Sozialpolitik (Kap. 3.10) ermöglicht eine wiederum andere, jedoch ebenfalls recht weitgefasste Vorstellung von Praxis Sozialer Arbeit. Soziale Arbeit insgesamt wird als ein Modus von Handlungen beschrieben (unabhängig davon, ob es „gute" oder „schlechte" Handlungen sind). Soziale Arbeit geht, folgt man der Perspektive der Theorie, vollständig in Praktiken auf. Die Theorie unterscheidet sich damit von vielen anderen Theorien der Sozialen Arbeit (etwa der Theorie der Alltags-

und Lebensweltorientierung (Kap. 3.2), der Dienstleistungsorientierung (Kap. 3.4) oder der reflexiven Sozialpädagogik (Kap. 3.5), welche in je unterschiedlicher Weise alle darauf hinauslaufen, so etwas wie „gute Praxis", „gelingendere Praxis", „neue Praxis", „alternative Praxis", „professionelle Praxis" oder andere erstrebenswerte Zustände der Sozialen Arbeit theoretisch von etwas „bereits Erreichtem" abzugrenzen. Die Theorie der intervenierenden Sozialpolitik generiert dagegen auf den ersten Blick eine Realvorstellung von Praxis Sozialer Arbeit, so wie sie funktioniert, nämlich der Theorie zufolge als „praktische Sozialpolitik". Dabei wird Soziale Arbeit allerdings im Gegensatz zur Analyse anderer Gesellschaftsbereiche nicht auf Funktions-, sondern auf Programmebene theoretisiert. Das heißt, die Soziale Arbeit wird trotz des umfassenden gesellschaftstheoretischen Fundaments der Theorie nicht auf das hin beobachtet, was sie tut, sondern daraufhin, was sie zu tun *beansprucht*. Damit wird zugleich klar, dass die Theorie der intervenierenden Sozialpolitik die Praxis Sozialer Arbeit nicht maßgeblich als reale, sondern als ideale Praxis rekonstruiert. Sie ist so gesehen vor allem eine Theorie der Sozialen Arbeit als Programm praktischer Sozialpolitik.

1. Ist „Praxis der Sozialen Arbeit" für Sie im Lichte der gerade gegenübergestellten Theorien immer etwas konkret Fassbares? Bitte diskutieren Sie!

2. Welche der vorgestellten Theorien der Sozialen Arbeit zielen auf eine Darstellung idealer Praxis, welche auf eine Darstellung realer Praxis, und bei welchen der dargestellten Theorien sind Sie diesbezüglich (und aus welchen Gründen) nicht ganz sicher?

5 Inwiefern ähneln sich Theorien der Sozialen Arbeit?

In Kap. 5 werden wir aufbauend auf Kap. 4 weitreichende Gemeinsamkeiten zwischen Theorien der Sozialen Arbeit herausarbeiten. Dafür nehmen wir bewusst eine kritisch-systematische Perspektive im Sinne der bereits in Kap. 1 skizzierten Beobachtungsposition ein. Die nachfolgend herausgearbeiteten Gemeinsamkeiten werden von uns zugleich als Grund dafür angesehen, warum trotz der in Kap. 4 gezeigten Unterschiede der in Kap. 3 dargestellten Theorien der Sozialen Arbeit von einem zusammenhängenden Diskurs um Theorien der Sozialen Arbeit ausgegangenen werden kann.

Seit den 2010er Jahren mehren sich Versuche, den Stand der Diskussion zu Theorien der Sozialen Arbeit nicht nur zusammenzufassen, sondern auch in einem engeren Sinne vergleichend zu resümieren (May 2010; Rauschenbach/Züchner 2012; Thole 2012a; Lambers 2013; Borrmann 2016; Hammerschmidt et al. 2017; Ansen/Stövesand i.E.). Während in frühen Überblicksdarstellungen aus den 1970er/80er Jahren maßgeblich darauf abgezielt wurde, vorliegende Theorien auf deren Potenziale für die jeweils eigene Theorie der Sozialen Arbeit hin zu sichten (z.B. Marburger 1979; Schmidt 1981; aber auch Schönig 2012; Füssenhäuser/Thiersch 2015), beschränken sich Vergleiche heute stärker auf eine Fremdbeobachtungsposition. Es geht hier also gewissermaßen darum, „Aufräumarbeit" im Bereich von Theorien der Sozialen Arbeit zu leisten, und zwar sowohl mit dem Ziel, festzulegen, was als Theorie im Bereich der Sozialen Arbeit gelten soll und was nicht, als auch mit dem Ziel, die identifizierten Theorien nach bestimmten Gesichtspunkten kategorial zu ordnen. Man könnte also sagen: Es geht um Aufräumarbeit, bei der nicht nur „sortiert", sondern auch „aussortiert" wird. Dies ist aus wissenschaftssoziologischer Perspektive typisch für Stadien fortgeschrittener Disziplinentwicklung: Es geht darum, das inzwischen vorhandene Theoriewissen zu verknappen und damit zugleich

Bedeutsames zu sichern und weniger Bedeutsames hinter sich zu lassen.

„Aufräumen" in diesem Sinne braucht jedoch eine Logik, nach der man das Wissen ordnet, weil man – im Bild gesprochen – sonst nachher nichts von dem wiederfindet, was man aufgeräumt hat. Helmut Lambers betrachtet es als problematisch, dass die meisten vorliegenden Sortierungen versuchen, Theorien auf Grundlage der ihnen jeweils „zugrundeliegenden Erkenntnistheorie und der daraus ableitbaren Wissenschaftsauffassung" (Lambers 2013, 258) klar einem Denkstil zuzuordnen. Dementsprechend werden sie dann in Gruppen kategorisiert, obwohl dies aufgrund der verbreiteten Strategie von „Theorieproduzenten, aus unterschiedlichen Denkstilen zu einer Synthese auf eine eigenständige Qualitätsebene zu gelangen", wenig ertragreich sei. Auch er selbst unternimmt daran anschließend jedoch eine Sortierung vorliegender Theorien qua Wissenschaftsauffassung, welche vor allem als Zusammenschau anderer Übersichtstexte zum Thema dienlich ist.

Michael May (2010) hat dagegen auf eine Sortierung von Theorien der Sozialen Arbeit gesetzt, die insgesamt fünf „Denkstandorte" an die Stelle vielfältiger wissenschaftstheoretischer Zuordnungen rückt. Dieses Vorgehen ist u.a. sinnvoll, weil sich dadurch erkennen lässt, inwiefern Theorien der Sozialen Arbeit in ihrer Entwicklung und ihrem Aufbau in aller Regel nicht allein aus einer Denkrichtung heraus entstanden sind, sondern sich aus vielfältigen diskursiven Quellen und Verzweigungen speisen. Zudem schafft ein solcher Zugang bereits eine etwas stärkere Übersichtlichkeit zu den Gemeinsamkeiten unterschiedlicher Theorien der Sozialen Arbeit.

Diese rücken auch Peter Hammerschmidt, Kirsten Aner und Sascha Weber (2017) in den Mittelpunkt ihrer Schlussbetrachtung zu zeitgenössischen Theorien der Sozialen Arbeit. Sie konstatieren, dass alle Theorien der Sozialen Arbeit auf einer Analyse der modernen („bürgerlichen") Gesellschaft und der durch sie hervorgebrachten „Sozialen Frage" (Definition in Kap. 2) fußen, um im Anschluss daran Soziale Arbeit als (in der Regel durch Sozialpolitik „gerahmte") Antwort auf die mit der Sozialen Frage einhergehenden Herausforderungen und Probleme darzustellen. Dabei spielt nach Ansicht von Hammerschmidt, Aner und Weber die Reflexion kapitalistischer Marktbedingungen und damit einhergehender Normalitätserwartungen sowie möglicher „Formen der legitimierten und institutionalisierten Bearbeitungsformen" (Hammerschmidt et al. 2017, 215) in allen vorzufindenden zeitgenössischen Theorien Sozialer Arbeit eine entscheidende Rolle. In diesem Zusammenhang wird sichtbar, wie stark es innerhalb der Theoriediskussion zu einer Verallgemeinerung von Perspektiven gekommen ist, die in den 1960er Jahren zunächst noch vor allem im Kontext der sog. „kritischen Sozialen Arbeit" vertreten worden waren (Neumann 2012; 2013). Wo es um die genauere Wahl von Begriffen und Argumentationsaufbauten innerhalb der Theorien geht, heben Hammerschmidt, Aner und Weber (2017) aber auch die Bedeutung zeithistorischer, insbesondere (sozial)politischer Dynamiken und wissenschaftlicher Konjunkturen hervor.

Die genannten Systematisierungen vorliegender Theorien der Sozialen Arbeit sind hilfreich für ein besseres Verständnis ihrer Gemeinsamkeiten. Wir empfehlen daher die vertiefte Lektüre der eben erwähnten Übersichtswerke.

Auffällig ist zugleich, dass alle bisher vorliegenden Vergleiche von Theorien der Sozialen Arbeit im Kern darauf abzielen, gegenüber zu stellen, *was* Theorien der Sozialen Arbeit aussagen. Wir wollen im Rahmen der drei folgenden Unterkapitel einen etwas anderen Weg einschlagen, indem wir auf die Frage eingehen, *wie* Theorien der Sozialen Arbeit gemeinhin aufgebaut sind. Hierdurch lassen sich drei tendenzielle Gemeinsamkeiten von Theorien der Sozialen Arbeit verdeutlichen, die sich im Anschluss an die drei Fragen ergeben, welche wir in Kap. 3 an jede einzelne der untersuchten Theorien gerichtet haben.

Die genannten drei *Gemeinsamkeiten* von Theorien der Sozialen Arbeit liegen dementsprechend auf drei Ebenen, und zwar auf den Ebenen ihres Erkenntnisanspruchs (Kap. 5.1), ihrer Vergegenständlichungsprozesse (Kap. 5.2) und ihrer Praxisverständnisse (Kap. 5.3).

5.1 Mehrfachansprüche

In Kap. 5.1 arbeiten wir heraus, inwiefern in Theorien der Sozialen Arbeit gemeinhin im Sinne eines Mehrfachanspruchs angesetzt wird. „Gemeinhin" heißt, dass es einige Theorien gibt, für die sich die skizzierte Gemeinsamkeit deutlicher herausarbeiten lässt als für andere.

Wie wir in Kap. 4.1 erläutert haben, unterscheiden sich die *konkreten* Erkenntnisinteressen verschiedener Theorien der Sozialen Arbeit klar voneinander. Zwar zielen Theorien der Sozialen Arbeit per Definition alle darauf ab, Soziale Arbeit als Ganze möglichst schlüssig darzustellen. Welches theoretische Vokabular dabei verwendet wird und was dabei am Anfang der theoretischen Beobachtung jeweils als entscheidender Beobachtungspunkt gesetzt wird, unterscheidet sich aber deutlich voneinander.

Man kann also sagen, dass sich mit verschiedenen Theorien der Sozialen Arbeit zum einen *in sehr unterschiedlicher Richtung* nach dem Gegenstand der Sozialen Arbeit Ausschau halten lässt (z. B. mit Blick auf „Alltag und Lebenswelt von AdressatInnen" Sozialer Arbeit (Kap. 3.2), mit Blick auf „die Bewältigungstatsache" (Kap. 3.3), auf „Kommunikation um Hilfe und Nichthilfe" (Kap. 3.7) oder auf eine „spezifische Form des Regierungshandelns" (Kap. 3.10)). Zum anderen kann festgestellt werden, dass dies auch *von unterschiedlichen theoretischen Standorten aus* geschieht.

Hinsichtlich der Frage, *wie* unterschiedliche Theorien der Sozialen Arbeit ihren Gegenstand beobachtbar werden lassen, zeigen sich jedoch parallel zu diesen Unterschieden auch klare Gemeinsamkeiten. Diese lassen sich vor allem auf der Ebene der Vergegenständlichungsprozesse von Theorien der Sozialen Arbeit verdeutlichen (Kap. 5.2). Sie sind aber auch bereits auf der Ebene der Erkenntnisinteressen abzulesen, welchen Theorien der Sozialen Arbeit folgen.

Mit Ausnahme der Theorie des Funktionssystems sozialer Hilfe (Kap. 3.8) lässt sich für alle der in diesem Buch versammelten Theorien der Sozialen Arbeit ein äußerst vielfältiger Erkenntnisanspruch identifizieren. Wir benennen ihn aufgrund seiner in logischer Perspektive geringen Konsistenz als „Mehrfachanspruch" und möchten ihn damit im Sinne eines Bündels von mehreren, inkommensurablen (Definition in Kap. 1.1) Ansprüchen differenzieren.

⊕ In der Logik spricht man von der **Konsistenz** einer Aussage, wenn aus ihr kein Widerspruch abgeleitet werden kann, also keine Folgeaussage und zugleich deren Negation. Konsistenz ist ein maßgebliches logisches Gütekriterium für wissenschaftliche Theorien, da inkonsistente Aussagefolgen zugleich zu einer potenziellen Beliebigkeit von Aussagefolgen führen.

Der genannte Mehrfachanspruch besteht darin, Soziale Arbeit mithilfe der jeweiligen Theorien *zugleich* umfassend beschreiben, erklären, kritisch analysieren und normativ orientieren zu können, um hierdurch wiederum die disziplinäre und zuweilen auch die praktisch-fachliche, in der Regel dann als „professionell" gefasste Identität Sozialer Arbeit zu begründen. Theorien der Sozialen Arbeit verfolgen damit also gleichzeitig bis zu sechs logisch unterscheidbare Erkenntnisinteressen innerhalb desselben Aussagesystems (Neumann/Sandermann 2019, 236).

Vergröbert man diese Perspektive der Einfachheit halber etwas, so lässt sich zunächst hauptsächlich eine Verschränkung von zwei Erkenntnisinteressen durch Theorien der Sozialen Arbeit erkennen. Wir haben diese Verschränkung an anderer Stelle bereits mehrfach als einen gängigen „Doppelanspruch" von Theorien der Sozialen Arbeit skizziert (Neumann/Sandermann 2007; 2008; 2009; 2012; ähnlich auch May 2010, 255 f.). Dieser Doppelanspruch zielt darauf, mithilfe einer Theorie der Sozialen Arbeit zugleich sowohl ein *Real-* als auch ein *Idealbild* Sozialer Arbeit zu entwerfen. Dieser Anspruch wird im Zuge der jeweiligen Theoriebildungsprozesse unterschiedlich klar formuliert und entsprechend auch unterschiedlich stark reflektiert.

Die Theorie der Alltags- und Lebensweltorientierung z.B. formuliert ihn sehr offensiv (Kap. 3.2.1), wenn es heißt, die Theorie liefere

„sowohl ein Rahmenkonzept sozialpädagogischer Theorieentwicklung als auch eine grundlegende Orientierung sozialpädagogischer Praxis" (Thiersch 2002, 128).

Ähnliches gilt für die Theorie der industriegesellschaftlich gerahmten Erziehungswirklichkeit (Kap. 3.1.1) und die Theorie der Dienstleistungsorientierung (Kap. 3.4.1).

Dagegen kommt der skizzierte Doppelanspruch etwa im Rahmen der Theorie der Unterstützung zur Lebensbewältigung (Kap. 3.3.1), der reflexiven Sozialpädagogik (Kap. 3.5.1) oder des sozialpädagogischen Diskurses (Kap. 3.6.1) eher implizit ins Spiel, wenn es z.B. beim Vokabular der letzteren Theorie darum geht, sowohl den „ganzen Sinn von Sozialpädagogik" (Winkler 1988, 62) im Kontext einer Ordnung des sozialpädagogisch Denkbaren und Gedachten zu rekonstruieren, als auch darum, hieraus eine Ordnung des – zukünftigen – sozialpädagogischen Denkens abzuleiten.

Schließlich finden sich noch Theorien der Sozialen Arbeit, im Zuge derer dieser Anspruch nicht formuliert wird, jedoch implizit erkennbar ist, wenn man den Aufbau ihrer Argumentation genauer in Augenschein nimmt; dies gilt z. b. für die Theorie des Regierungshandelns (3.9.1) oder die Theorie der intervenierenden Sozialpolitik (3.10.1).

Bei genauer Betrachtung wird also in allen acht genannten Beispielen für Theorien der Sozialen Arbeit der Anspruch verfolgt, gegenstandsbezogene Bestimmungsleistungen zu verknüpfen mit Orientierungsleistungen für ideales Denken und Handeln im Kontext der Sozialen Arbeit. Mithilfe welcher Vergegenständlichungsprozesse dieser Doppelanspruch im Einzelnen verfolgt wird, beleuchten wir im folgenden Unterkapitel.

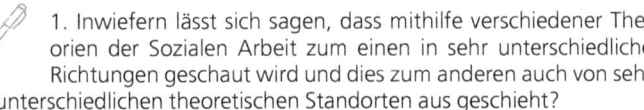

1. Inwiefern lässt sich sagen, dass mithilfe verschiedener Theorien der Sozialen Arbeit zum einen in sehr unterschiedliche Richtungen geschaut wird und dies zum anderen auch von sehr unterschiedlichen theoretischen Standorten aus geschieht?
2. In Bezug auf welche unterschiedlichen Erkenntnisziele lässt sich ein Mehrfachanspruch gängiger Theorien der Sozialen Arbeit erkennen?
3. Hinsichtlich welcher beiden Erkenntnisziele lässt sich der genannte Mehrfachanspruch vereinfacht auch als Doppelanspruch skizzieren?

5.2 Komplexe Axiome, Objektivismen und Ontologisierungen

Als nächstes verdeutlichen wir, wie in unterschiedlichen Theorien der Sozialen Arbeit vorgegangen wird, wenn es um die Konstituierung ihres Gegenstands geht. Dabei werden wir auf komplexe Axiome, Objektivismen und Ontologisierungen zu sprechen kommen, deren Kombination als eine weitreichende Gemeinsamkeit von Vergegenständlichungsprozessen durch Theorien der Sozialen Arbeit angesehen werden kann.

Wie wir in Kap. 4.2 herausgearbeitet haben und wie auch andere Überblickswerke zu Theorien der Sozialen Arbeit immer wieder betonen, entwerfen unterschiedliche Theorien der Sozialen Arbeit höchst unterschiedliche Gegenstände von Sozialer Arbeit. Dies spiegelt sich auch in den unterschiedlichen Beobachtungsrichtungen und Beobachtungsstandorten verschiedener Theorien der Sozialen Arbeit, die wir in Kap. 4.1 angesprochen haben, sowie darin, dass verschiedene Theorien der Sozialen Arbeit unterschiedliches Vokabular zur Beschreibung und Bestimmung ihres jeweiligen Gegenstandes nutzen.

Im Bereich der *Art und Weise* ihrer Vergegenständlichung zeigt sich dagegen eine weitreichende Gemeinsamkeit gängiger Theorien der Sozialen Arbeit. Diese Gemeinsamkeit lässt sich im Zusammenhang damit sehen, dass die weitaus meisten Theorien der Sozialen Arbeit in Hinsicht auf ihr jeweiliges Erkenntnisziel einem Mehrfachanspruch folgen (Kap. 5.1). Um diesen Mehrfachanspruch jeweils innerhalb *einer* Theorie verfolgen zu können, bedarf es eines entsprechenden Vergegenständlichungsprozesses.

Dieser, in unterschiedlichen Theorien der Sozialen Arbeit immer wieder ähnliche Vergegenständlichungsprozess lässt sich als ein Hang zur Deduktion (Definition in Kap. 2) bestimmen (Hammerschmidt et al. 2017). Dabei werden weitreichende normative Setzungen zu dem, was als wahre Soziale Arbeit empfunden wird, direkt zu Beginn der jeweiligen Theoriebildungsvorgänge vorgenommen (Hammerschmidt et al. 2017, 207 ff.). In Theorien der Sozialen Arbeit finden sich also in der Regel relativ komplexe und voraussetzungsvolle Axiome, von denen der Rest der theoretischen Argumentation dann abgeleitet wird.

> ⊕ Unter einem **Axiom** versteht man in der Erkenntnistheorie eine nicht weiter begründete Annahme, die zu Beginn einer wissenschaftlichen Beobachtung (z. B. Theorie) gesetzt wird. Diese Annahme soll und kann nicht durch die darauf aufbauende Beobachtung hinterfragt werden, da sie diese erst hervorbringt. Im Umkehrschluss gilt, dass alle Beobachtungen Axiome benötigen. Die entscheidende Frage zur Bewertung der intersubjektiven Nachvollziehbarkeit wissenschaftlicher Beobachtungen ist damit nicht, ob sie Axiome voraussetzt, sondern, wie komplex diese sind.

Der Raum für empirische Abgleiche (Definition in Kap. 1.1) bleibt damit in Theorien der Sozialen Arbeit stark begrenzt. Zwar gibt es Beispiele für Theorien, die als Basis für empirische Forschung dienen – so z. B. im Falle der „empirisch gewendeten und sozialwissenschaftlich angereicherten" (Füssenhäuser 2006, 132) Theorie der Alltags- und Lebensweltorientierung (Kap. 3.2). Diese „empirische Wendung" bleibt aber auf methodische Schritte begrenzt, die den anfangs umfassend gesetzten Normativitäten nachgeordnet werden und diese damit nicht mehr verunsichern können. Das bedeutet, dass die Theorien letztlich evaluativ verwendet werden. Dabei wird zwar mithilfe der Theorien im angenommenen Gegenstandsbereich der Sozialen Arbeit nach Bestätigungen der eigenen Theorie gesucht. Wo aber die empirischen Befunde nicht den vorgefassten Theoriesetzungen entsprechen, werden diese Befunde entweder ausgeblendet oder als Hinweise auf eine „schlechte Praxis" gewertet. Beides macht die zuvor gesetzten Theorieannahmen potenziell unangreifbar durch empirische Befunde. Viele Theorien der Sozialen Arbeit zeigen sich hier also insofern veränderungsresistent, als dass eine erfahrungsbasierte Weiterentwicklung oder gar Infragestellung der zu Beginn gesetzten, weitreichenden Axiome nicht vorgesehen ist.

„Theoriearbeit" tritt damit in den in Kap. 3 beispielhaft dargestellten Theorien der Sozialen Arbeit eher als ein Gegensatz zu empirischer Forschungsarbeit in Erscheinung. Etwas überspitzt lässt sich formulieren: Lange Zeit wurde die sozialpädagogische Fachdiskussion von der Vorstellung „reiner Theorie" dominiert, die sich in z. T. hochabstrakten, über Empirie nicht mehr einholbaren Aussagesystemen abbildete.

Solch eine Vorstellung lässt sich in der heutigen Wissenschaftsdiskussion, in der stark auf Erfahrungsargumente gebaut wird, nur noch schwer verteidigen. Bevor wir auf diese Auseinandersetzung in Kap. 6 genauer eingehen, wollen wir zunächst noch etwas präziser zeigen, wo genau gängige Theorien der Sozialen Arbeit kritisierbar werden, *wenn* man, erstens, empirisch und, zweitens, verfahrenslegitimatorisch im Sinne der Norm eines intersubjektiv nachvollziehbaren wissenschaftlichen Verfahrens argumentiert. Tut man dies, so lassen sich mindestens zwei Kritikpunkte gegenüber etablierten Theorien der Sozialen Arbeit ausmachen. Diese Kritikpunkte lauten „Objektivismen" und „Ontologisierungen":

a. **Objektivismen**: Dollinger (2010) identifiziert für historische sowie aktuelle sozialpädagogische Theoretisierungsleistungen

„rhetorische Strategien der Kontingenzreduktion, der Plausibilisierung und Legitimierung der eigenen Position und der Diskreditierung alternativer Denkformen" (Dollinger 2010, 111).

Diese lassen sich auch in Theorien der Sozialen Arbeit im engeren Sinne ausmachen. Hierbei spielen „objektivistische" Vorgehensweisen (Dollinger 2010) eine entscheidende Rolle, also Vorgehensweisen, in denen scheinbar voraussetzungslos komplexe Annahmen im Sinne der bereits skizzierten Axiome getroffen und hochabstrakt formuliert werden.

Das wird zum Beispiel im Falle der **Theorie der Unterstützung zur Lebensbewältigung** (Kap. 3.3) besonders deutlich. Böhnisch formuliert hier, Soziale Arbeit sei eine „gesellschaftlich institutionalisierte Reaktion auf typische psychosoziale Bewältigungsprobleme", zu der „die moderne Industriegesellschaft strukturell gezwungen" sei. Begründet wird dies damit, dass „die Spannung von Integration und Desintegration [...] dem Wesen moderner Arbeitsteilung immanent" sei und weil es eine „strukturelle Notwendigkeit, die ökonomisch-technische Arbeitsteilung sozial [zu] reproduzieren und auszubalancieren" gebe, wofür „der sozialpädagogisch-sozialarbeiterische Interventionsmodus [...] das strukturlogische Mittel" sei (Böhnisch 2012, 219). Er formuliert damit eine hoch voraussetzungsreiche und vielfach wechselseitig ineinander verschränkte Argumentation, die empirisch als solche nicht überprüfbar ist.

Was sich hier zeigt, ist ein hohes Maß an „impliziten Wertentscheidungen im objektivistischen Gewand der Gewissheit" (Dollinger 2013, 143). Begleitet werden derartige Objektivismen in aller Regel von einer äußerst scharfen Rhetorik der Selbstverständlichkeit, die sich in Formulierungen wie „muss begriffen werden", „kann nur verstanden werden als" oder „darf nicht interpretiert werden als" finden lässt (Sandermann/Neumann 2019, 236).

b. **Ontologisierungen**: Als eine zweite, inzwischen regelmäßig beobachtete Gemeinsamkeit gängiger Theorien der Sozialen Arbeit lässt sich eine ontologisierende Art und Weise der Gegenstandsbeschreibung festhalten (Neumann/Sandermann 2007; Neumann 2008). Der Begriff „Ontologisierung" verweist auf den philosophischen Begriff „Ontologie".

⊕   Die **Ontologie** gilt als eine Subdisziplin der theoretischen Philosophie. Vereinfacht gesagt geht es in dieser Subdisziplin um
Fragen nach dem Seienden in Unterscheidung zum Möglichen.
Von Interesse ist also das, was ist. Damit sind Fragen nach Wünschens-
wertem zugleich von nachgeordneter Bedeutung.

Theorien der Sozialen Arbeit gehen nun insofern häufig ontolo-
gisierend vor, als dass Sollensaussagen, also Aussagen über eine
im Sinne der Theorie wünschenswerte Soziale Arbeit, nicht als
entscheidungsabhängige und damit immer auch diskussionswür-
dige normative Setzungen offengelegt werden, sondern zu etwas
„Wesensmäßigem", also objektiv Seiendem der Sozialen Arbeit
erklärt werden. Damit werden die Perspektivität und der Voraus-
setzungsreichtum dieser Sollensaussagen zugleich unkenntlich gemacht, indem sie nunmehr als Eigenschaft des Gegenstandes der
Sozialen Arbeit selbst erscheinen. Soziale Arbeit *ist* damit dann
immer auch schon, was sie im Lichte der Theorie sein *soll*: also
z.B. „alltags- und lebensweltorientiert" (Kap. 3.2), „unterstützend
bei der Lebensbewältigung" (Kap. 3.3), „dienstleistungsorientiert"
(Kap. 3.4) oder „reflexiv-sozialpädagogisch" (Kap. 3.5).

Diese Ontologisierungen basieren kritisch betrachtet auf einer
„tautologischen" Vergegenständlichung Sozialer Arbeit durch die
jeweiligen Theorien, also auf einem Zirkelschluss (Neumann 2008,
123 ff.). Ein Beispiel zur Veranschaulichung:

In der **Theorie der Alltags- und Lebensweltorientierung**
(Kap. 3.2) wird das 20. Jahrhundert als „sozialpädagogisches
Jahrhundert" charakterisiert (Thiersch 1992). Die zunächst
einmal normativen Prinzipien der Alltags- und Lebensweltorientierung
werden dabei zugleich als Höhepunkt einer historischen Entwicklung
ausgegeben, in der die Soziale Arbeit in „einer in sich stimmige(n) Gestalt" zu ihrem *eigentlichen* Wesen gekommen sei, zu einer Sozialen
Arbeit „nämlich, die in ihren verzweigten Institutionen und Aktivitäten
bestimmt ist durch ein durchgängiges Prinzip, durch das Prinzip der
Lebensweltorientierung" (Thiersch 2009, 239). Hier zeigt sich deutlich
die oben skizzierte Ontologisierung einschließlich der genannten Tauto-
logie, denn genauso gut hätte man anstelle des „sozialpädagogischen
Jahrhunderts" auch das „lebensweltorientierte Jahrhundert" identifizieren können. Die Soziale Arbeit erscheint hier als Errungenschaft der

Moderne; die Modernität der Sozialen Arbeit hängt aber zugleich davon ab, wie sehr sich Prinzipien der Alltags- und Lebensweltorientierung in ihr zu realisieren vermögen. An der Zirkularität des Begründungszusammenhanges wird deutlich, dass es im ontologisierenden Modus der Vergegenständlichung ausschließlich eine bestimmbare Form der Sozialen Arbeit gibt: Alltags- und Lebensweltorientierung. Im Umkehrschluss gilt: Lässt sich das Beobachtete nicht als „alltags- und lebensweltorientiert" begreifen, kann es sich in der Logik der Theorie auch nicht um Soziale Arbeit, oder allenfalls um eine historisch noch defizitäre Form der Verwirklichung der „eigentlichen Gestalt" von Sozialer Arbeit handeln.

Im Zuge einer solchen Theoretisierung macht es keinen Unterschied mehr, ob von der Sozialen Arbeit im Allgemeinen oder einer „alltags- und lebensweltorientierten" (oder in anderen Theorien dann „dienstleistungsorientierten", „reflexiv-sozialpädagogischen" usw.) Sozialen Arbeit gesprochen wird. Ontologisierende Vergegenständlichungsprozesse in Theorien Sozialer Arbeit sind allerdings nicht offen normativ, sondern entfalten eine Art normativen Sog. Dies geschieht im Zuge einer in der Regel historisch angelegten Darstellung. Die einzige Ausnahme bildet hier die Theorie des Funktionssystems sozialer Hilfe (Kap. 3.8), die nicht vorrangig historisch, sondern logisch-systematisch angelegt ist und daher insgesamt kaum ontologisierende Vergegenständlichungsprozesse aufweist. In allen anderen der in Kap. 3 dargestellten Theorien werden dagegen Idealvorstellungen Sozialer Arbeit über ihre Vermengung mit historischen Aussagen zum Sein der Sozialen Arbeit so ontologisiert und damit zugleich für die Soziale Arbeit als Ganzes verallgemeinert, dass sich – lässt man sich auf die Argumentation ein – fortan jede Form von Sozialer Arbeit an den implizit durch die Theorien ins Spiel gebrachten Idealvorstellungen messen lassen muss, damit sie als Soziale Arbeit gelten darf.

1. Inwiefern lässt sich kritisieren, dass Theorien der Sozialen Arbeit „objektivistisch" argumentieren, und auf welchen erkenntnistheoretischen Voraussetzungen beruht dieser Kritikstandpunkt?
2. Was ist der Unterschied zwischen ontologischen und ontologisierenden Aussagen?

3. Anhand der Theorie der Alltags- und Lebensweltorientierung haben wir veranschaulicht, inwiefern man bei Theorien der Sozialen Arbeit ontologisierende Vergegenständlichungsprozesse beobachten kann. Finden Sie mit Blick auf die in Kap. 3 dargestellten Theorien ein weiteres Beispiel für eine ontologisierende Vergegenständlichung Sozialer Arbeit!

5.3   Zwischen wahrer und wirklicher Praxis

Kap. 5.3 dient dazu, Gemeinsamkeiten von Theorien der Sozialen Arbeit auf der Ebene von theoretischen Aussagen über Praxis Sozialer Arbeit zu verdeutlichen. Hier werden wir herausstellen, inwiefern Theorien der Sozialen Arbeit im Zuge ihrer Darstellungen von Praxis typischerweise zwischen Wahrheits- und Wirklichkeitsvorstellungen schwanken.

Wie wir in Kap. 4.3 vergleichend gezeigt haben, unterscheiden sich die in unterschiedlichen Theorien der Sozialen Arbeit zu findenden Auffassungen dazu, *was* Praxis der Sozialen Arbeit ist, deutlich voneinander. Hier verhält es sich also ähnlich wie im Falle von Erkenntniszielen und Gegenständen von Theorien der Sozialen Arbeit, und das wiederum weist auf den logischen Zusammenhang zwischen Erkenntniszielen, Gegenstandsbeobachtungen und Praxisverständnissen hin, auf den wir bereits in Kap. 1 hingewiesen haben. Für Theorien der Sozialen Arbeit bedeutet das konkret: *Was* im Zuge unterschiedlicher Theorien der Sozialen Arbeit als Praxis der Sozialen Arbeit definiert wird, unterscheidet sich deswegen so stark, weil sich auch unterscheidet, was insgesamt als Soziale Arbeit beobachtet wird, und dies wiederum hängt eng damit zusammen, dass unterschiedliche Theorien der Sozialen Arbeit bereits in ihrem Erkenntnisinteresse anders ausgerichtet sind.

Betrachtet man unterschiedliche Theorien der Sozialen Arbeit aber in Hinsicht auf das *Zustandekommen* ihrer jeweiligen Praxisverständnisse, so lassen sich durchaus auch Gemeinsamkeiten zeigen. Wir wollen, um dies zu verdeutlichen, zunächst drei grundsätzliche Optionen, Praxis der Sozialen Arbeit zu beschreiben, voneinander unterscheiden. Diese drei Optionen lassen sich ausfindig machen, wenn man sich das Spektrum der in diesem Buch diskutierten Theorien der Sozialen Arbeit vor Augen führt.

1. Es besteht die Option, Praxis zu beschreiben, indem man versucht, empirisch beobachtbares Handeln in seinen allgemeinen Funktionsweisen theoretisch zu rekonstruieren, ggf. zu erklären oder genauer zu verstehen. Letzteres ist möglich, indem man Praxis in ihrem empirischen Zustandekommen untersucht und dann auf bestimmte Kontexte hin (also z.B. breitere gesellschaftliche, professionspolitische, organisatorische, historische oder wohlfahrtsstaatliche Zusammenhänge) interpretiert.

2. Im Unterschied zu Option 1 lässt sich Praxis aber auch theoretisch als ein Ideal „guten Handelns" entwerfen. Dies kann über eine deduktive Ableitung von „theoretisch erdachten" Kriterien und Maßstäben und deren Übertragung auf einzelne Facetten praktischen Handelns geschehen. Damit wird – offen oder implizit – dem Ziel, praktisches Handeln in der Sozialen Arbeit zu „verbessern", gefolgt.

3. Ein Ideal praktischen Handelns kann durch eine Theorie – drittens – auch entworfen werden, indem man es – umgekehrt wie bei Option 2 – aus beobachtbaren Idealen Sozialer Arbeit „in der Praxis" ableitet. Letzteres ist der Fall, wenn man institutionelle Programmatiken (z.B. die Losung „Hilfe zur Selbsthilfe" oder „Familienfördernde Maßnahme") *in die Theorie übernimmt, und dann im Zuge der Theoriebildung versucht,* „gute Praxis" im Horizont von Maßstäben zu beschreiben, wie sie von Institutionen der Sozialen Arbeit programmatisch vertreten werden.

Diejenigen Theorien der Sozialen Arbeit, welche wir in dieser Einführung etwas genauer dargestellt haben, lassen sich in Hinsicht auf diese drei grundsätzlichen Optionen von Praxisbeschreibung wie folgt einsortieren:

1. Unter den von uns dargestellten Theorien der Sozialen Arbeit wählt bei genauerem Hinsehen lediglich eine Theorie, nämlich die Theorie des Funktionssystems sozialer Hilfe (Kap. 3.8), die erste Option zur Darstellung von Praxis. Praxis wird mithilfe dieser Theorie in Hinsicht auf ihre theoretisch angenommene, „wirkliche" Funktion dargestellt. Diese Funktion wird von der

programmatisch bzw. ideell *angestrebten* Funktion Sozialer Arbeit ausdrücklich unterschieden.

2. Die Theorie der Dienstleistungsorientierung, welche wir in Kap. 3.4 genauer dargestellt haben, lässt sich dagegen als eine Theorie verorten, die im Sinne der zweiten Option eine relativ klare deduktive Ableitung theoretisch erdachter Ideale auf einzelne Facetten praktischen Handelns vornimmt. Die Theorie konzentriert sich dabei auf das Moment einer „alternativen Professionalität". Allein diese Begriffskombination verdeutlicht, dass die Theorie nicht auf eine Beschreibung von „Wirklichkeit", sondern von idealen Möglichkeiten ausgerichtet ist, welche im Sinne einer „wahren Praxis" der Sozialen Arbeit (zur Unterscheidung Definition in Kap. 4.2) verstanden werden. Praxis Sozialer Arbeit ist damit zugleich eine Idealvorstellung, welche im Umkehrschluss mit dem, was Fachkräfte „wirklich" tun, nichts zu tun haben muss.

3. Die überwiegende Mehrheit der in Kap. 3 vorgestellten Theorien beschreitet einen Weg, den wir oben als eine dritte Option für die Beschreibung von Praxis skizziert haben. Infolge der Ableitung von Idealen „guter Praxis" aus Programmatiken, die zugleich „dem Feld der Praxis" zugeordnet werden, verschränken sich hier Vorstellungen einer idealerweise möglichen Praxis mit Vorstellungen einer real vorzufindenden Praxis auf eine spezifische Weise: Ideale Praxis wird in diesen Theorien als eine Größe innerhalb gegebener Praxis beschrieben.

Praxis wird damit gedanklich unterteilt in eine Praxis, die schon „zu sich selbst gefunden" hat, und eine Praxis, der dies erstrebenswerter Weise noch bevorsteht. Besonders deutlich wird diese gegenseitige Verschränkung von Wahrheits- und Wirklichkeitsannahmen über Praxis am Beispiel der Theorien der industriegesellschaftlich gerahmten Erziehungswirklichkeit (Kap. 3.1), der Alltags- und Lebensweltorientierung (Kap. 3.2), der reflexiven Sozialpädagogik (Kap. 3.5) und des sozialpädagogischen Diskurses (Kap. 3.6). In diesen vier Theorien werden die Möglichkeiten und Geltungsbedingungen einer solchen Vorgehensweise auch am deutlichsten reflektiert. Die Theorien der Unterstützung zur Lebensbewältigung (Kap. 3.3), der organisierten Hilfe (Kap. 3.7), des Regierungshandelns (Kap. 3.9) und der intervenierenden Sozialpolitik (Kap. 3.10) zielen dagegen alle (in jeweils unterschiedlicher Weise) auf eine *funktionale* Beschreibung von Praxis. Auf den ersten Blick ähneln sie darin der Theorie des Funktionssystems sozialer Hilfe (Kap. 3.8). Die hier genannten vier Theorien fokussieren dabei aber sämtlich auf eine programmatisch bzw. ideell *ange-strebte* Praxis. Diese leiten sie (jeweils auf spezifische Weise) entweder aus dem politischen Programm des bundesdeutschen Wohlfahrtsstaats ab, oder aus Intentionen, die als ursprünglich „hinter" diesem Programm liegende Prinzipien angenommen werden. Die mithilfe dieser Theorien entwickelte Vorstellung von „Praxis Sozialer Arbeit" bleibt damit – im Unterschied zur Perspektive der Theorie des Funktionssystems sozialer Hilfe – reserviert für etwas, was vermeintlich den idealen Kern Sozialer Arbeit ausmacht.

Resümiert man das vorfindbare Panorama von Praxisbeschreibun-gen in Theorien der Sozialen Arbeit, so zeigt sich: Während sich die Theorie des Funktionssystems sozialer Hilfe (Kap. 3.8) und die Theorie der Dienstleistungsorientierung (Kap. 3.4) in ihren Be-schreibungen von Praxis deutlich der von uns skizzierten Option 1 bzw. 2 zuordnen lassen, versuchen die meisten dargestellten Theo-rien im Sinne der von uns umrissenen Option 3, Aussagen *sowohl* zu einer „*ideal wahren*" *als auch* zu einer „*real wirklichen*" Praxis Sozialer Arbeit zu treffen. Kritisieren lässt sich daran u.a., dass diese Verschränkungen von Vorstellungen zu „realer" und „idealer Praxis" im Effekt keine substanziellen Aussagen über „wirkliche" Praxis Sozialer Arbeit mehr erlauben. Dies ist der Fall, weil durch die affirmative Übernahme offizieller Programmatiken und Inten-tionen Sozialer Arbeit in die eigene Theoriebildung empirische Befunde zu Wirklichkeiten Sozialer Arbeit, die quer zu diesen Programmatiken und „guten Absichten" liegen, nicht mehr in die Theorie integriert werden können.

Als **Affirmation** bezeichnet man in der Logik einen vollständig bejahenden Bezug auf Aussagen. Das heißt für den in unserem Buch behandelten Zusammenhang, dass man etwa bestimmte (theoretische) Aussagen übernimmt, ohne sie kritisch in Frage zu stellen oder auf ihre Passung zum eigenen Argument hin zu überprüfen. Das Gegenteil der Affirmation ist die Negation.

Das heißt im Ergebnis, dass eine „real wirkliche" Praxis, auf welche die Theorien erklärtermaßen zumindest *auch* zielen, wenigstens dort, wo sie den in die Theorien übernommenen Intentionen und Programmatiken nicht entspricht, nicht mehr als Praxis der Sozialen Arbeit erfasst werden kann.

Unabhängig von dieser fehlenden kritischen Hinterfragung kommt aus unserer Sicht in den Verschränkungen von Vorstellungen zu „realer" und „idealer Praxis" aber vor allem zum Ausdruck, dass die meisten der hier besprochenen Theorien der Sozialen Arbeit mit der Absicht und dem Anspruch entworfen wurden, „Großtheorien" (Kap. 1.2) zu sein. Die mit diesem Anliegen einhergehenden Diskussionen der 2010er Jahre wollen wir im abschließenden Kap. 6 noch einmal im Kontext der breiteren Fachdiskussion zu Theorien der Sozialen Arbeit verorten.

1. Welche drei Optionen für eine theoretische Beschreibung von Praxis Sozialer Arbeit lassen sich unterscheiden?

2. Wie verteilen sich die hier dargestellten Theorien auf die drei von uns unterschiedenen Optionen?

3. Welche Zusammenhänge erkennen Sie zwischen den durch die meisten Theorien der Sozialen Arbeit aufgestellten Mehrfachansprüchen (Kap. 5.1), ontologisierenden Vergegenständlichungsprozessen (Kap. 5.2) und den vorhandenen Praxisbeschreibungen (Kap. 5.3)? Bitte diskutieren Sie!

6 Das Ende der Grand Theories? Neuere Entwicklungen und Ausblick

In Kap. 6 skizzieren wir zum Abschluss dieser Einführung Umstellungen, zu denen es seit Beginn des 21. Jahrhunderts in der Diskussion um Theorien der Sozialen Arbeit gekommen ist. Dies verbinden wir mit einem Ausblick auf die mögliche weitere Entwicklung von Theorien der Sozialen Arbeit.

Theorien der Sozialen Arbeit gehören – das hat die Darstellung im Rahmen dieser Einführung gezeigt – anerkanntermaßen zu den zentralen Gebieten der Wissensproduktion zur Sozialen Arbeit. Dies gilt vor allem für die deutschsprachige Diskussion (Hämäläinen 2012; Sandermann/Neumann 2014), auf die wir uns in dieser Einführung weitestgehend konzentriert haben. Inzwischen ist hier eine „sehr breite Landschaft theoriesystematischer Beiträge" (Kessl/Otto 2012, 1314) zu verzeichnen.

Die in diesem Zuge entwickelten Theorien der Sozialen Arbeit unterscheiden sich von der Vielfalt sonstiger Theorien, die zur Erforschung der Sozialen Arbeit genutzt werden (wie z. B. soziologische Gesellschaftstheorien, Sozialisationstheorien, sozial- und entwicklungspsychologische Theorien, Theorien sozialer Probleme, Theorien des Wohlfahrtsstaates), dadurch, dass sie mit dem Anspruch versehen sind, Soziale Arbeit als zwar vielgestaltiges, aber in sich letztlich doch einheitliches Ganzes zu beschreiben, zu analysieren und zu erklären. Daraus wiederum werden in den meisten Theorien der Sozialen Arbeit auch methodische und/oder ethische Prinzipien abgeleitet, die als Orientierungsrahmen dienen sollen für ein „professionelles Handeln" von Fachkräften der Sozialen Arbeit (und nicht zuletzt seiner Identifikation). „Professionelles Handeln" wird dabei in der Regel verstanden als ein „fachlich" im Lichte der jeweiligen Theorie „angemessenes" Handeln.

Man kann angesichts dieses umfassenden Anspruchs, den wir in Kap. 5.1 als gängigen „Mehrfachanspruch" von Theorien der

Sozialen Arbeit herausgearbeitet haben, in Anlehnung an Charles Wright Mills (1959) auch von einer spezifischen Variante von „Grand Theories" sprechen. Grand Theories müssen als solche, folgt man Mills, höchst generalisierend argumentieren, um heterogene Zusammenhänge und unterschiedliche Ebenen einbeziehen zu können. Ihr hoher Generalisierungsgrad führt jedoch dazu, dass Theorien der Sozialen Arbeit mit Phänomenen alltäglichen Handelns oft nur noch schwer in Verbindung gebracht werden können. Vermutlich liegt hierin ein zentraler Grund für das oft zu erlebende Unbehagen von Studierenden und „PraktikerInnen" der Sozialen Arbeit, wenn man mit ihnen über Theorien der Sozialen Arbeit ins Gespräch kommt.

Auch in der Scientific Community der Sozialen Arbeit wird der lange Zeit unumstrittene Mehrfachanspruch, Soziale Arbeit über „Grand Theories" gleichzeitig umfassend zu beschreiben, zu analysieren, zu erklären und normativ orientieren zu können, um hierdurch wiederum die disziplinäre Identität Sozialer Arbeit maßgeblich zu begründen (Fatke/Hornstein 1987; Thiersch/Treptow 2011) und „die Praxis" zu „professionalisieren", inzwischen skeptisch betrachtet. Schon in den 1990er Jahren und verstärkt dann seit den 2000er Jahren ist wiederholt kritisiert worden, dass die Leistungsfähigkeit von Theorien der Sozialen Arbeit mit diesem Mehrfachanspruch deutlich überschätzt wird.

Blickt man auf den Zustand der heutigen Theoriediskussion, so lässt sich feststellen, dass sich inzwischen einiges geändert hat: Während Bemühungen, weitere oder gar „die eine" Großtheorie Sozialer Arbeit zu entwickeln, noch in den 1980er und 1990er Jahren zum Kerngeschäft der wissenschaftlichen Auseinandersetzung zählten, sind derartige Versuche seit Beginn des neuen Jahrtausends seltener geworden. Die dementsprechenden Arbeiten zu einer Theorie des Regierungshandelns (Kap. 3.9) und zu einer Theorie der intervenierenden Sozialpolitik (Kap. 3.10) sowie auch die in diesem Buch nicht näher beschriebenen Beiträge zum Projekt einer Theorie der Sozialen Arbeit auf Grundlage des sog. Capability-Ansatzes (z.B. Oelkers/Otto/Ziegler 2010; Röh 2011; Ziegler 2011) oder der Idee einer „Menschenrechtsprofession" (Staub-Bernasconi 2000) bilden inzwischen eher die Ausnahme als die Regel. Fast erscheinen sie als eine Art „Auslaufmodell". Sinnbildlich wird diese Entwicklung von Elena Wilhelm (2006) in einem in der Schweizerischen Zeitschrift für Soziale Arbeit publizierten Aufsatz zu Stand und Zukunftsperspektiven von Theorien der Sozialen Arbeit zum Ausdruck gebracht. Wilhelm konstatiert hier einen „Abschied von der großen Erzählung".

Wo es um wissenschaftliche Erkenntnis zur Sozialen Arbeit geht, wird heute eher auf sog. „Middle Range Theories" (Definition in Kap. 1.2) als auf Grand Theories gesetzt. Der Abschied von Großtheorien der Sozialen Arbeit hat sich dabei schrittweise und leise vollzogen. Mit einer Metapher aus dem Bereich der Rehabilitation von Suchtkranken könnte man sagen, dass es sich hierbei um einen Prozess des „Ausschleichens" gehandelt hat. Dieses „Ausschleichen" manifestiert sich an mehreren Schauplätzen der jüngeren wissenschaftlichen Diskussion um Soziale Arbeit. Diese Schauplätze einer Erosion des bis dato hegemonialen Mehrfachanspruchs von Großtheorien der Sozialen Arbeit lassen sich episodenhaft wie folgt unterscheiden:

1. Anfang der 1990er Jahre wurde unter den Schlagworten „Normalisierung", „Entgrenzung" und „gesellschaftliche Verallgemeinerung" der Sozialen Arbeit eine Krise des bisherigen Gegenstandsverständnisses der Sozialen Arbeit diskutiert (Lüders/Winkler 1992; Winkler 1995).

2. Gegen Ende der 1990er Jahre wurde – zum wiederholten Mal in der Geschichte der wissenschaftlichen Auseinandersetzung um Soziale Arbeit – eine Begriffsdiskussion um die Termini „Sozialpädagogik", „Sozialarbeit" und „Soziale Arbeit" entfacht (z.B. Merten et al. 1996; Merten 1998), die zu einer nicht nur begrifflichen, sondern auch erkenntnistheoretischen Verunsicherung der gängigen Theoriebildungsstrategien führte.

3. In den späten 1990er bzw. frühen 2000er Jahre kam es zu einer vertieften Diskussion über „KlassikerInnen" der Sozialen Arbeit. Hintergrund dafür war die Entstehung einer differenzierteren Theoriegeschichtsschreibung zur Sozialen Arbeit, welche zugleich als „Identitätssuche" der Disziplin angelegt wurde (z.B. Winkler 1993; Niemeyer 2010; Reyer 2002, kritisch: Neumann 2010; Werner 2022). Die Diskussion scheint im Ergebnis eher zu einer stärkeren Hinterfragung als zu einer Verstetigung von Selbstverständlichkeiten in Theorien der Sozialen Arbeit geführt zu haben.

4. Die ebenfalls Ende der 1990er, Anfang der 2000er Jahre geführte Diskussion um den Stand einer spezifisch sozialpäd-

agogisch ausgerichteten Forschung (Rauschenbach/Thole 1998; Schefold 2002; Schweppe/Thole 2005) verwies ein weiteres Mal auf Inkonsistenzen und Blindstellen des bis dato unterreflektierten Mehrfachanspruches von Grand Theories der Sozialen Arbeit (Schröer/Winkler 2012).

5. Schließlich wurden seit Mitte der 1990er Jahren und dann vor allem seit Beginn des neuen Jahrtausends vermehrt kritische Rückfragen zu Stand, Leistungsfähigkeit und Aussagekraft der bisherigen Theoriebildung zur Sozialen Arbeit sowie im Hinblick auf bisherige Selbstverständlichkeiten ihrer ontologisierenden Vergegenständlichungsprozesse (Kap. 5.2) gestellt (z. B. Neumann/Sandermann 2007; 2008; Ziegler 2008; Dollinger 2008; 2013; Rauschenbach/Züchner 2012; Thole 2012a; Füssenhäuser/Thiersch 2015; Spellenberg 2017).

Geht man nach wie vor vom Mehrfachanspruch üblicher Grand Theories der Sozialen Arbeit aus, so kann man die genannten Episoden einer Erosion dieses Anspruchs zugleich als Anzeichen einer Stagnation oder gar eines Verfalls theoretischer Wissensproduktion zur Sozialen Arbeit lesen. Wir möchten hier allerdings hervorheben, dass sich im Windschatten dieser Erosion großtheoretischer Ansprüche andere Entwicklungen vollziehen, die keineswegs auf eine Stagnation theoretischer Wissensproduktion hinweisen, sondern auf eine Aufmerksamkeitsverschiebung im Rahmen sozialwissenschaftlicher Erkenntnisprozesse generell (Kalthoff 2008; Lindemann 2008; Reckwitz 2016). Die Frage nach der Relevanz von Theorien für das Verständnis von Praxis, welche wir in Kap. 1 zum Ausgangspunkt des vorliegenden Buches gemacht haben, ist heute ebenso weiterhin von Bedeutung, nur eben in anderer, vorwiegend empirischer Weise (Neumann/Sandermann 2009).

Darüber hinaus werden als zentral angesehene Fragen der Wissenschaftsentwicklung zur Sozialen Arbeit fortlaufend verhandelt, allerdings nunmehr entkoppelt vom zuvor stets mitschwingenden Anspruch der Entwicklung einer Großtheorie der Sozialen Arbeit. Dabei werden nun Einzelfragen, die bis dato in Theorien der Sozialen Arbeit sozusagen „nebenbei mitverhandelt" wurden, gesondert und damit expliziter, strukturierter, differenzierter und vor allem reflexiver als noch vor einigen Jahren thematisiert. Beispiele dafür bieten etwa die jüngeren Auseinandersetzungen um Normativitäten der Theoriebildung zur Sozialen Arbeit (z. B. Otto et al.

2010b; Sandermann 2015; Krieger/Kraus 2018), um Möglichkeiten, Funktionen und den Stellenwert von Kritik in theoretischen Perspektiven auf Soziale Arbeit (z.B. Anhorn et al. 2012; Hünersdorf/Hartmann 2013; Maurer 2015; Scherr 2015) oder um Gesellschaftsbilder, auf die in theoretischen Überlegungen zur Sozialen Arbeit zurückgegriffen wird (z.B. Dollinger et al. 2012).

Die angesprochene Aufmerksamkeitsverschiebung kommt aber auch in metatheoretischen Programmatiken und Analysen zum Ausdruck, die den bisherigen Diskurs um Großtheorien der Sozialen Arbeit selbst zum Gegenstand ihrer Beobachtung machen. Dies gilt z.B. für die Analyseperspektive einer reflexiven Sozialpädagogik von Bernd Dollinger (2008; 2014), diejenige einer Sozioepistemologie der Sozialpädagogik von Sascha Neumann (2008), diejenige einer Politischen Epistemologie der Sozialen Arbeit von Martina Lütke-Harmann (2016; 2019) oder diejenige einer narrativen Analyse sozialpädagogischer Theorien (Dollinger 2020). Und schließlich und ganz entscheidend zeigt sich die Aufmerksamkeitsverschiebung in einer seit Mitte der 2000er Jahre mit zunehmender Deutlichkeit betriebenen Empirisierung wissenschaftlicher Erkenntnisproduktion zur Sozialen Arbeit, im Zuge derer bisher vor allem qualitativ-empirische Studien (Definition in Kap. 1.1) entstanden sind. Diese inzwischen sehr zahlreichen Studien nehmen zumeist kritisch-distanziert das Geschehen in unterschiedlichsten Institutionen, die *sich selbst* als praktische Institutionen Sozialer Arbeit verstehen, in Augenschein. Sie verzichten damit weitestgehend auf einen *idealen* Begriff von Praxis, wie ihn die meisten Großtheorien entwickeln (Kap. 5.3), und zwar zugunsten einer Nachzeichnung empirischer Abläufe Sozialer Arbeit.

Reflektiert man all diese Entwicklungen in ihrer Gesamtheit, so wird nachvollziehbar, inwieweit sich der Status von Theorie in der Sozialen Arbeit inzwischen verändert hat: Zum einen sind frühere Selbstverständlichkeiten, was die Notwendigkeit von Großtheorien und den von ihnen vertretenen Mehrfachanspruch (Kap. 5.1) sowie die daraus resultierenden Vergegenständlichungsprozesse (Kap. 5.2) und Praxisverständnisse (Kap. 5.3) angeht, inzwischen nicht mehr konsensfähig, sondern werden für grundlegend diskussionswürdig, empirisch zu überprüfen oder sogar abwegig gehalten. Zum anderen ist die Beschäftigung mit Theorie heute aber auch weit weniger einer bestimmten Form disziplinärer Selbstvergewisserung über Großtheorien vorbehalten, weil sich im Kontext der empirischen Forschungspraxis zugleich ein instrumentelleres Verhältnis zur Theorie eingestellt hat: Theorie ist dort nicht mehr der alleinige *Zielpunkt* intellektueller Anstrengungen im Nachdenken über Soziale Arbeit, sondern wird weit häufiger als *Mittel* zum Zweck der Beobachtung verschiedener Elemente und Praktiken einer empirisch zu erschließenden Praxis der Sozialen Arbeit verstanden und benötigt. Die vorhandenen Großtheorien der Sozialen Arbeit bieten für solche, auf empirische Forschung abzielende Vorhaben eher wenige Hilfestellungen, weil sie dafür – im Gegensatz zu den genannten Middle Range Theories – in der Regel zu abstrakt, axiomatisch bzw. voraussetzungsvoll und zu vieldeutig argumentieren.

Jenseits der Behandlung der klassischen Großtheorien in der Lehrbuchliteratur (u.a. auch im vorliegenden Buch), fehlt es so im Umkehrschluss bisher an wegweisenden Vorstellungen dazu, ob und wie Grand Theories der Sozialen Arbeit zukünftig noch weiterentwickelt werden könnten. Präziser gesagt: Was Theorien der Sozialen Arbeit unter den gegenwärtigen, allgemeinen Bedingungen von Wissenschaft überhaupt noch bedeuten können, ist eine offene, und gerade aufgrund der voranschreitenden Empirisierung der disziplinären Wissensproduktion zur Sozialen Arbeit bisher weithin vernachlässigte Frage (Dollinger/Lütke-Harmann 2019). Wie sie beantwortet werden könnte, möchten wir abschließend kurz erörtern.

Es ist unseres Erachtens davon auszugehen, dass Theorien der Sozialen Arbeit, die sich als Grand Theories zur Sozialen Arbeit verstehen, in Zukunft wieder an Relevanz gewinnen. Zu dieser Vermutung veranlasst uns der theoretische Gedanke der sog. „Pfadabhängigkeit" (des sog. „Neoinstitutionalismus").

Unter **Pfadabhängigkeit** versteht die Theorie des „Historischen Institutionalismus", welche in der Regel als Middle Range Theory des sog. „Neoinstitutionalismus" kategorisiert wird, die auf vielfältigen empirischen Studien basierende Annahme, dass im geschichtlichen Verlauf gesellschaftlicher Entwicklungsprozesse vorgezeichnete Bahnen entstehen, entlang derer sich eine einmal in Gang gesetzte Entwicklung fortsetzt, selbst wenn zu späteren Zeitpunkten keiner der am Entwicklungsprozess beteiligten AkteurInnen mehr das Fortschreiten auf diesem Pfad aktiv unterstützt. Eine erneute (chaotische) Entscheidungsfindungsphase, während derer ein Richtungswechsel durchgesetzt werden kann, ergibt sich erst, wenn die nächste **„critical juncture"** (dt. in etwa: „kritische Weggabelung") erreicht wird. Diese kritischen Weggabelungen zeichnen sich als Zeitpunkte aus, zu denen genügend Außenwirkungen und Akteursinitiativen zusammenkommen, um wiederum Veränderungen der weiteren Entwicklung herbeizuführen. Sie sind aber aufgrund der Komplexität des jeweiligen Entscheidungsfindungsprozesses keineswegs klar planbar, sondern chaotisch. Ist diese Phase erneut durchschritten – so die These der Pfadabhängigkeit – kommt es wieder zu institutionell bedingter Stabilität. Die These der Pfadabhängigkeit wurde parallel in unterschiedlichen Wissenschaftsdisziplinen eingeführt und weiterentwickelt, so vor allem in den Wirtschaftswissenschaften (North 1990) und der Soziologie sowie der Politikwissenschaft (Mahoney 2000; Pierson 2000; Steinmo et al. 1992; Evans et al. 1985).

Zwar entstehen aktuell – wie eben gezeigt – kaum noch Großtheorien der Sozialen Arbeit. Zudem lässt sich die wissenschaftliche Auseinandersetzung mit Theorien der Sozialen Arbeit eher als ein „Aufräumen" der Diskurslandschaft begreifen, und weniger als wegweisender Schauplatz der Disziplinentwicklung wie z.B. noch vor dreißig Jahren. Eine Pfadabhängigkeit im bisherigen wissenschaftlichen Disziplinentwicklungsprozess der Sozialen Arbeit zeigt sich für uns aber insofern, als dass mit der seit den 1970er Jahren maßgeblich über Großtheorien betriebenen wissenschaftlichen Disziplinentwicklung der Sozialen Arbeit (Kap. 2) begriffliche und gedankliche Weichenstellungen vorgenommen wurden, hinter die sich nur noch schwerlich zurückgehen lässt: Die allgegenwärtige Rede von *dem* Gegenstand *der* Sozialen Arbeit illustriert das bereits. Denn auch wenn es im Grunde genommen eingedenk all der Schwierigkeiten, welche die Abstraktion einer weiten Gegenstandsvorstellung „der Sozialen Arbeit" mit sich bringt, viel einfacher wäre, fortan nur noch an Theorien bspw. der Kinder- und Jugendhilfe, oder gar der Jugendarbeit, der Kindertagesstättenarbeit, der Erziehungshilfe etc. zu arbeiten, scheint es so einfach nicht zu sein. Denn die über Begriffstraditionen in Lehrbücher, Studiengangsbezeichnungen und -abschlüsse, Berufsverbandsbezeichnungen und sogar Gesetzestexte eingegangene Vorstellung eines wie auch immer genau zu bestimmenden Gegenstands „der Sozialen Arbeit" ist heute nicht mehr wegzudenken.

Mithin lässt sich für die wissenschaftliche sowie die außerwissenschaftliche Beschäftigung eine Pfadabhängigkeit feststellen, welche die Rede über den interessierenden Gegenstand nicht rein begrifflich, sondern damit verbunden eben auch gedanklich an eine nunmehr gut 120 Jahre lang entwickelte Vorstellung von „der" Sozialen Arbeit bindet. Dies wird noch dadurch verstärkt, dass auch im internationalen Diskurs zu „Social Work" und „Social Pedagogy" um entsprechende Vorstellungen gerungen wird, die zuweilen wiederum beträchtlich von der deutschsprachigen Tradition dessen, was eine „Theorie der Sozialen Arbeit" ist, abweichen (Payne 2021). Großtheorien der Sozialen Arbeit werden also auch in Zukunft benötigt werden, um Vorstellungen von Sozialer Arbeit auf den Begriff zu bringen.

Angesichts der zunehmenden Empirisierung von Forschungsarbeiten zur Sozialen Arbeit bleibt jedoch abzuwarten, inwieweit die heute vorhandenen Großtheorien weiterentwickelt oder auch abgelöst werden durch solche Theorien, die zwar als Grand Theories den Anspruch vertreten, etwas über „das Ganze" der Sozialen Arbeit auszusagen, dabei aber gleichwohl besser in Einklang zu bringen sind mit empirischen Denklogiken und Befunden.

Ein erster Schritt in diese Richtung läge in einer horizontalen Vervielfältigung von Grand Theories der Sozialen Arbeit. Eine solche Vervielfältigung würde einen Abschied von der Idee bedeuten, den in Kap. 5.1 herausgearbeiteten, vielfältigen Ansprüchen allen zugleich in jeweils einer Theorie der Sozialen Arbeit gerecht werden zu müssen. Hierdurch ließen sich auch die in Kap. 5.2 kritisch beleuchteten Objektivismen und Ontologisierungen zugunsten einer höheren empirischen Anschlussfähigkeit getroffener Aussagen reduzieren. Würde dieser Weg eingeschlagen, so ließe sich die Zukunft von Theorien der Sozialen Arbeit tatsächlich als eine Blütezeit von bescheideneren, dabei jedoch trotzdem auf das Ganze der Sozialen Arbeit abzielenden Großtheorien denken.

1. Welche Schauplätze einer Erosion des über lange Zeit vorherrschenden Mehrfachanspruchs von Großtheorien der Sozialen Arbeit lassen sich episodenhaft unterscheiden?
2. Inwieweit lässt sich sagen, dass sich im Kontext der Zunahme empirischer Forschung zu Praxisfeldern Sozialer Arbeit zugleich ein instrumentelleres Verhältnis zur Theorie eingestellt hat?
3. Warum werden „Grand Theories" der Sozialen Arbeit auch in Zukunft wichtig sein, und worin liegen zentrale Herausforderungen der Theorieentwicklung in diesem Bereich?

Literatur

Adorno, T.W. (1966): Negative Dialektik. Suhrkamp, Frankfurt am Main

Anhorn, R., Bettinger, F., Horlacher, C., Rathgeb, K. (Hrsg.) (2012): Kritik der Sozialen Arbeit – kritische Soziale Arbeit. Springer VS Verlag, Wiesbaden

Ansen, H., Stövesand, S. (i.E.): Soziale Arbeit – die Theorie und die Wissenschaft. Barbara Budrich, Opladen

Aßmann, A. (2013): Klaus Mollenhauer (1928–1998). Kritisch-emanzipatorische Pädagogik, Studentenbewegung und die deutsche Nachkriegserziehungswissenschaft. In: Kenklies, K. (Hrsg.): Person und Pädagogik. Systematische und historische Zugänge zu einem Problemfeld. Julius Klinkhardt, Bad Heilbrunn, 133–180

Bachelard, G. (1978): Die Bildung des wissenschaftlichen Geistes. Beitrag zu einer Psychoanalyse der objektiven Erkenntnis. Suhrkamp, Frankfurt/M.

Baecker, D. (2000): „Stellvertretende" Inklusion durch ein „sekundäres" Funktionssystem. Wie „sozial" ist die soziale Hilfe? In: Merten, R. (Hrsg.): Systemtheorie Sozialer Arbeit. Neue Ansätze und veränderte Perspektiven. Leske+Budrich, Opladen, 39–46

Baecker, D. (1994): Soziale Hilfe als Funktionssystem der Gesellschaft. Zeitschrift für Soziologie 23 (1), 93–110

Bäumer, G. (1929): Wesen und Aufbau der öffentlichen Erziehungsfürsorge. In: Nohl, H., Pallat, L. (Hrsg.): Handbuch der Pädagogik. Sozialpädagogik. Band 5. Beltz, Langensalza/Berlin/Leipzig, 3–26

Baier, H. (1977): Herrschaft im Sozialstaat. Auf der Suche nach einem soziologischen Paradigma der Sozialpolitik. Kölner Zeitschrift für Soziologie und Sozialpsychologie. Sonderheft 19: Soziologie und Sozialpolitik. Westdeutscher Verlag, Opladen, 128–142

Bardmann, T.M., Hermsen, T. (2000): Luhmanns Systemtheorie in der Reflexion Sozialer Arbeit. In: Merten, R. (Hrsg.): Systemtheorie Sozialer Arbeit. Neue Ansätze und veränderte Perspektiven. Leske+Budrich, Opaden, 87–112

Beck, U. (1986): Risikogesellschaft. Auf dem Weg in eine andere Moderne. Suhrkamp, Frankfurt/M.

Bitzan, M., Bolay, E., Thiersch, H. (2006): Im Gegebenen das Mögliche suchen. Ein Gespräch mit Hans Thiersch zur Frage: Was ist kritische Soziale Arbeit. Widersprüche. Zeitschrift für sozialistische Politik im Gesundheits-, Erziehungs- und Sozialbereich 26 (100), 63–74

Blasius, M. (1993): About the Beginning of the Hermeneutics of the Self. Political Theory 21 (2), 198–227

Böhnisch, L. (2012): Lebensbewältigung. Ein sozialpolitisch inspiriertes Paradigma für die Soziale Arbeit. In: Thole, W. (Hrsg.): Grundriss Soziale Arbeit. Ein einführendes Handbuch. 4. Aufl. VS Verlag für Sozialwissenschaften, Wiesbaden, 219–233

Böhnisch, L. (2008): Sozialpädagogik der Lebensalter. Eine Einführung. 5. überarbeitete Aufl. Juventa, Weinheim/München

Böhnisch, L. (2005): Die Kapitalismusdebatte, der Sozialstaat und die Soziale Arbeit. SozialExtra 29 (7), 6–9

Böhnisch, L., Arnold, H., Schröer, W. (1999): Sozialpolitik. Eine sozialwissenschaftliche Einführung. Juventa, Weinheim/München

Böhnisch, L., Niemeyer, C., Schröer, W. (1997): Die Geschichte der Sozialpädagogik öffnen. Ein Zugangstext. In: Böhnisch, L., Schröer, W., Niemeyer, C. (Hrsg.): Grundlinien Historischer Sozialpädagogik. Traditionsbezüge, Reflexionen und übergangene Sozialdiskurse. Juventa, Weinheim/München, 7–32

Böhnisch, L., Schefold, W. (1985): Lebensbewältigung. Soziale und pädagogische Verständigungen an den Grenzen der Wohlfahrtsgesellschaft. Juventa, Weinheim

Böhnisch, L., Schröer, W. (2001): Pädagogik und Arbeitsgesellschaft. Historische Grundlagen und theoretische Ansätze für eine sozialpolitisch reflexive Pädagogik. Juventa, Weinheim/München

Bommes, M., Scherr, A. (2012): Soziologie der Sozialen Arbeit. Eine Einführung in Formen und Funktionen organisierter Hilfe. 2. Aufl. Beltz Juventa, Weinheim/Basel

Bommes, M., Scherr, A. (2000): Soziale Arbeit, sekundäre Ordnungsbildung und die Kommunikation unspezifischer Hilfsbedürftigkeit. In: Merten, R. (Hrsg.): Systemtheorie Sozialer Arbeit. Neue Ansätze und veränderte Perspektiven. Leske+Budrich, Opladen, 67–86

Bommes, M., Scherr, A. (1996): Soziale Arbeit als Exklusionsvermeidung, Inklusionsvermittlung und/oder Exklusionsverwaltung. In: Merten, R., Sommerfeld, P., Koditek, T. (Hrsg.): Sozialarbeitswissenschaft. Kontroversen und Perspektiven. Luchterhand, Neuwied/Kriftel/Berlin, 93–119

Borrmann, S. (2016): Theoretische Grundlagen der Sozialen Arbeit. Ein Lehrbuch. Beltz Juventa, Weinheim

Bourdieu, P. (1987): Sozialer Sinn. Kritik der theoretischen Vernunft. Suhrkamp, Frankfurt/M.

Bundesministerium für Familie, Senioren, Frauen und Jugend [BMFSFJ] (Hrsg.) (1994): Neunter Jugendbericht. Bericht über die Situation der Kinder und Jugendlichen und die Entwicklung der Jugendhilfe in den neuen Bundesländern. Bundestag-Drucksache 13/70, Bonn

Bundesministerium für Jugend, Familie, Frauen und Gesundheit [BMJFFG] (Hrsg.) (1990): Achter Jugendbericht. Bericht über Bestrebungen und Leistungen der Jugendhilfe. Bundestag-Drucksache 11/6576, Bonn

Chambon, A., Irving, A., Epstein, L. (1999): Reading Foucault for Social Work. Columbia University Press, New York

Cleppien, G. (2000): Selbstbeschreibung und Sozialpädagogik. In: Merten, R. (Hrsg.): Systemtheorie Sozialer Arbeit. Neue Ansätze und veränderte Perspektiven. Leske+Budrich, Opaden, 137–156

Cruikshank, B. (1996): Revolutions Within. Self-Government and Self-Esteem. In: Barry, A., Osborne, T., Rose, N. (Hrsg.): Foucault and Political Reason. Liberalism, Neo-Liberalism, and Rationalities of Government. University of Chicago Press, Chicago, 231–251

Cruikshank, B. (1994): The Will to Empower. Technologies of Citizenship and the War on Poverty. Socialist Review 23 (4), 29–55

Dean, M. (2010): Governmentality. Power and Rule in Modern Society. 2. Aufl. Sage, London

Dewe, B. (2009): Reflexive Professionalität. Maßgabe für Wissenstransfer und Theorie-Praxis-Relationierung im Studium der Sozialarbeit. In: Riegler, A., Hojnik, S., Posch, K. (Hrsg.): Soziale Arbeit zwischen Profession und Wissenschaft. Vermittlungsmöglichkeiten in der Fachhochschulausbildung. VS Verlag für Sozialwissenschaften, Wiesbaden, 47–63

Dewe, B. (2008): Wissenschaftstheorie und Empirie – ein Situationsbild. Reflexive Wissenschaftstheorie, kognitive Identität und Forschung (in) der Sozialpädagogik. In: Bielefelder Arbeitsgruppe 8 (Hrsg.): Soziale Arbeit in Gesellschaft. VS Verlag für Sozialwissenschaften, Wiesbaden, 107–119

Dewe, B., Otto, H.-U. (2012): Reflexive Sozialpädagogik. Grundstrukturen eines neuen Typs dienstleistungsorientierten Professionshandelns. In: Thole, W. (Hrsg.): Grundriss Soziale Arbeit. Ein einführendes Handbuch. 4. Aufl. VS Verlag für Sozialwissenschaften, Wiesbaden, 197–217

Dewe, B., Otto, H.-U. (2011): Professionalität. In: Otto, H.-U., Thiersch, H. (Hrsg.): Handbuch Soziale Arbeit. Grundlagen der Sozialarbeit und Sozialpädagogik. 4. Aufl. Ernst Reinhardt, München/Basel, 1143–1153

Dewe, B., Radtke, F.-O. (1991): Was wissen Pädagogen über ihr Können? Professionstheoretische Überlegungen zum Theorie-Praxis-Problem in der Pädagogik. In: Oelkers, J., Tenorth, H.-E. (Hrsg.): Pädagogisches Wissen. 27. Beiheft der Zeitschrift für Pädagogik. Beltz, Weinheim/Basel

Dollinger, B. (2020): Sozialpädagogische Theoriegeschichten. Eine narrative Analyse historischer und neuerer Theorien Sozialer Arbeit. BeltzJuventa, Weinheim/Basel

Dollinger, B. (2014): Zwischen Politik und Subjekt: Forschungsperspektiven zur „Episteme" der Sozialpädagogik. Mührel, E., Birgmeier, B. (Hrsg.): Perspektiven sozialpädagogischer Forschung: Methodologien – Arbeitsfeldbezüge – Forschungspraxen. Springer VS, Wiesbaden, 69–85

Dollinger, B. (2013): „Re-Flexive Sozialpädagogik". Ansatzpunkte einer Reflexionswissenschaft. In: Birgmeier, B., Mührel, E. (Hrsg.): Handlung in Theorie und Wissenschaft Sozialer Arbeit. Springer VS, Wiesbaden, 141–154

Dollinger, B. (2010): Doing Social Problems mit Wissenschaft. Die Entwicklung der Sozialpädagogik als disziplinäre Form der Problemarbeit. In: Groenemeyer, A. (Hrsg.): Doing Social Problems. Mikroanalysen der Konstruktion sozialer Probleme und sozialer Kontrolle in institutionellen Kontexten. VS Verlag für Sozialwissenschaften, Wiesbaden, 105–123

Dollinger, B. (2008): Reflexive Sozialpädagogik. Struktur und Wandel sozialpädagogischen Wissens. VS Verlag für Sozialwissenschaften, Wiesbaden

Dollinger, B. (2004). Strukturmerkmale sozialpädagogischen Wissens. Ein Beitrag zur historischen Rekonstruktion. Zeitschrift für Sozialpädagogik 2 (2), 120–142

Dollinger, B., Lütke-Harmann, M. (2019): Zur Einleitung: Erkenntniskritische Annäherungen an sozialpädagogische Theorie. Zeitschrift für Sozialpädagogik 17 (3), 227–231

Dollinger, B., Kessl, F., Neumann, S., Sandermann, P. (Hrsg.) (2012): Gesellschaftsbilder Sozialer Arbeit. Eine Bestandsaufnahme. Transcript, Bielefeld

Evans, P. B., Rueschemeyer, D., Skopcol, T. (Hrsg.) (1985): Bringing the State Back In. Cambridge University Press, Cambridge

Fatke, R., Hornstein, W. (1987): Sozialpädagogik – Entwicklungen, Tendenzen und Probleme. Zeitschrift für Pädagogik 33 (5), 589–596

Feyerabend, P. K. (1978): Das Problem der Existenz theoretischer Entitäten. In: Feyerabend, P. K. (Hrsg.): Ausgewählte Schriften. Band 1: Der wissenschaftstheoretische Realismus und die Autorität der Wissenschaften. Vieweg, Braunschweig, 40–47

Flösser, G., Otto, H.-U. (Hrsg.) (1996a): Neue Steuerungsmodelle für die Jugendhilfe. Luchterhand, Neuwied/Kriftel/Berlin

Flösser, G., Otto, H.-U. (1996b): Professionelle Perspektiven der Sozialen Arbeit. Zwischen Lebenswelt- und Dienstleistungsorientierung. In: Grunwald, K., Ortmann, F., Rauschenbach, T., Treptow, R. (Hrsg.): Alltag, Nicht-Alltägliches und die Lebenswelt. Juventa, Weinheim/München, 179–188

Foucault, M. (2000): Staatsphobie. In: Bröckling, U., Krasmann, S., Lemke, T. (Hrsg.): Gouvernementalität der Gegenwart. Studien zur Ökonomisierung des Sozialen. Suhrkamp, Frankfurt/M., 68–71

Foucault, M. (1991): Governmentality. In: Burchell, G., Gordon, C., Miller, P. (Hrsg.): The Foucault Effect. Studies in Governmentality. With Two Lectures by and an Interview with Michel Foucault. University of Chicago Press, Chicago, 87–104

Foucault, M. (1979): On Governmentality. Ideology and Consciousness 6 (1), 5–21

Fuchs, P. (2004): Die Moral des Systems Sozialer Arbeit – systematisch. In: Merten, R., Scherr, A. (Hrsg.): Inklusion und Exklusion in der Sozialen Arbeit. VS Verlag für Sozialwissenschaften, Wiesbaden, 17–32

Fuchs, P. (2000): Systemtheorie und Soziale Arbeit. In: Merten, R. (Hrsg.): Systemtheorie Sozialer Arbeit. Neue Ansätze und veränderte Perspektiven. Leske+Budrich, Opladen, 157–175

Füssenhäuser, C. (2006): Lebensweltorientierung in der Sozialen Arbeit. In:

Dollinger, B., Raithel, J. (Hrsg.): Aktivierende Sozialpädagogik. Ein kritisches Glossar. VS Verlag für Sozialwissenschaften, Wiesbaden, 127–144

Füssenhäuser, C. (2005): Werkgeschichte(n) der Sozialpädagogik: Klaus Mollenhauer – Hans Thiersch – Hans-Uwe Otto. Schneider Verlag Hohengehren, Baltmannsweiler

Füssenhäuser, C., Thiersch, H. (2015): Theorie und Theoriegeschichte Sozialer Arbeit. In: Otto, H.-U., Thiersch, H. (Hrsg.): Handbuch Soziale Arbeit. Grundlagen der Sozialarbeit und Sozialpädagogik. 5. Aufl. Ernst Reinhardt, München/Basel, 1741–1754

Gadamer, H.-G. (1990): Wahrheit und Methode. Grundzüge einer philosophischen Hermeneutik. 6. Aufl. Mohr Siebeck, Tübingen

Galuske, M. (2013): Methoden der Sozialen Arbeit. Eine Einführung. 10. Aufl. Beltz Juventa, Weinheim/Basel

Galuske, M. (2002): Dienstleistungsorientierung – ein neues Leitkonzept Sozialer Arbeit? neue praxis 32 (3), 241–258

Gasteiger, L., Grimm, M., Umrath, B. (2015): Theorie im Spannungsverhältnis von Theoriediskursen, Wissenschaft und Gesellschaft. Zur Aufgabe dialogischer Theoriebildung. In: Gasteiger, L., Grimm, M., Umrath, B. (Hrsg.): Theorie und Kritik. Dialoge zwischen differenten Denkstilen und Disziplinen. Transcript, Bielefeld, 9–49

Gawlick, G. (Hrsg.) (2000): Geschichte der Philosophie in Text und Darstellung. Band 4: Empirismus. Philipp Reclam jun., Stuttgart

Gredig, D., Wilhelm, E. (2000): Sozialpädagogik und Geschichte: Von den „Klassikern" und der theoretischen Legitimationsprüfung zu einer historischen und empirischen Ereignishaftigkeitsprüfung. Zeitschrift für pädagogische Historiographie 6 (2), 32–37

Groenemeyer, A. (2010): Doing Social Problems – Doing Social Control. Mikroanalysen der Konstruktion sozialer Probleme in institutionellen Kontexten. Ein Forschungsprogramm. In: Groenemeyer, A. (Hrsg.): Doing Social Problems. Mikroanalysen der Konstruktion sozialer Probleme und sozialer Kontrolle in institutionellen Kontexten. VS Verlag für Sozialwissenschaften, Wiesbaden, 13–56

Gross, P., Badura, B. (1977): Sozialpolitik und soziale Dienste. Entwurf einer Theorie personenbezogener Dienstleistungen. In: Ferber, C.v., Kaufmann, F.-X. (Hrsg.): Kölner Zeitschrift für Soziologie und Sozialpsychologie. Sonderheft 19: Soziologie und Sozialpolitik. Westdeutscher Verlag, Opladen, 361–385

Habermas, J. (1995): Vorstudien und Ergänzungen zur Theorie des kommunikativen Handelns. Suhrkamp, Frankfurt/M.

Habermas, J. (1981): Theorie des kommunikativen Handelns. Suhrkamp, Frankfurt/M.

Hämäläinen, J. (2012): Social Pedagogical Eyes in the Midst of Diverse Understandings, Conceptualisations and Activities. International Journal of Social Pedagogy 1 (1), 3–16

Hamburger, F. (2003): Einführung in die Sozialpädagogik. Kohlhammer, Stuttgart

Hammerschmidt, P., Aner, K., Weber, S. (2017): Zeitgenössische Theorien Sozialer Arbeit. Beltz Juventa, Weinheim/Basel

Hanson, N. (1969): Patterns of Discovery. An Inquiry into the Conceptual Foundations of Science. Cambridge University Press, Cambridge/MA

Heimann, E. (1929): Soziale Theorie des Kapitalismus. Mohr/Siebeck, Tübingen

Heiner, M. (2004): Professionalität in der Sozialen Arbeit. Theoretische Konzepte, Modelle und empirische Perspektiven. Stuttgart, Kohlhammer

Henseler, J. (2000): Wie das Soziale in die Pädagogik kam. Zur Theoriegeschichte universitärer Sozialpädagogik am Beispiel Paul Natorps und Herman Nohls. Juventa, Weinheim/München

Hering, S., Münchmeier, R. (2014): Geschichte der Sozialen Arbeit. Eine Einführung. 5. Aufl. Beltz Juventa, Weinheim/Basel

Hillebrandt, F. (2012): Hilfe als Funktionssystem für Soziale Arbeit. In: Thole, W. (Hrsg.): Grundriss Soziale Arbeit. Ein einführendes Handbuch. 4. Aufl. VS Verlag für Sozialwissenschaften, Wiesbaden, 235–247

Horkheimer, M., Adorno, T.W. (1969): Dialektik der Aufklärung. Philosophische Fragmente. S. Fischer, Stuttgart

Hünersdorf, B. (2012): Das Gesellschaftsbild der Systemtheorie. In: Dollinger, B., Kessl, F., Neumann, S., Sandermann, P. (Hrsg.): Gesellschaftsbilder Sozialer Arbeit. Eine Bestandsaufnahme. Transcript, Bielefeld, 123–153

Hünersdorf, B. (2009): Reflexionstheorie des Hilfesystems als Kulturtheorie? Über Möglichkeiten einer kulturtheoretisch fundierten systemtheoretischen Weiterentwicklung einer Theorie der Sozialen Arbeit. In: Neumann, S., Sandermann, P. (2009): Kultur und Bildung. Neue Fluchtpunkte für die sozialpädagogische Forschung? VS Verlag für Sozialwissenschaften, Wiesbaden, 171–189

Hünersdorf, B., Hartmann, J. (Hrsg.) (2013): Was ist und wozu betreiben wir Kritik in der Sozialen Arbeit? Disziplinäre und interdisziplinäre Diskurse. Springer VS Verlag, Wiesbaden

Jann, W. (2001): Neues Steuerungsmodell. In: Blanke, B., Bandemer, S. v., Nullmeier, F., Wewer, G. (Hrsg.): Handbuch zur Verwaltungsreform. 2. Aufl. Leske+Budrich, Opladen, 82–92

Joas, H., Knöbl, W. (2004): Sozialtheorie. Zwanzig einführende Vorlesungen. Suhrkamp, Frankfurt/M.

Kalthoff, H. (2008): Einleitung. Zur Dialektik von qualitativer Forschung und soziologischer Theoriebildung. In: Kalthoff, H., Hirschauer, S., Lindemann, G. (Hrsg.): Theoretische Empirie. Zur Relevanz qualitativer Forschung. Suhrkamp, Frankfurt/M., 8–34

Kaufmann, F.-X. (1975): Zum Verhältnis von Sozialarbeit und Sozialpolitik. In: Otto, H.-U., Schneider, S. (Hrsg.): Gesellschaftliche Perspektiven der Sozialarbeit. Erster Halbband. 3. Aufl. Luchterhand, Neuwied/Darmstadt, 87–104

Kessl, F. (2013): Soziale Arbeit in der Transformation des Sozialen. Eine Orts-bestimmung. Springer VS, Wiesbaden

Kessl, F. (2009): What's the Use of Governmentality Studies in Social Work? A Critique of the Critique. In: Peters, M.A. Maurer, S., Weber, S., Olssen, M., Besley, T. (Hrsg.): Governmentality Studies in Education. Sense Publishers, Rotterdam, 415–431

Kessl, F. (2007): Wozu Studien zur Gouvernementalität in der Sozialen Arbeit? Von der Etablierung einer Forschungsperspektive. In: Anhorn, R., Bettinger, F., Stehr, J. (Hrsg.): Foucaults Machtanalytik und Soziale Arbeit. Eine kritische Bestandsaufnahme. VS Verlag für Sozialwissenschaften, Wiesbaden, 203–225

Kessl, F. (2006): Soziale Arbeit als Regierung. Eine machtanalytische Perspektive. In: Weber, S., Maurer, S. (Hrsg.): Gouvernementalität und Erziehungswissenschaft. Wissen – Macht – Transformation. VS Verlag für Sozialwissenschaften, Wiesbaden, 63–75

Kessl, F. (2005): Der Gebrauch der eigenen Kräfte. Eine Gouvernementalität Sozialer Arbeit. Juventa, Weinheim/München

Kessl, F., Otto, H.-U. (2012): Soziale Arbeit. In: Albrecht, G., Groenemeyer, A. (Hrsg.): Handbuch Soziale Probleme. Band 2. Springer VS, Wiesbaden, 1306–1331

Khella, K. (1982): Sozialarbeit von unten. Praktische Methoden fortschrittlicher Sozialarbeit und Sozialpädagogik. Theorie und Praxis, Hamburg

Kneer, G., Nassehi, A. (2000): Niklas Luhmanns Theorie sozialer Systeme. Eine Einführung. W. Fink, Paderborn

Konrad, F.-M. (1998): Sozialpädagogik. Begriffsgeschichtliche Annäherungen – von Adolph Diesterweg bis Gertrud Bäumer. In: Merten, R. (Hrsg.): Sozialarbeit – Sozialpädagogik – Soziale Arbeit. Begriffsbestimmungen in einem unübersichtlichen Feld. Lambertus, Freiburg/Br., 31–62

Kosellek, T., Merten, R. (2011): Systemtheorie und Soziale Arbeit. In: Otto, H.-U., Thiersch, H. (Hrsg.): Handbuch Soziale Arbeit. Grundlagen der Sozialarbeit und Sozialpädagogik. 4. Aufl. Ernst Reinhardt, München/Basel, 1614–1621

Kosík, K. (1967): Die Dialektik des Konkreten. Eine Studie zur Problematik des Menschen und der Welt. Suhrkamp, Frankfurt/M.

Krieger, W., Kraus, B. (Hrsg.) (2018): Normativität in der Wissenschaft der Sozialen Arbeit. Zur Kritik normativer Dimensionen im Theorie- und Wissenschaftsverständnis der Sozialen Arbeit. Beltz Juventa, Weinheim

Krüger, H.-H. (1999): Entwicklungslinien und aktuelle Perspektiven einer kritischen Erziehungswissenschaft. In: Krüger, H.-H., Sünker, H. (Hrsg.): Kritische Erziehungswissenschaft am Neubeginn?! Suhrkamp, Frankfurt/M., 162–183

Kuhlmann, C. (2013): Geschichte Sozialer Arbeit I. Studienbuch. 3. Aufl. Wochenschau, Schwalbach/Ts.

Kuhn, T.S. (1962): The Structure of Scientific Revolutions. Suhrkamp, Frankfurt/M.

Lambers, H. (2013): Theorien der Sozialen Arbeit. Ein Kompendium und Vergleich. Barbara Budrich, Opladen/Toronto

Langenohl, A. (2009): Geschichte versus Genealogie. Warum die Debatte um sozialwissenschaftliche Reflexivität die Ethnomethodologie vergaß. Forum Qualitative Sozialforschung 10 (3), Art. 4, Zugriff unter: http://www.qualita tive-research.net/index.php/fqs/article/view/1265/2833, 29.6.2016

Lenhardt, G., Offe, C. (1977): Staatstheorie und Sozialpolitik. Politisch-soziologische Erklärungsansätze für Funktionen und Innovationsprozesse der Sozialpolitik. In: Ferber, C.v., Kaufmann, F.-X. (Hrsg.): Kölner Zeitschrift für Soziologie und Sozialpsychologie. Sonderheft 19: Soziologie und Sozialpolitik. Westdeutscher Verlag, Opladen, 98–127

Lenk, K. (1984): Ideologie. Ideologiekritik und Wissenssoziologie. Luchterhand, Darmstadt/Neuwied

Lessenich, S. (2013): Die Neuerfindung des Sozialen. Der Sozialstaat im flexiblen Kapitalismus. Transcript, Bielefeld

Lindemann, G. (2008): Theoriekonstruktion und empirische Forschung. In: Kalthoff, H., Hirschauer, S., Lindemann, G. (Hrsg.): Theoretische Empirie. Zur Relevanz qualitativer Forschung. Suhrkamp, Frankfurt/M., 107–128

Lüders, C., Winkler, M. (1992): Sozialpädagogik. Auf dem Weg zu ihrer Normalität. Zeitschrift für Pädagogik 38 (3), 359–370

Lütke-Harmann, M. (2019): Sozialpädagogische Theorie als Politische Theorie des Sozialen. Zeitschrift für Sozialpädagogik 17 (3), 266–280

Lütke-Harmann, M. (2016): Symbolische Metamorphosen. Eine problemgeschichtliche Studie zur politischen Epistemologie der Sozialpädagogik. Velbrück Wissenschaft, Weilerswist

Luhmann, N. (2013): Macht im System. Suhrkamp, Frankfurt/M.

Luhmann, N. (1998): Die Gesellschaft der Gesellschaft. 2 Bände. Suhrkamp, Frankfurt/M.

Luhmann, N. (1987): Soziale Systeme. Grundriss einer allgemeinen Theorie. Suhrkamp, Frankfurt/M.

Maaß, O. (2009): Die Soziale Arbeit als Funktionssystem der Gesellschaft. Carl-Auer, Heidelberg

Mahoney, J. (2000): Path Dependence in Historical Sociology. Theory and Society 29 (4), 507–548

Mannheim, K. (1952): Ideologie und Utopie. Schulte-Bulmke, Frankfurt/M.

Mannheim, K. (1964): Das Problem einer Soziologie des Wissens. In: Wolff, K. H. (Hrsg.): Karl Mannheim: Wissenssoziologie. Auswahl aus dem Werk. Luchterhand, Neuwied/Berlin, 308–387

Marburger, H. (1979): Entwicklung und Konzepte der Sozialpädagogik. Juventa, München

Maurer, S. (2015): Kritik und Soziale Arbeit. Einige Thesen und Erläuterungen. In: Kommission Sozialpädagogik (Hrsg.): Praktiken der Ein- und Ausschließung in der Sozialen Arbeit. Beltz Juventa, Weinheim, 299–310

May, M. (2010): Aktuelle Theoriediskurse Sozialer Arbeit. Eine Einführung. 3. Aufl. Springer VS, Wiesbaden

Mennicke, C. (1926): Das sozialpädagogische Problem in der gegenwärtigen Gesellschaft. In: Tillich, P. (Hrsg.): Kairos. Ideen zur Geisteslage und Geisteswendung. Otto Reichl Verlag, Darmstadt, 311–344

Merchel, J., Schrapper, C. (Hrsg.) (1996): Neue Steuerung. Tendenzen der Organisationsentwicklung in der Sozialverwaltung. Votum, Münster

Merten, R. (Hrsg.) (1998): Sozialarbeit – Sozialpädagogik – Soziale Arbeit. Begriffsbestimmungen in einem unübersichtlichen Feld. Lambertus, Freiburg

Merten, R., Sommerfeld, P., Koditek, T. (1996): Sozialarbeitswissenschaft – Kontroversen und Perspektiven. Luchterhand, Neuwied/Kriftel/Berlin

Merton, R. K. (1968): Social Theory and Social Structure. Enlarged Edition. The Free Press, New York

Messmer, H., Hitzler, S. (2008): Die Hilfe wird beendet werden hier. Prozesse der Deklientifizierung im Hilfeplangespräch aus gesprächsanalytischer Sicht. neue praxis 38 (2), 166–87

Messmer, H., Hitzler, S. (2007): Die soziale Produktion von Klienten. Hilfeplangespräche in der Kinder- und Jugendhilfe. In: Ludwig-Mayerhofer, W., Behrend, O., Sondermann, A. (Hrsg.): Aushandeln, Verstehen, Klassifizieren. Akteure in der Sozialverwaltung und ihre Klienten. Barbara Budrich, Opladen/Farmington Hills, 41–73

Mills, C. W. (1959): The Sociological Imagination. Oxford University Press, New York

Mollenhauer, K. (2001): Einführung in die Sozialpädagogik. Probleme und Begriffe der Jugendhilfe. Beltz, Weinheim

Mollenhauer, K. (1999): Ego-Histoire 1948–1970. Eine Skizze. In: Homfeldt, H. G., Merten, R., Schulze-Krüdener, J. (Hrsg.): Soziale Arbeit im Dialog ihrer Generationen: Theoriebildung – Ausbildung/Professionalisierung – Methodenentwicklung in der zweiten Hälfte des 20. Jahrhunderts. Schneider-Verlag Hohengehren, Baltmannsweiler, 10–21

Mollenhauer, K. (1998): Was heißt „Sozialpädagogik". In: Thole, W., Gängler, H., Galuske, M. (Hrsg.): KlassikerInnen der Sozialen Arbeit. Sozialpädagogische Texte aus zwei Jahrhunderten. Neuwied: Luchterhand, 307–322

Mollenhauer, K. (1968a): Sozialpädagogik. In: Dahmer, I., Klafki, W. (Hrsg.): Geisteswissenschaftliche Pädagogik am Ausgang ihrer Epoche – Erich Weniger. Beltz, Weinheim, 223–230

Mollenhauer, K. (1968b): Erziehungswirklichkeit. In: Dahmer, I., Klafki, W. (Hrsg.): Geisteswissenschaftliche Pädagogik am Ausgang ihrer Epoche. Erich Weniger. Beltz, Weinheim, 291–298

Mollenhauer, K. (1959): Die Ursprünge der Sozialpädagogik in der industriellen Gesellschaft. Eine Untersuchung zur Struktur pädagogischen Denkens und Handelns. Beltz, Weinheim

Müller, W., Neusüß, C. (1970): Die Sozialstaatsillusion und der Widerspruch von Lohnarbeit und Kapital. Sozialistische Politik 2 (6/7), 4–67

Natorp, P. (1968): Erziehung und Gemeinschaft. Sozialpädagogik. In: Röhrs, H. (Hrsg.): Die Sozialpädagogik und ihre Theorie. Akademische Verlagsgesellschaft, Frankfurt/M., 1–10

Neumann, S. (2013): Unkritisch kritisch. Über die (Un-)möglichkeit einer Theorie Sozialer Arbeit als Kritik. In: Hartmann, J., Hünersdorf, B. (Hrsg.): Was ist und wozu betreiben wir Kritik in der Sozialen Arbeit? Disziplinäre und interdisziplinäre Diskurse. VS Verlag für Sozialwissenschaften, Wiesbaden, 129–146

Neumann, S. (2012): Wirklichkeit und Möglichkeit. Theorie Sozialer Arbeit als Kritik der Gesellschaft. In: Dollinger, B., Kessl, F., Neumann, S., Sandermann, P. (Hrsg.): Gesellschaftsbilder Sozialer Arbeit. Eine Bestandsaufnahme. Transcript, Bielefeld, 13–40

Neumann, S. (2010): Eine nicht-sozialpädagogische Geschichte der Sozialpädagogik. Feldtheoretische Historiographie. In: Dollinger, B., Schabdach, M. (Hrsg.): Zugänge zur Geschichte von Sozialpädagogik und Sozialarbeit. Universi, Siegen, 15–29

Neumann, S. (2008): Kritik der sozialpädagogischen Vernunft. Feldtheoretische Studien. Velbrück Wissenschaft, Weilerswist

Neumann, S., Sandermann, P. (2022): Theorien der Sozialen Arbeit. Institutionalisierte Problemstellungen und Kontroversen. In: Thole, W. (Hrsg.): Grundriss Soziale Arbeit. Ein einführendes Handbuch. 5. Aufl. VS Verlag für Sozialwissenschaften, Wiesbaden, i.E.

Neumann, S., Sandermann, P. (2019): Empirie als Problem? Sozialpädagogische Theoriebildung nach dem Bedeutungsverlust der Grand Theories. Zeitschrift für Sozialpädagogik 17(3), 232–250

Neumann, S., Sandermann, P. (2012): Gesellschaft mittlerer Reichweite. Alltag, Lebensweltorientierung und Soziale Arbeit. In: Dollinger, B., Kessl, F., Neumann, S., Sandermann, P. (Hrsg.): Gesellschaftsbilder Sozialer Arbeit. Eine Bestandsaufnahme. Transcript, Bielefeld, 41–63

Neumann, S., Sandermann, P. (2009): Turning again? Kritische Bestandsaufnahmen zu einer neuerlichen „Wende" in der sozialpädagogischen Forschung. In: Neumann, S., Sandermann, P. (Hrsg.): Kultur und Bildung. Neue Fluchtpunkte für die sozialpädagogische Forschung? VS Verlag für Sozialwissenschaften, Wiesbaden, 137–168

Neumann, S., Sandermann, P. (2008): Hellsichtige Blindheit. Zur vermeintlichen sozialwissenschaftlichen Wende der sozialpädagogischen Theorie. Widersprüche. Zeitschrift für sozialistische Politik im Gesundheits-, Erziehungs- und Sozialbereich 28 (108), 11–30

Neumann, S., Sandermann, P. (2007): Uneinheitlich einheitlich. Über die Sozialpädagogik der sozialpädagogischen Theorie. Schweizerische Zeitschrift für Soziale Arbeit 3 (1), 9–26

Niemeyer, C. (2012): Sozialpädagogik, Sozialarbeit, Soziale Arbeit. „Klassische" Aspekte der Theoriegeschichte. In: Thole, W. (Hrsg.): Grundriss Soziale Arbeit. Ein einführendes Handbuch. 4. Aufl. VS Verlag für Sozialwissenschaften, Wiesbaden, 135–150

Niemeyer, C. (2010): Klassiker der Sozialpädagogik. Einführung in die Theoriegeschichte einer Wissenschaft. 3. akt. Aufl. Juventa, Weinheim/München

Niemeyer, C. (2009): Sozialpädagogik als Theorie der Jugendhilfe. Historische Reminiszenzen und systematische Perspektiven. In: Mührel, E., Birgmeier, B. (Hrsg.): Theorien der Sozialpädagogik – ein Theorie-Dilemma? VS Verlag, Wiesbaden, 233–254

Nohl, H. (1970): Die pädagogische Bewegung in Deutschland und ihre Theorie. 7. Aufl. Schulte-Bulmke, Frankfurt/M.

Nohl, H. (1965): Aufgaben und Wege der Sozialpädagogik. Vorträge und Aufsätze von Herman Nohl. Beltz, Weinheim

Nohl, H. (1949): Pädagogik aus dreißig Jahren. Aufsatzsammlung. Schulte-Bulmke, Frankfurt/M.

North, D. C. (1990): A Transaction Cost Theory of Politics. Journal of Theoretical Politics 2 (4), 355–367

Oechler, M. (2015): Dienstleistungsorientierung. In: Otto, H.-U., Thiersch, H. (Hrsg.): Handbuch Soziale Arbeit. Grundlagen der Sozialarbeit und Sozialpädagogik. 5. Aufl. Ernst Reinhardt, München/Basel, 302–311

Oelerich, G., Schaarschuch, A. (Hrsg.) (2005): Soziale Dienstleistungen aus Nutzersicht. Zum Gebrauchswert Sozialer Arbeit. Ernst Reinhardt, München

Oelerich, G., Schaarschuch, A. (2006): Zum Gebrauchswert Sozialer Arbeit. Konturen sozialpädagogischer Nutzerforschung. In: Bitzan, M., Bolay, E., Thiersch, H. (Hrsg.): Die Stimme der Adressaten. Empirische Forschung über Erfahrungen von Mädchen und Jungen mit der Jugendhilfe. Juventa, Weinheim/München, 185–214

Oelkers, N., Otto, H.-U., Ziegler, H. (2010): Handlungsbefähigung und Wohlergehen: Der Capabilities-Ansatz als alternatives Fundament der Bildungs- und Wohlfahrtsforschung. In: Otto H.-U., Ziegler H. (Hrsg.): Capabilities. Handlungsbefähigung und Verwirklichungschancen in der Erziehungswissenschaft. VS Verlag für Sozialwissenschaften, Wiesbaden, 85–89

Olk, T. (1986): Abschied vom Experten. Sozialarbeit auf dem Weg zu einer alternativen Professionalität. Juventa, Weinheim

Olk, T., Otto, H.-U., Backhaus-Maul, H. (2003): Soziale Arbeit als Dienstleistung. Zur analytischen und empirischen Leistungsfähigkeit eines theoretischen Konzepts. In: Olk, T., Otto, H.-U. (Hrsg.) (2003): Soziale Arbeit als Dienstleistung. Grundlegungen, Entwürfe und Modelle. Luchterhand, München, IX–LXXII

Otto, H.-U., Polutta, A., Ziegler, H. (Hrsg.) (2010a): What Works – Welches Wissen braucht die Soziale Arbeit? Zum Konzept evidenzbasierter Praxis. Barbara Budrich, Opladen/Farmington Hills, MI

Otto, H.-U., Polutta, A., Ziegler, H. (Hrsg.) (2009): Evidence-based Practice – Modernising the Knowledge Base of Social Work? Barbara Budrich, Opladen/Farmington Hills, MI

Otto, H.-U., Scherr, A., Ziegler, H. (2010b): Wieviel und welche Normativität benötigt die Soziale Arbeit. neue praxis 40 (2), 137–163

Otto, H.-U., Thiersch, H. (Hrsg.) (2015): Handbuch Soziale Arbeit. Grundlagen der Sozialarbeit und Sozialpädagogik. 5. Aufl. Ernst Reinhardt, München/Basel

Payne, M. (2021): Modern Social Work Theory. Red Globe Press, London

Pierson, P. (2000): Increasing Returns, Path Dependence, and the Study of Politics. American Political Science Review 94 (2), 251–268

Popper, K. R. (1935): Logik der Forschung. Mohr, Tübingen

Rauschenbach, T., Thole, W. (Hrsg.) (1998): Sozialpädagogische Forschung: Gegenstand und Funktionen, Bereiche und Methoden. Juventa, Weinheim/München

Rauschenbach, T., Züchner, I. (2012): Theorie der Sozialen Arbeit. In: Thole, W. (Hrsg.): Grundriss Soziale Arbeit. Ein einführendes Handbuch. 4. Aufl. VS Verlag für Sozialwissenschaften, Wiesbaden, 151–173

Reckwitz, A. (2016): Kreativität und soziale Praxis. Studien zur Sozial- und Gesellschaftstheorie. Transcript, Bielefeld

Reckwitz, A. (2008): Unscharfe Grenzen. Perspektiven der Kultursoziologie. Transcript, Bielefeld

Reichertz, J. (1993): Abduktives Schlußfolgern und Typen(re)konstruktion. In: Jung, T., Müller-Doohm, S.(Hrsg.): „Wirklichkeit" im Deutungsprozeß. Verstehen und Methoden in den Kultur- und Sozialwissenschaften. Suhrkamp, Frankfurt/M., 258–282

Reyer, J. (2002): Kleine Geschichte der Sozialpädagogik. Individuum und Gemeinschaft in der Pädagogik der Moderne. Schneider Verlag Hohengehren, Baltmannsweiler

Röh, D. (2011): „…was Menschen zu tun und zu sein in der Lage sind:" Befähigung und Gerechtigkeit in der Sozialen Arbeit. Der Capability Approach als integrativer Theorierahmen?! In: Mührel, E., Birgmeier, B. (Hrsg.): Theoriebildung in der Sozialen Arbeit. Entwicklungen in der Sozialpädagogik und der Sozialarbeitswissenschaft. VS Verlag für Sozialwissenschaften, Wiesbaden, 103–121

Rössner, L. (1975): Theorie der Sozialarbeit. Ein Entwurf. 2. Aufl. Ernst Reinhardt, München/Basel

Rose, N. (1999): The Responsible Autonomous Family. In: Rose, N. (Hrsg.): Governing the Soul. The Shaping of the Private Self. 2. Aufl. Free Association Books, London, 205–213

Rose, N. (1996): The Death of the Social? Re-figuring the Territory of Government. Economy & Society 25, 327–356

Sandermann, P. (2015): Funktion und Stellenwert von Kritik in Beiträgen zur Sozialen Arbeit und ihr Verhältnis zu Normativität – eine Positionierung. In:

Kommission Sozialpädagogik (Hrsg.): Praktiken der Ein- und Ausschließung in der Sozialen Arbeit. Beltz Juventa, Weinheim, 287–298

Sandermann, P. (2010): Die Kontinuität im Wandlungsprozess des bundesrepublikanischen Wohlfahrtssystems. neue praxis 40 (5), 447–464

Sandermann, P. (2009): Die neue Diskussion um Gemeinschaft. Ein Erklärungsansatz mit Blick auf die Reform des Wohlfahrtssystems. Transcript, Bielefeld

Sandermann, P., Dollinger, B., Heyer, B., Messmer, H., Neumann, S. (2011): Die Praxis der Citizen-Effektivierung. Oder: Wie ernst nimmt die Forschung zur Sozialen Arbeit ihren Gesellschaftsbezug? In: Kommission Sozialpädagogik (Hrsg.): Bildung des Effective Citizen. Sozialpädagogik auf dem Weg zu einem neuen Sozialentwurf. Juventa, Weinheim/München, 35–51

Sandermann, P., Neumann, S. (2014): On Multifaceted Commonality: Theories of Social Pedagogy in Germany. International Journal of Social Pedagogy 3 (1), 15–29

Schaarschuch, A. (2006): Dienstleistung. Das aktive Subjekt der Dienstleistung. In: Dollinger, B., Raithel, J. (Hrsg.): Aktivierende Sozialpädagogik. Ein kritisches Glossar. VS Verlag für Sozialwissenschaften, Wiesbaden, 91–107

Schaarschuch, A. (1999): Theoretische Grundelemente Sozialer Arbeit als Dienstleistung. Ein analytischer Zugang zur Neuorientierung Sozialer Arbeit. neue praxis 29 (6), 543–560

Schaarschuch, A. (1996): Dienstleistung und Soziale Arbeit. Theoretische Überlegungen zur Rekonstruktion Sozialer Arbeit als Dienstleistung. Widersprüche. Zeitschrift für sozialistische Politik im Gesundheits-, Erziehungs- und Sozialbereich 16 (59), 87–100

Schefold, W. (2002): Sozialpädagogische Forschung. Stand und Perspektiven. In: Thole, W. (Hrsg.): Grundriss Soziale Arbeit. Ein einführendes Handbuch. Leske+Budrich, Opladen, 875–896

Scherr, A. (2015): Der unauflösliche Zusammenhang von Kritik und Bewertung in der Sozialen Arbeit. In: Kommission Sozialpädagogik (Hrsg.): Praktiken der Ein- und Ausschließung in der Sozialen Arbeit. Beltz Juventa, Weinheim, 275–286

Scherr, A. (2002): Soziologische Systemtheorie als Grundlage einer Theorie der Sozialen Arbeit? neue praxis 32 (3), 258–268

Schetsche, M. (2013): Empirische Analyse sozialer Probleme. Das wissenssoziologische Programm. 2. Aufl. Springer VS, Wiesbaden

Schmidt, H.-L. (1981): Theorien der Sozialpädagogik. Kritische Bestandsaufnahme vorliegender Entwürfe und Konturen eines handlungstheoretischen Neuansatzes. Schindele, Rheinstetten

Schönig, W. (2016): Duale Rahmentheorie Sozialer Arbeit. Luhmanns Systemtheorie und Deweys Pragmatismus im Kontext situativer Interventionen. In: Borrmann, S., Spatscheck, C., Pankofer, S., Sagebiel, J., Michel-Schwartze, B. (Hrsg.): Die Wissenschaft Soziale Arbeit im Diskurs. Auseinandersetzungen mit den theoriebildenden Grundlagen der Sozialen Arbeit. Barbara Budrich, Opladen/Berlin/Toronto, 179–195

Schönig, W. (2013): Soziale Arbeit als Intervention und Modus der Sozialpolitik. In: Benz, B., Rieger, G., Schönig, W., Többe-Schukalla, M. (Hrsg.): Politik Sozialer Arbeit. Band 1: Grundlagen, theoretische Perspektiven und Diskurse. Beltz Juventa, Weinheim/Basel, 32–53

Schönig, W. (2012): Duale Rahmentheorie Sozialer Arbeit. Luhmanns Systemtheorie und Deweys Pragmatismus im Kontext situativer Interventionen. Beltz Juventa, Weinheim/Basel

Schönig, W. (2006): Soziale Arbeit als Intervention. Versuch einer integrierten Definition mit Blick auf Sozialpolitik und soziale Dienste. Sozialmagazin 31 (1), 38–45

Schröer, W. (1999): Sozialpädagogik und die soziale Frage. Der Mensch im Zeitalter des Kapitalismus um 1900. Juventa, Weinheim/München

Schröer, W., Winkler, M. (2012): Theoretiker als Forscher. Zum Umgang sozialpädagogischer Forschung mit ihren Theorien. 1. Beiheft der Zeitschrift für Sozialpädagogik. Beltz Juventa, Weinheim/München

Schultheis, F. (2007): Bourdieus Wege in die Soziologie. Genese und Dynamik einer reflexiven Sozialwissenschaft. UVK, Konstanz

Schweppe, C., Thole, W. (Hrsg.) (2005): Sozialpädagogik als forschende Disziplin. Theorie, Methode, Empirie. Juventa, Weinheim/München

Spellenberg, C. (2017): Sein und Soll. Zur Normativität in der Sozialpädagogischen Theorie. Ein Blick mit Habermas auf Schrödters Professionsbestimmung Sozialer Arbeit. Zeitschrift für Sozialpädagogik 15 (2), 116–133

Staub-Bernasconi, S. (2000): Soziale Arbeit als Menschenrechtsprofession. In: Stimmer, F. (Hrsg.): Lexikon der Sozialpädagogik und der Sozialarbeit. Oldenburg Verlag, München/Wien, 626–632

Steinmo, S., Thelen, K., Longstreth, F. (Hrsg.) (1992): Structuring Politics. Historical Institutionalism in Comparative Analysis. Cambridge

Thiersch, H. (2011): Lebensweltorientierung. In: Thiersch, H., Treptow, H. (Hrsg.): Zur Identität der Sozialen Arbeit. Positionen und Differenzen in Theorie und Praxis. neue praxis Sonderheft 10. Verlag neue praxis, Lahnstein, 62–65

Thiersch, H. (2009): Lebensweltorientierte Soziale Arbeit. Aufgaben der Praxis im sozialen Wandel. 7. Aufl. Juventa, Weinheim/München

Thiersch, H. (2002): Positionsbestimmungen der Sozialen Arbeit. Gesellschaftspolitik, Theorie und Ausbildung. Juventa, Weinheim/München

Thiersch, H. (1992): Das sozialpädagogische Jahrhundert. In: Rauschenbach, T., Gängler, H. (Hrsg.): Soziale Arbeit und Erziehung in der Risikogesellschaft. Luchterhand, Neuwied u. a., 9–23

Thiersch, H. (1978): Alltagshandeln und Sozialpädagogik. neue praxis 8 (1), 6–25

Thiersch, H., Grunwald, K., Köngeter, S. (2012): Lebensweltorientierte Soziale Arbeit. In: Thole, W. (Hrsg.): Grundriss Soziale Arbeit. Ein einführendes Handbuch. 4. Aufl. VS Verlag für Sozialwissenschaften, Wiesbaden, 175–196

Thiersch, H., Treptow, R. (Hrsg.) (2011): Zur Identität der Sozialen Arbeit. Positionen und Differenzen in Theorie und Praxis. neue praxis Sonderheft 10. Verlag neue praxis, Lahnstein

Thole, W. (2012a): Die Soziale Arbeit – Praxis, Theorie, Forschung und Ausbildung. Versuch einer Standortbestimmung. In: Thole, W. (Hrsg.): Grundriss Soziale Arbeit. Ein einführendes Handbuch. 4. Aufl. VS Verlag für Sozialwissenschaften, Wiesbaden, 19–70

Thole, W. (Hrsg.) (2012b): Grundriss Soziale Arbeit. Ein einführendes Handbuch. 4. Aufl. VS Verlag für Sozialwissenschaften, Wiesbaden

Thole, W., Galuske, M., Gängler, H. (1998): KlassikerInnen der Sozialen Arbeit. Sozialpädagogische Texte aus zwei Jahrhunderten. Ein Lesebuch. Luchterhand, Neuwied

Weingart, P. (2003): Wissenschaftssoziologie. Transcript, Bielefeld

Weniger, E. (1959): Herman Nohl und die sozialpädagogische Bewegung. Zeitschrift für Pädagogik, 1. Beiheft: Beiträge zur Menschenbildung. Herman Nohl zum 80. Geburtstag. Weinheim, 5–21

Weniger, E. (1930): Sozialpädagogik. In: Clostermann, L., Heller, T., Stephani, P. (Hrsg.): Enzyklopedisches Handbuch des Kinderschutzes und der Jugendfürsorge. Akademische Verlagsgesellschaft, Leipzig, 749–752

Werner, M. (2022): Zwischen Erinnern und Historiografie. Replik auf Joachim Wielers „Zum 150. Geburtstag von Alice Salomon". Soziale Arbeit 71 (6), 217–224

Wilhelm, E. (2006): Abschied von der großen Erzählung. Stand und Zukunftsperspektiven in der Theoriebildung in der Sozialen Arbeit. Schweizerische Zeitschrift für Soziale Arbeit 1 (1), 37–46

Willke, H. (1993a): Systemtheorie entwickelter Gesellschaften. Dynamik und Riskanz moderner gesellschaftlicher Selbstorganisation. Juventa, Weinheim/München

Willke, H. (1993b): Konstruktivismus und Sachhaltigkeit soziologischer Erkenntnis. Wirklichkeit als imaginäre Institution. Sociologica Internationalis 31, 83–100

Wilson, T. (2008): Reflecting on the Contradictions. Governmentality in Social Work Education and Community Practice. Canadian Social Work Review 25, 187–202

Winkler, M. (2017): Theorie und Praxis. In: Kessl, F., Kruse, E., Stövesand, S., Thole, W. (Hrsg.): Soziale Arbeit. Kernthemen und Problemfelder. Barbara Budrich, Opladen, 69–86

Winkler, M. (2006): Kleine Skizze einer revidierten Theorie der Sozialpädagogik. In: Badawia, T., Luckas, H., Müller, H. (Hrsg.): Das Soziale gestalten. Über Mögliches und Unmögliches der Sozialpädagogik, VS Verlag für Sozialwissenschaften, Wiesbaden, 55–80

Winkler, M. (2005): Sozialpädagogische Forschung und Theorie – Ein Kommentar. In: Schweppe, C., Thole, W. (Hrsg.): Sozialpädagogik als forschende Disziplin. Theorie, Methode, Empirie. Juventa, Weinheim/München, 15–34

Winkler, M. (2003): Theorie der Sozialpädagogik – eine Rekonstruktion. Zeitschrift für Sozialpädagogik 1 (1), 6–24

Winkler, M. (1995): Bemerkungen zur Theorie der Sozialpädagogik. In: Sünker, H. (Hrsg.): Theorie, Politik und Praxis Sozialer Arbeit. Einführungen in Diskurse und Handlungsfelder der Sozialarbeit/Sozialpädagogik. Kleine, Bielefeld, 102–119

Winkler, M. (1993): Hat die Sozialpädagogik Klassiker? neue praxis 23 (3), 171–185

Winkler, M. (1988): Eine Theorie der Sozialpädagogik. Erziehung als Rekonstruktion der Subjektivität. Kohlhammer, Stuttgart

Woolgar, S. (Hrsg.) (1988): Knowledge and Reflexivity. New Frontiers in the Sociology of Knowledge. Sage, London

Ziegler, H. (2011): Soziale Arbeit und das gute Leben. Capabilities als sozialpädagogische Kategorie. In: Sedmak, C., Babic, B., Bauer, R., Posch, C. (Hrsg.): Der Capability-Approach in sozialwissenschaftlichen Kontexten. VS Verlag für Sozialwissenschaften, Wiesbaden, 117–137

Ziegler, H. (2008): Kleine Verteidigung ontologischer Theorien in der Sozialen Arbeit. Widersprüche. Zeitschrift für sozialistische Politik im Gesundheits-, Erziehungs- und Sozialbereich 28 (108), 43–53

Ziegler, H. (2004): Jugendhilfe als Prävention. Die Refiguration sozialer Hilfe und Herrschaft in fortgeschrittenen liberalen Gesellschaftsformationen. Dissertation an der Fakultät für Pädagogik der Universität Bielefeld. In: https://pub.uni-bielefeld.de/publication/2305000, 21.12.2016

Zima, P.V. (1992): Ideologie und Theorie: Zum Verhältnis von ideologischem und theoretischem Diskurs. In: Salamun, K. (Hrsg.): Ideologien und Ideologiekritik. Ideologiekritische Reflexionen. WBG, Darmstadt, 50–62

Zirfas, J. (2000): Erziehungswirklichkeit(en) heute. In: Urban, C., Engelhardt, J. (Hrsg.): Wirklichkeit im Zeitalter des Verschwindens. Lit Verlag, Münster, 200–226

Züchner, I. (2007): Aufstieg im Schatten des Wohlfahrtsstaates. Expansion und aktuelle Lage der Sozialen Arbeit im internationalen Vergleich. Juventa, Weinheim/München

Sachregister

Psychologie trifft Soziale Arbeit

Barbara Bräutigam
Grundkurs Psychologie für die Soziale Arbeit
Mit Online-Zusatzmaterial.
2., aktualisierte Auflage 2021. 228 Seiten.
utb-S (978-3-8252-5789-7) kt

Diese Einführung vermittelt Grundkenntnisse der Psychologie, die für Studierende der Sozialen Arbeit relevant sind: Entwicklungspsychologie, Sozialpsychologie, Familien- und Erziehungspsychologie, Klinische Psychologie, Methodische Kompetenzen und Interventionsformen, Schulpsychologie etc. bis hin zu Fragen der Psychotherapie und Sozialpädagogischen Familienhilfe. Dabei wird insbesondere unter Einbeziehung zahlreicher Fallbeispiele der Einfluss der Psychologie als Wissenschaft auf die Soziale Arbeit reflektiert.

 **reinhardt**

www.reinhardt-verlag.de

Organisation Sozialer Arbeit – kompakt

Petra Mund
Grundkurs Organisation(en) in der Sozialen Arbeit
Mit Online-Zusatzmaterial.
2019. 217 Seiten. 12 Abb.
utb-S (978-3-8252-5256-4) kt

Organisation und Organisationen sind zentrale Merk-
male professionalisierter Sozialer Arbeit. Neben einem
Überblick über die heterogene Organisationslandschaft,
wie beispielsweise Jugendamt, freie Träger und Lobby-
organisationen, vermittelt dieses Lehrbuch Wissen über
organisationstheoretische Grundlagen, grundlegende
Strukturen und Finanzierungsbedingungen. Es enthält
zahlreiche praktische Übungen und Anregungen zur kritischen Reflexion praktischen Handelns.

www.reinhardt-verlag.de

Gewusst wie: Methoden und deren Anwendung

Uta M. Walter
Grundkurs methodisches Handeln in der Sozialen Arbeit
Mit Online-Zusatzmaterial.
2017. 238 Seiten. 11 Abb. 2 Tab.
utb-S (978-3-8252-4846-8) kt

Soziale Arbeit ist in der Praxis oft komplex und unbere-
chenbar. Sie braucht kritisch-reflexive PraktikerInnen mit
einem umfassenden Repertoire an methodischen Hand-
lungsmöglichkeiten. Neben wichtigen Grundbegriffen und
allgemeinen Komponenten methodischen Handelns geht
die Autorin in diesem Lehrbuch auf spezifische Konzepte
ein und gibt Studierenden zahlreiche praktische Übungen
und Anregungen zur kritischen Reflexion an die Hand, um
den Praxisalltag Sozialer Arbeit versteh- und gestaltbar zu
machen.

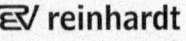
reinhardt
www.reinhardt-verlag.de

Systemisch, praktisch, gut

Wilfried Hosemann / Wolfgang Geiling
Einführung in die Systemische Soziale Arbeit
2., überarbeitete Auflage. 231 Seiten. 29 Abb. 5 Tab.
utb-M (978-3-8252-5733-0) kt

In weiten Teilen der Sozialen Arbeit gilt es mittlerweile als
Zeichen der Qualität, systemisch zu arbeiten. Der syste-
mische Ansatz verhilft zu mehr Klarheit bei komplexen
Ausgangslagen und Zuständigkeiten. Dieses Buch führt in
die Grundbegriffe systemischen Denkens und Handelns
ein und verknüpft diese mit der Praxis der Sozialen Arbeit.
Fallbeispiele zeigen den systemischen Umgang mit ver-
schiedenen Adressatengruppen, nicht nur mit Familien.
Didaktisiert mit Schlüsselbegriffen, Zusammenfassungen,
Lernfragen und Infokästen.

ℛ/ reinhardt

www.reinhardt-verlag.de

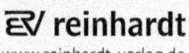